政府会计理论研究

李定清　等\著

ZHENGFU KUAIJI LILUN YANJIU

中国财经出版传媒集团
经济科学出版社
Economic Science Press

图书在版编目（CIP）数据

政府会计理论研究 / 李定清等著. —北京：经济科学出版社，2020. 1
ISBN 978 - 7 - 5218 - 1207 - 7

Ⅰ. ①政… Ⅱ. ①李… Ⅲ. ①单位预算会计-会计制度-中国 Ⅳ. ①F810. 6

中国版本图书馆 CIP 数据核字（2020）第 021160 号

责任编辑：谭志军　李　军
责任校对：杨　海
责任印制：李　鹏

政府会计理论研究
李定清　等\著
经济科学出版社出版、发行　新华书店经销
社址：北京市海淀区阜成路甲 28 号　邮编：100142
总编部电话：010 - 88191217　发行部电话：010 - 88191522
网址：www. esp. com. cn
电子邮箱：esp@ esp. com. cn
天猫网店：经济科学出版社旗舰店
网址：http://jjkxcbs. tmall. com
固安华明印业有限公司印装
710×1000　16 开　13. 5 印张　240000 字
2020 年 3 月第 1 版　2020 年 3 月第 1 次印刷
ISBN 978 - 7 - 5218 - 1207 - 7　定价：46. 00 元
（图书出现印装问题，本社负责调换。电话：010 - 88191510）
（版权所有　侵权必究　打击盗版　举报热线：010 - 88191661
QQ：2242791300　营销中心电话：010 - 88191537
电子邮箱：dbts@ esp. com. cn）

前　言

政府会计理论是我国会计理论体系的重要组成部分。政府会计理论是政府会计实践的结果，但它又是时代的产物。建国初期，我国建立了由预算会计和企业会计共同组成的会计体系，基本上没有“政府会计”的称谓，而是将运用于政府和政府机构的会计定义为“预算会计”。传统的预算会计又分为财政总预算会计、行政单位会计和事业单位会计。在20世纪末，我国会计学术界才开始从预算会计逐步转向与国际接轨的政府会计研究上来。特别是2006年《中国国民经济与社会发展第十一五规划纲要》首次明确提出要“推进政府会计改革”，由此拉开了我国政府会计全面改革的序幕。从政府会计理论发展演进看，我国政府会计理论研究总是滞后于企业会计理论研究，在改革开放前，政府会计理论研究依附于政府会计制度改革，其理论研究主要围绕政府会计制度展开，研究内容比较封闭，研究政府会计的学者很少；改革开放后，会计学术界才逐步重视政府会计理论研究，研究政府会计的学者才逐渐增加，政府会计理论研究空间空前繁荣，在政府会计理论研究上取得了丰硕成果。

中共十一届三中全会后，我国加快了政府会计改革的步法，政府会计核算标准制定提上了重要的议事日程。国务院2014年12月批转了财政部《权责发生制政府综合财务报告制度改革方案》，方案提出要加快推进政府会计改革，提高政府财务管理水平，逐步建立起权责发生制政府综合财务报告制度，推动政府会计信息公开，推进国家治理体系和治理能力现代化，力争在2020年前建立具有中国特色的政府会计准则体系和权责发生制政府综合财务报告制度。2015年10月23日，财政部公布《政府会计准则——基本准则》作为政府会计的“概念框架”，统御政府会计具体准则和政府会计制度的制定，为编制政府财务报告提供了基础标准，并为政府会计实务问题提供处理原则。2016年7月，财政部相继颁布“存货、固定资产、投资、无形资产、公共基础设施和政府储备物资”等九项政府会计具体准则。2017年10月，财政部发布《政府会计制度——行政事业单位会计科目和报表》，从2019年1月1日施行。经过五年多的努力，财政部共计制定和发布了1项基本准则、9项具体准则、1项准则应用指南、1项政府会计制度、7项特殊行业执行政府会计制度的补充规定和11项新旧制度衔接规定。2019年7月，财政部发布政府会计制度解释第1号。这些准则制度的发布，标志着具有中国特色的政府会计标准体系基本建成，传统的预算会计模式向政府会计模式转变。正是在政府会计改革的热潮中，我国政府会计理论体系的构建是新时代背景下政府会计研究的重要课题。

《政府会计准则——基本准则》明确我国政府会计分为政府预算会计和政府财务会计，重构了政府预算会计与政府财务会计适度分离又相互衔接的政府会计核算模式，形成了"双系统"、"双功能"、"双报告"的政府会计模式的新特征。但从理论上讲，政府会计体系有"二元论"、"三元论"和"四元论"三种观点。即"二元论"政府会计体系包括政府预算会计和政府财务会计；"三元论"政府会计体系包括政府预算会计、政府财务会计和政府成本会计；"四元论"政府会计体系包括政府预算会计、政府财务会计、政府成本会计和政府管理会计。2018年6月，财政部出台《管理会计应用指引第803号——行政事业单位（征求意见稿）》明确指出："指引的目标是为了促进行政事业单位加强管理会计工作，提升单位内部管理，提高管理绩效和公共管理服务水平"，并从应用环境、战略管理、预算管理、成本管理、绩效管理五个维度，为行政事业单位管理会计应用提供了明确的指引。2019年7月，财政部发布《行政事业单位成本核算基本指引》（征求意见稿）。这些指引的征求意见稿的发布，表明我国在政府会计"双体系"基础上逐步推行政府成本会计和政府管理会计。正是基于以上原因，本书研究内容除政府会计基本理论外，重点研究政府预算会计、政府财务会计、政府成本会计和政府管理会计相关理论，以及政府财务报告理论和政府财务报告分析理论，立足中国政府会计改革实践，探究政府会计理论体系的构建，为我国政府会计改革提供参考。

政府会计与公共管理、公共财政密切相关。因此，政府会计理论研究要依据政府会计跨学科特点，拓展政府会计理论研究的宽度，将政府会计理论与公共管理理论、公共财政理论相结合，以此构建立多维的政府会计理论框架。本书共八章，其结构和内容是：第一章政府会计理论研究绪论，第二章政府会计理论体系，第三章政府预算会计理论，第四章政府财务会计理论，第五章政府成本会计理论，第六章政府管理会计理论，第七章政府财务报告理论，第八章政府财务报告分析理论。各章的主要内容如下：

第一章"政府会计理论研究绪论"。本章在界定政府会计理论概念的基础上，分析了政府会计理论的功能和分类，提出了政府会计理论按政府会计学科分类分为政府预算会计理论、政府财务会计理论、政府成本会计理论和政府管理会计理论。探讨了政府会计研究所依据的理论基础主要有公共受托责任理论、新公共管理理论、政府治理理论以及与政府会计的关系。介绍了美国、英国、澳大利亚、新西兰等西方国家政府会计改革实践经验和特点。重点分析了我国政府会计改革和理论研究的演进过程，阐述了我国政府会计改革的动因和目标，以及我国未来政府会计理论研究的内容及其方向。

第二章“政府会计理论体系”。本章主要研究政府会计理论体系的涵义及特征、政府会计理论体系的构建和政府会计概念框架。认为政府会计目标是政府会计理论体系研究的逻辑起点，政府会计体系包括“二元论”、“三元论”和“四元论”，从政府治理视角分析了政府会计概念框架，提出了政府会计从现有的“双体系”必然向“四体系”转变，政府会计系统内部与外部实现协同发展，从而政府会计治理概念和政府治理水平。

第三章“政府预算会计理论”。本章主要从政府预算会计与政府财务会计、政府预算会计与政府预算、政府预算会计与预算绩效管理等方面分析了政府预算会计理论研究的特征，结合我国预算会计法律框架和预算会计制度改革的历史演进，探讨了预算会计理论结构框架。

第四章“政府财务会计理论”。本章主要研究政府财务会计与企业财务会计差异，政府会计准则理论和政府财务会计确认与计量，以及政府财务会计信息披露。从政府会计准则制定国际经验的基础上，分析了我国政府会计准则的结构和内容，重点对政府财务会计确认与计量相关问题进行了探析。

第五章“政府成本会计理论”。本章在界定政府成本会计概念的基础上，分析了政府成本会计理论基础及其与政府成本会计的关系，介绍了西方国家政府成本会计发展概况，提出了我国政府成本会计理论框架构建思路和实施举措，探讨了政府会计成本会计信息披露的方式和内容。

第六章“政府管理会计理论”。本章主要研究政府管理会计的概念和本质，政府管理会计研究的理论基础，政府管理会计理论结构和我国政府管理会计模式及其运用。认为政府会计管理的本质是管理信息系统，从政府管理会计的目标、对象、职能、要素和报告等方面探讨了政府管理会计理论框架的构建，提出了我国政府管理会计推行的基本思路和作法。

第七章“政府财务报告理论”。本章主要研究政府财务报告概念界定，政府财务报告内容，政府财务报告理论结构和政府财务报告编制。重点分析了政府综合财务报告的特征，在分析研究现状的基础上，探讨了政府财务报告主体、目标、结构层次等理论问题，以此提出了政府综合财务报告编制原理和方法。

第八章“政府财务报告分析理论”。本章主要研究政府财务报告分析的理论基础，政府财务报告分析的类型，路径和内容，政府财务报告分析的理论架构和政府财务报告分析的实施策略。从哈佛分析框架原理出发，重点就政府财务报告分析环境、分析目标、分析主体、分析对象、分析内容、分析方法、分析指标体系、分析模式、质量分析报告等九个维度来阐释政府财务报告分析体系的理论框架进行了探讨，以此提出了政府财务报告分析的流程和重点难点。

本书由重庆工商大学李定清教授对全书的体系、内容及框架进行总体设计，由李定清教授及所指导的会计硕士研究生共同完成。各章写作分工情况是：第一、二章由李定清撰写，第三章李环宇撰写，第四章由喻兰惠、彭新越、梁嘉隽撰写，第五章由范君、李琛撰写，第六章由余如男、杨玲撰写，第七章由兰洁、王泽鹏、徐梦撰写，第八章由廖洪斌、江雪真、刘怡撰写。第三至八章初稿完成后，由李定清进行了修改、补充和完善，并对全书进行统纂定稿。在本书的撰写过程中，我们参考了国内外大量相关文献，颇多启发、借鉴，在此谨向有关作者表示衷心的感谢。本书的出版得到了重庆市教育委员会2016年人文社会科学重点项目“政府治理与政府会计改革研究”（编号：2016SKGH082）和重庆市会计学会2019年课题研究项目“绩效导向的政府会计治理协同改革研究”（编号：201903）的资助，感谢重庆工商大学会计学院出版经费的支持，感谢经济科学出版社李军、谭志军编辑对本书出版付出的辛勤劳动。

由于作者水平和资料的局限，书中某些观点可能很不成熟，仍需作进一步探讨和完善，加之政府会计准则制度正在实施中，还有许多政府会计改革与实践中的新情况、新问题有待进一步研究，因而书中难免存在不当之处，恳请读者批评指正。

李定清

2019年10月

目　录

第一章

绪　论

第一节　政府会计理论概述

一、政府会计理论概念界定

现代社会科学地把社会组织分为政府组织、营利组织和非营利组织。因此，会计体系相应地分为政府会计、企业会计和非营利组织会计。我国传统的会计体系分为企业会计和预算会计，预算会计又分为财政总预算会计、行政单位会计和事业单位会计。随着我国政府体制的改革和公共财政的建立，2019 年政府会计准则制度的全面实施，标志着我国传统的预算会计模式向现代政府会计模式转变。因此，我国政府会计改革及政府会计理论体系的构建是新时代背景下政府会计研究的重要课题。

（一）政府会计的含义

1. 政府组织的界定

会计研究应当以社会组织为起点。政府组织是现代社会组织不可或缺的部分。“政府”组织的范围决定了政府会计的范围。政府是指国家权力的执行机关，即接受人民委托，利用公共资源，为公众提供各种服务，且不以营利为目的的社会管理机构。确切地说，政府指的是整个公共部门，包括政府单位和公立非营利组织。因此，从广义上看，我国的政府组织就是整个公共部门，包括各级政府、行政单位和事业单位；从狭义上看，我国的政府组织仅指各级政府机关、立法机构、检察机关、审判机关等政府权力机关。由于我国实行多党合作、民主协商制度，各党派、各人民团体与执政党一起执行管理国家事务的政府职能，它的部分经费也由国家拨款，被视为广义的政府单位。

政府组织与营利组织相比，具有公共性、非营利性、财政性、专用性、组织目标的多重性等特征。20 世纪 70 年代以来，西方发达国家掀起了一场声势浩大的公共行政改革运动，即“新公共管理”运动。先后有英国、澳大利亚、新西兰、加拿大、法国等国家普遍实行了以市场为导向的行政改革措施，都在不同程度上实践着新公共管理理论，其主要特征是：（1）现代政府是有限的政府而非全能的政府；（2）现代政府是服务型政府而非管理型政府；（3）现代政府是公开透明的政府；（4）现代政府是诚信的政府；（5）现代政府是绩效型政府（张雪芬，2006）。目前，新公共管理运动已席卷全球，我国也正在进行深化公共行政体制改革试点，政府的功能将逐步向服务型、绩效型政府转化。

2. 政府会计的含义

我国的预算会计历史悠久，公元前 11 世纪的西周就有“官计”，汉朝至清朝均有“国计”。“官计”和“国计”均称为“官厅会计”，相当于近代的预算会计。因此，在我国产生民间会计之前，会计发展的历史就是官厅会计的发展史。中华人民共和国成立初期，我国建立了由预算会计和企业会计共同组成的会计体系，基本上没有“政府会计”的称谓，而是将运用于政府和政府机构的会计定义为“预算会计”。1900 年，美国学者 F·L·古德诺在其著作《政治与行政》中，提出“政治是国家意志的表达，而行政则是国家意志的执行”的著名论断。国家产生后，就有了管理国家的政府，政府要保持国家机器的正常运转，就要组织收入并安排支出。因此，就需要进行收支计量、记录和报告的会计——政府会计。在当代如何界定政府会计是政府会计理论研究必须首先回答的问题。

关于政府会计概念的界定目前还没有一个权威解释，而只是明确了政府会计的适用范围、核算内容和目标。现列举几种代表性观点如下：

（1）李建发（2002）认为，政府会计主要用于确认、计量、记录和报告政府和政府单位财务收支活动及其受托责任的履行情况。

（2）郭磊和郭玲（2005）认为，政府会计是服务于各级政府及各级各类行政事业单位的会计信息系统。它以货币为主要计量单位，以政府及行政事业单位的资金运动为对象，连续、系统、全面地反映政府组织的各种受托财务责任。

（3）张雪芬（2006）认为，政府会计是以政府作为会计核算主体，用于确认、计量、记录政府接受人民委托，管理国家公共事务和国家资源、国有资产，报告政府运行的宏观经济信息以及政府对公共财务资源管理业绩及履行受托责任的会计系统。

（4）景宏军和王蕴波（2008）认为，政府会计是反映、核算和监督政府单位及其构成实体在使用财政资金和公共资源过程中财务收支活动的会计管理系统。

（5）曹越和赵西卜（2011）认为，政府会计是对政府财政交易或事项进行确认、计量、记录和报告，解除政府公共受托责任并提供决策有用信息的控制系统。

（6）王祥君和周荣青（2014）认为，政府会计是以公共资金运行过程中的政府治理活动为对象，对政府治理活动的过程与结果中可用货币计量的信息进行计量与报告，从而实现对政府治理活动追踪的一种信息记录、传导与反馈机制。

（7）王彦和王建英等（2019）认为，政府会计是反映和监督政府组织掌握和使用公共经济资源及其活动情况的会计。它以货币为主要计量单位，对政府财政资金和非财政资金活动的过程和结果进行完整、连续、系统的反映和监督，借以加强政府的预算管理和财务管理，提高公共经济资源使用效益。

从以上几种观点比较看出，都明确了政府会计的对象（政府单位财务收支活动）、政府会计核算程序（确认、计量、记录和报告）、政府会计目标（反映政府单位的受托责任），政府会计的基本特征（以货币为主要计量单位），但在政府会计界定的切入点和政府会计对象表述上有一定的差异。多数学者从资金运动或财务收支活动界定政府会计核算对象，也有学者从政府治理视角界定政府会计核算对象，说明政府会计的研究向政府治理拓展。我们认为，一个内容概括准确、文字表达清楚的政府会计概念，不仅要明确其适用范围，还应体现政府会计的本质、目标、职能、对象和特点。因此，根据政府组织及其单位的特点和营运目标，政府会计概念可以界定为：政府会计是一个与企业会计具有同等地位的会计学分支，以政府预算管理和绩效评价为中心的管理信息系统和管理手段，确认、计量、记录和报告政府和政府单位财务收支活动及其受托责任的履行情况，并提供决策有用信息的控制系统。因此，政府会计的本质是满足信息使用者反映政府及政府单位财务收支活动与预算信息的管理信息系统。

（二）政府会计理论的含义

政府会计理论是以会计理论与方法为基础，以政府会计为研究对象，反映政府会计实务的本质和特征，揭示政府会计信息系统运行发展的规律性，由政府会计基本概念和方法程序所构成的逻辑体系。因此，我们首先要搞清楚会计理论的含义及特征。

在我国，一般认为会计理论是人们从会计实践中概括出来的，反映会计事物的内在规律性，指导会计实践活动的系统的知识体系。从会计理论概念界定可以看出，会计理论具有以下特征：（1）会计理论来源于会计实践。任何会计理论都是在会计实践的基础上逐步形成、发展和完善的。良好的会计实践是会计理论形成的基础，尤其是描述性的会计理论，其本身就是从会计实践中直接归纳和提炼出来的。（2）会计理论是系统化的理性知识。会计理论虽然来自会计实践，但不等于会计实践，而会计理论是对会计实践的系统概括，它系统总结了会计实践的利弊得失，揭示会计实践活动的普遍规律，明确指出了会计实践的未来发展趋势。（3）会计理论具备逻辑一贯性。据《辞海》解释，理论是“系统化了的理性认识”。李孝林认为“会计理论如果不能前后一贯，必将严重影响其科学性，甚至难以成立。”① 自相矛盾的理论显然不是科学的理论。（4）会计理论指导会计实践。科学的会计理论必须有利于指导会计实践，并接受实践的检验。（5）理论具有层次性。会计理论是一个体系，具有结构和层次，其要素之间具有内在的逻辑联系。

因此，政府会计理论是从政府会计实践中概况出来的，反映政府会计信息系统运行发展的规律性，指导政府会计实践活动的系统的知识体系。政府会计理论也具有逻辑性、实践性、层次性特征。

二、政府会计理论的功能

（一）政府会计理论功能的含义

所谓功能是指某一事物本身应具有的能力和作用。在我国会计理论界看来，较常提出的是“任务”“作用”“职能”等词，而较少提“功能”。据《现代汉语词典》解释，“任务”是指担负的工作或所负的责任；“作用”是指对人或事物发生的影响、效果；“职能”是指人、事物和机构等的作用和功能。由此可见，职能的含义与功能相同，只是不同国家用词习惯不同而已。因此，政府会计理论的功能就是政府会计理论本身所具有的作用。但政府会计理论的功能并不等同政府会计的功能，政府会计的功能也就是政府会计职能，指政府会计工作本身应该发挥的作用或效用。

因此，政府会计理论的功能是指对作用的客体——政府会计实务产生的影响和效果。政府会计理论总是处在不断发展过程中，政府会计理论的发展决定了政府会计理论具体功能的发展变化。同时，政府会计理论指导会计实践，政府会计理论的科学性需要得到实践的检验。因此，政府会计理论的功

① 李孝林等．会计基本理论比较研究［M］．科学技术文献出版社，1997：1－2.

能也就在与会计实践的联系中得到体现。

（二）我国关于政府会计理论功能的观点

目前我国学术界还没有关于政府会计理论功能的研究文献，而对会计理论功能研究比较多，由于政府会计理论是我国会计理论体系的组成部分，因此，我们可以从会计理论功能研究中看政府会计理论功能。

我国对会计理论功能的认识应该是从20世纪90年代初开始就得到重视，并大多从会计理论的功效角度加以研究。会计理论作为人们理性认识结论，其功能不仅受时空的制约，而且也受到人们认识功能的限制。具体讲，在我国会计理论界对会计理论的功能认识有几种观点：（1）于玉林、李端生认为会计理论的功能包括认识功能、预见功能、指导功能和教育功能。[①]（2）阎德玉认为会计理论具有解释会计实务、规范会计实务、改进与发展会计实务三大基本功能。[②]（3）李连华认为会计理论的功能概括为描述、解释、正当性判断、理论启示和预测等五个方面。[③]（4）魏明海等认为会计理论具有信息传递和经验总结功能、解释和评价功能、预见和实践功能。[④]我们赞同第三种观点，现介绍如下：

一是描述功能。就是利用理论语言（术语）把会计实务，尤其是良好的会计实务方法陈述下来，“以阐明经验，推广最佳经验”。这是会计理论的首要的、原始的作用。

二是解释功能。就是说明所观察到的会计实务方法存在的原因，回答为什么是这样而不是那样。解释和描述有时可能同时进行的，但从理论上相区别，两者的侧重点有所不同，描述是“写真”性的，回答是什么（事实），而解释是“分析性”的，回答了为什么（理由）。

三是正当性判断功能。是利用会计理论来判断会计实务或准则的优劣和正当与否，还可以通过会计理论对已经存在的会计准则制度进行评价。

四是理论启示功能。一种理论往往对另一种理论和新理论的产生具有启迪和催生作用，这一理论功能的内在化。

五是预测功能。就是利用会计理论所建立的推演框架，对会计准则或会计政策相关者的未来行为进行预先的分析，以便于制定出合适的会计准则或政策，从而对未来的会计实务起着指导和改进的作用。

---

① 于玉林，李端生．会计基础理论研究［M］．经济科学出版社，2005，19.

② 阎德玉．会计理论比较与评析［M］．湖北科学技术出版社，2002，6.

③ 李连华．会计理论研究的效用［J］．《会计研究》1997（8）.

④ 魏明海，龚凯颂．会计理论［M］．东北财经大学出版社，2006，4－5.

因此，政府会计理论具有描述政府会计实务的功能、解释政府会计实务的功能、判断政府会计实务的功能、启迪政府会计理论的功能和预测未来政府会计实务发展的功能。

三、政府会计理论的分类

政府会计理论分类是人们对会计理论及其研究的客观会计事物性质的一种重要认识，是对会计理论问题进行深入研究的一种重要方法。政府会计理论可以从不同角度分类，有助于我们深入地认识和理解会计理论的性质和作用。

（一）会计理论的分类要求①

会计理论分类是指按照一定的标准，将会计理论这一总体划分为相互区别但又相互联系和相互制约的各个部分，以便人们从不同领域、不同方面认识和剖析会计事务。对会计理论进行科学分类，有助于人们进一步认识和掌握会计理论的内容及其内在联系，深刻了解会计理论的性质和功能。科学地对会计理论进行分类，一般应符合以下四个方面的要求：

1. 客观性

要求会计理论的分类应当正确反映客观存在的会计理论内容，各类会计理论应当能够揭示该类会计事物的客观现实，分类表现人们在长期的会计实践中对该类会计事物运动和变化规律性的认识，并良好展示该类会计事物的发展前景。

2. 相关性

要求会计理论的分类应当充分反映各类会计理论之间的相互依存关系，有利于建立层次分明的会计理论体系。分类时，既要综合考虑会计理论体系的整体功能，又要合理兼顾各类会计理论之间的内在联系和自身作用，最大限度地实现分类效应。

3. 指导性

要求会计理论的分类应当有利于指导会计实践工作和会计研究工作，各类会计理论应当是相应的会计实务和会计研究工作的指南，必须能够起到针对性的指导作用，不具有指导作用的分类是没有实际意义的。

4. 逻辑性

要求会计理论的分类应当符合逻辑关系：一是各类会计理论的外延之和

---

① 李端生．会计理论研究［M］．中国财政经济出版社，2007，7－8.

必须涵盖会计理论的全面内容，具有全面覆盖性；二是各类会计理论的外延上必须保持全异关系，不能出现包容和交叉关系；三是各类会计理论的外延应当与其所属内容的外延之和相等；四是分类名称应当使用肯定性、明确性概念，不能使用否定性或模棱两可的概念。

（二）会计理论的分类标准

1. 按会计理论研究方法分类

会计研究方法根据其学术理论渊源、基本思想、研究方式等大致可以分为规范研究和实证研究两大流派。会计理论按其研究方法不同，分为规范会计理论和实证会计理论。政府会计理论研究也是如此，目前我国政府会计理论研究以规范会计研究主导，实证会计研究为辅助，这与企业会计理论研究正好相反，主要原因是政府会计信息系统正在建立中，政府会计信息收集较为困难。其实，规范会计理论与实证会计理论各有优劣，互为补充。

（1）规范会计理论。规范会计理论是一套关于会计“应该是什么”的系统知识体系，旨在通过一系列基本会计原则、会计准则的规范要求，从逻辑高度上概括或指明最优化会计实务应当是什么，进而指导会计实务。传统的会计理论一般都是规范会计理论，其内容主要包括采用归纳法形成的描述性理论和采用演绎法形成的指导性理论。

（2）实证会计理论。实证会计理论是一套关于会计“是什么”的系统知识体系，其目的是为所观察到的会计现象提供解释性理由，并预测未观察到的会计现象。这种会计理论主要采用实证研究方法。它不是以个人的知识和价值观来判断，而是建立在实际观察和实验结果的基础上，尽可能排除主观因素，这使研究成果具备了可验证的特点。最近几年，我国政府会计实证研究论文在逐步增加，越来越多的青年学者采用实证方法研究政府会计理论问题。

2. 按会计理论的作用分类

由于我国会计体系由企业会计、政府会计和非营利组织会计构成，因此，会计理论包括企业会计理论、政府会计理论和非营利组织会计理论。我们认为，政府会计理论基本分类是按其地位作用分为政府会计基本理论和政府会计应用理论，这种划分体现了政府会计理论与政府会计实践的关系。政府会计基本理论是对政府会计最为基础的理论问题本质和规律性的认识，是整个政府会计理论的基础，是研究政府会计应用理论的出发点和前提。政府会计基本理论一般由会计假设、会计目标、会计对象、会计职能、会计方法及会计本质等要素构成。政府会计应用理论属于应用研究，即运用基础理论研究成果，通过价值理论认识、探索和开辟应用的途径。政府会计应用理论一般包括会计规范理论和会计行为理论。

3. 按会计理论的内容分类

按照这一标准，政府会计理论一般分为会计核算理论、会计管理理论、会计研究理论和会计教育理论。

（1）政府会计核算理论。会计核算理论是关于会计核算基本前提和原则、会计核算对象和内容、会计核算程序和方法等方面的理论，主要解决政府会计确认、会计计量、会计记录和会计报告等问题。

（2）政府会计管理理论。会计管理理论是关于政府会计管理体制、政府会计运行机制、政府会计管理内容和方法等方面的理论，主要解决政府会计政策制定、政府会计组织、政府会计监督和政府会计考评等问题。

（3）政府会计研究理论。会计研究理论是关于政府会计研究目的和意义、会计研究领域和内容、会计研究手段和方法等方面的理论，主要解决政府会计研究思想、研究范围和研究模式等问题。目前政府会计研究理论的文献较少，是今后政府会计理论研究的重要领域。

（4）政府会计教育理论。会计教育理论是关于会计教育体制、会计培养目标与要求、会计教育内容和方法等方面的理论，主要解决教育组织、教育理念、教育对象和教育模式等问题。目前高校只是在会计学专业课程体系中设置“政府会计”课程，完全不能满足政府会计人才的需要。因此，在当下政府会计教育理论研究上，如何培养与政府会计改革和政府准则制度全面实施相适应的高素质政府会计人才显得十分重要。

4. 按会计理论的学科分类

政府会计准则将政府会计体系分为政府预算会计和政府财务会计，但从政府会计发展趋势看，政府会计在“双体系”的基础上向政府成本会计和政府管理会计拓展。因此，按政府会计学科分类，政府会计理论可以分为政府预算会计理论、政府财务会计理论、政府成本会计理论和政府管理会计理论。

（1）政府预算会计理论。政府预算会计是反映政府及政府组织预算执行情况的会计，强调记录和报告预算资金在公共部门内部流动以及流向民间机构的过程。政府预算会计主要以预算会计制度为规范模式。因此，政府预算会计理论主要研究政府预算管理、预算会计核算、预算会计信息披露、政府预算绩效评价等相关理论。

（2）政府财务会计理论。政府财务会计是反映政府及政府组织财务收支活动过程及其结果的会计。政府财务会计主要以政府会计准则为规范模式。因此，政府财务会计理论主要研究政府财务会计概念框架、政府财务会计确认与计量、政府财务会计信息披露、政府财务报告分析等相关理论。

（3）政府成本会计理论。政府成本会计是适应政府绩效管理与评价，反映政府部门取得业绩与其所耗费公共资源的匹配情况的会计。因此，政府成本会计理论主要研究政府及政府组织成本核算、成本控制以及成本会计信息披露等相关理论。2019 年 7 月，财政部发布《行政事业单位成本核算基本指引（征求意见稿）》，这表明政府成本会计理论是今后政府会计改革及理论研究的重要课题。

（4）政府管理会计理论。政府管理会计是指管理会计在政府部门和公立非营利组织等公共部门的运用，其对象是公共部门为履行行政职能掌握并使用的公共资源。罗辉（2006）认为基于管理信息系统的角度，将政府管理会计定义为政府管理信息系统的一个子系统，为政府经济管理活动过程中的预测、决策、规划、控制、责任考核评价等提供有用信息的信息系统。因此，政府管理会计理论主要研究借鉴管理会计理论与方法在政府部门的运用，政府管理会计在预算管理、成本管理、绩效管理等方法、政府管理会计信息披露等相关理论。

第二节　政府会计研究的理论基础

不论是政府会计改革，还是政府会计研究，都应以一定的理论为基础，政府会计理论研究与公共财政、公共管理密切相关的交叉性学科尤为如此。我们认为，政府会计研究所依据的理论基础主要有公共受托责任理论、新公共管理理论、政府治理理论。

一、公共受托责任理论

（一）公共受托责任的含义及内容

当今社会和政府的运作都存在于公共受托责任关系之中。政府的受托责任也即公共受托责任，公共受托责任是一个含有丰富内容的动态概念，是一种不断发展的学术理论。受托责任产生于委托代理关系，政府公共受托责任建立在公民与政府之间的委托代理关系基础之上。西方学者对公共受托责任的内容与形式有着不同的认识。政府公共受托责任是多维的受托责任。格特（Gutt，1984）将公共受托责任分为三个层次：财务与资金信托方面受托责任、效率受托责任与效果受托责任。斯图尔特（Stewart，1984）也以阶梯式的结构分析了公共受托责任，他按照先后顺序定义了五种公共受托责任，分别包括：政策受托责任、项目受托责任、业绩受托责任、程序受托责任与诚实及法律受托责任。辛克莱（Sinclair，1995）在上述研究的基础上，界定了以下五种形式的公共受托责任：政治受托责任、公众受托责任、管理受托责任、职业受托责任与人格受托责任。根据李建发（2006）的观点，公共受托责任应当是受托管理公共资源的政府、机构和人员履行社会公共事务管理职能并向公众报告的义务。张琦（2007）认为，公共受托责任是存在于公共领域特殊形式的受托责任，它是政府使国民确信其活动与产出符合预定目标与规范的一系列方法、机制与程序的集合。路军伟和李建发（2006）认为，政府的权利来自最高权力机关的委托，公众与政府之间的关系实质上就是一种委托代理关系，政府作为受托人有义务履行公众所赋予的受托责任。换言之，政府与公民之间的委托代理关系产生了政府的公共受托责任。当今我国政府改革正在朝着“责任政府、法制政府、服务政府、透明政府、绩效政府”的目标迈进，其目的就是要塑造更为公众负责、更为有效地履行公共受托责任的政府体系。

（二）公共受托责任与政府会计

政府公共受托责任是构建政府会计体系的基石。李建发（2006）认为，政府公共受托责任既包括行为义务，也包括报告义务。一方面，政府应当从人民的公共利益出发，管理好人民托付的公共财产，履行好国家和社会公共事务管理职能；另一方面，政府应当向公众及其代表报告其受托责任的履行情况。我们认为，政府公共受托责任包括两个方面：一是基于政府内部受托责任，要求参与公共资源配置和使用的各个部门必须对整体政府负责，每一个使用公共财政资源的预算单位和支出机构都必须受其工作影响的利益相关者负责；二是基于外部受托责任的要求，政府整体必须就公共资源的配置和使用结果对全体公民负责。为评价政府的公共受托责任，政府应当及时、完整、准确地提供其活动的信息，并保证公众能够方便地获取这些信息。因此，政府会计系统确认、计量、记录、报告的就是政府的公共受托责任及其履行情况。政府会计体系必须一方面能完整、客观地记录和报告政府对社会公共资源运用的过程和结果，另一方面还能够客观地评价公共资源运用的效率和效果，以便社会公众了解政府运用公共资源的过程，评价政府运用公共资源的效率，从而解除政府的公共受托责任（李建发，2006）。因此，从公共受托责任视角研究政府会计才能揭示政府会计的本质特征。

二、新公共管理理论

（一）新公共管理理论的内容及特征

20 世纪 70 年代以来，西方发达国家掀起了一场声势浩大的公共行政改革运动，即“新公共管理”运动。新公共管理理论的核心内容包括：（1）更加关心服务效率、效果和质量；（2）政府的职能在于掌舵而非划桨；（3）高度集权、等级制的组织结构为分权的管理环境所取代；（4）重视私营部门管理方式的运用；（5）实施明确的绩效控制。新公共管理理论强调企业和市场导向，注重从私营部门管理中借鉴理论和方法，强调市场经济中的企业经营技巧和市场导向的行为激励机制。

经济合作与发展组织（OECD）1995 年度的公共管理发展报告《转变中的治理：OECD 国家的公共管理改革》一文指出：经合组织国际的政府治理变革具有一个已经发展起来的共同的议事日程，这就是“新公共管理”政府治理模式。这表明传统政府治理理论及实践向新公共管理理论及实践转变，也是经合组织（OECD）成员推行政府会计改革的重要力量。经合组织（OECD）提供的“新公共管理模式”的基本框架建议，认为它包含了五个方面的主要要素原则，即透明度、负责任、灵活性、前瞻性、法律与正直，其宗旨是倡导建立一种“以市场为基础的公共管理，最大限度地重视国家资源的使用效率。”英国、澳大利亚、新西兰、加拿大、法国等国家普遍实行了以市场为导向的行政改革措施，都在不同程度上实践着新公共管理理论。

（二）新公共管理与政府会计

新公共管理的核心是引入市场竞争机制全面改造政府。近年来，我国推行的部门预算、政府采购、国库集中收付制度等财政管理体制改革，其目的就是实现政府对公共资源的合理配置及公共治理的良好绩效。可见，我国政府财政预算管理也体现了新公共管理的理念。中国新公共管理聚焦于建设高效率的政府、民主的政府以及公开透明的政府。新公共管理从理论到实践都强调政府的绩效，不仅政府自身需要评价其绩效，社会公众作为政府财务资源的提供者，有权利监督政府的运行效率。政府绩效评价是对政府整体运营效果的综合评价，也是考察其受托责任履行情况的核心内容。这些实践的特点对我国政府会计及财务报告信息披露提出了新的挑战。根据陈小悦、陈璇（2005）的观点，实施“新公共管理”过程中在信息支持方面要求建立高效的支持决策信息系统，包括预算信息系统、会计信息系统和国库监控系统等。政府预算、政府会计和财务报告改革是促进公共管理改革的关键。因此，我们认为，依据政府会计准则和制度核算要求，既要提供政府预算会计信息，又要提供政府财务会计信息，同时，鼓励政府及政府组织探索政府成本核算和管理会计在政府组织的应用，待时机成熟时也应提供政府成本会计信息和管理会计信息，实现全方位、全过程评价政府绩效。新公共管理在我国财政体制改革和政府治理中的广泛应用，为我国实施政府成本会计和管理会计应用提供了理论依据，同时也拓宽了政府会计理论研究新领域，使政府会计理论研究从封闭走向更加开放。

三、政府治理理论

当今世界范围内掀起了一场新的政府治理变革运动。20 世纪 70 年代以来，世界许多国家的政府组织都经历了重大的变革，这些变革涉及政府与企业、政府与市场、政府与社会关系的根本性、全方位的调整，变革的目的是追求政府的善治，这场波及世界的政府治理运动依托于一系列创新性制度的设计、选择和安排，反映了当代政府治理变革的基本理念和价值。政府治理的变革必然推动政府会计改革，要求提供反映政府公共受托责任的财务报告信息，以实现政府治理的目标和要求。

（一）政府治理及其特征

政府组织是现代社会组织不可或缺的部分。我国的政府组织就是整个公共部门，包括各级政府、行政单位和事业单位。政府变革是社会主义市场经济最重要的内容之一。从企业和政府改革的实践看，一个公司需要治理，一个国家也需要治理。政府治理就是试图通过改革政府职能活动范围和运行机制，力图对政府与市场关系、政府与企业关系、政府与社会关系之间寻求更为有效地提高公民福利及提升国家生产力、竞争力的制度安排和创新性组织。中共十八大以来，随着我国大规模的政府行政改革，通过有效的政府治理变革，建立与社会主义市场经济相适应的政府行政体制和公共管理体制，处理好政府与市场的关系，使政府成为推动市场经济的服务性政府。政府治理具有以下主要特征：

（1）政府治理主体的多元性。政府治理理论认为，政府并不是国家唯一的权力中心，各种机构包括社会的、私人的，只要得到公众的认可，就可以成为社会权力的中心，治理是政治国家与公民社会的合作、政府与非政府的合作、公共机构与私人机构的合作、强制与非强制的合作。因此，治理的主体不仅出现了多元化的趋势，而且在这些多元化的主体之间存在着一种权力依赖的关系。

（2）政府治理过程的互动性。“政府治理”旨在建立一个以相互依存为基础的、以协作为特征的、纵横协调的、多元统一的社会治理结构。因此，政府治理在强调国家与社会合作的过程中，是一个上下互动的过程，它主要通过合作、协商、伙伴关系以及确定共同的目标等方式来实现对公共事务的管理。

（3）政府治理范围的广泛性。政府治理不同于传统的以领土为界的民族国家管理模式，它涉及的对象要宽泛得多。由于治理的权威主体既可以是政府，也可以是非政府的、跨国界的民间组织，所以治理的范围既可以是特定的领土界限内的民族国家，也可以是超越国家领土界限的国际领域。

（4）政府治理的有效性。政府治理的目标是通过建立服务性政府，实现其依法行政、透明高效、有责任的政府。政府治理的有效性，就是将企业运作模式引入政府机构，按企业模式重塑政府。政府治理强调政府管理的成本，重视管理的绩效，把政府效率的提升放在行政成本降低、效益增长的双向思考中。

（二）政府治理与政府会计

政府治理与政府会计的关系包括以下三个方面：①

（1）政府治理与政府会计具有共同的理论基础。从政府治理的产生可以看出，政府治理源于公共管理中的政府失灵，其核心是委托代理问题，二者统一于政府公共受托责任目标的实现。而政府会计的本质是对公共受托责任完成过程及其结果的确认、计量和报告。因此，政府治理与政府会计的目标有必然联系，都是基于公共受托责任的要求，产生于委托代理问题，共同目标在于公共受托责任的履行。

（2）政府治理与政府会计遵循的目标和原则相同。从目标角度看，政府治理与政府会计都强调政府资源的有效配置，提高政府管理效率和政府信息公开，以解除政府公共受托责任；从原则角度看，政府治理与政府会计都遵循相互牵制、相互制衡的原则。2012 年，财政部颁布实施《行政事业单位内部控制规范（试行）》，这不仅是政府行政单位内部控制的内容，也是完善政府治理的重要举措。

（3）政府治理与政府会计具有相互促进的作用。政府治理要求建立服务型政府和政府信息公开制度，是政府会计变革的基础和发展动力。同时，政府治理以政府绩效为导向，评价政府服务成本效益，都要求政府会计提供反

① 李定清．政府治理视角下的政府会计改革研究［J］．商业会计，2014（9）．

映政府营运状况和绩效的政府会计信息，而提供政府会计信息是解除政府公共受托责任的重要途径。如何降低政府财务风险，提高政府营运效率是政府治理和政府会计共同关注的问题。

第三节　西方国家政府会计改革实践

他山之石，可以攻玉。因此，我国政府会计改革既要立足中国实际，又要向西方发达国家学习政府会计改革经验，政府会计理论研究也是如此。20世纪70年代以来，西方发达国家掀起了一场声势浩大的公共行政改革运动，即“新公共管理”运动。先后有美国、英国、澳大利亚、新西兰等国家普遍实行了以市场为导向的行政改革措施，政府会计改革全面引入权责发生制，都在不同程度上实践着新公共管理理论，并取得明显成效。

一、美国政府会计改革

美国实行的是联邦制政体，联邦政府和州政府之间有明确的权利划分，保持相对独立。这样的政治体制决定了美国没有统一的政府会计，而是经历了联邦会计及州和地方政府会计两条独立的改革路径。但是，无论是联邦政府，还是州及地方政府，都以全面运用权责发生制会计作为其改革的最终目标，强调政府的受托责任和信息使用者导向的外部报告，并均已建立了一套较为完整的政府会计准则体系，规范其日常会计核算与财务报告的编制。

（一）美国政府会计改革演进过程

1. 美国联邦政府会计改革进程

美国联邦政府会计改革主要分为三个阶段：

（1）19世纪末至20世纪30年代，该阶段的联邦政府建立了政府会计与审计管理机构，并强调会计对预算的反映和服务职能。1921年，国会通过了《预算与会计法案》，该法案确定了联邦政府的会计基础。根据该法案，还分别成立了隶属于行政机构的预算局（BOB）与隶属于立法机构的会计总署（GAO），并规定，GAO的负责人是美国联邦政府的总会计师与总审计师，授权制定联邦政府会计标准，并拥有检查联邦政府账簿的权力。

（2）20世纪30年代至20世纪90年代，该阶段的改革开始逐步倡导在联邦政府会计中应用权责发生制，并建立了统一的政府会计准则制定机构。1952年修订《预算与会计法案》，确立了联邦政府行政部门会计核算和财务报告的框架。1976 年，美国财政部发布了首个权责发生制的政府层面财务报告样板。1982 年通过《联邦管理者财务一体化法》，该法案规定政府机构每年要对内部管理进行评估，并向总统和国会汇报内部管理是否达到目的。联邦政府必须建立一套内部会计核算和行政管理制度。1984 年，GAO 开始要求审计权责发生制为基础的部门财务报告。1990 年颁布《首席财务官法案》；1991 年财政部、管理与预算办公室（OMB）与政府责任署（GAO）根据《首席财务官法案》联合发起设立了独立于各机构的会计准则制定机构——联邦会计准则咨询委员会（FASAB）；1996 年通过《克林格－科恩法案》和《联邦财务管理促进法》；从 1997 年开始，联邦政府整体及其各组成部门开始正式依据 FASAB 制定的准则编制年度财务报告，并接受审计。

（3）20 世纪 90 年代至今，该阶段逐步建立了一套以权责发生制为基础的联邦政府会计准则体系。2002 年通过《联邦信息安全管理法案》和《不当付款信息法案》；2003 年 FASAB 进行了重组，并获得了美国注册会计师协会对其准则权威性的认可，其准则成为一般会计原则（GAAP）的组成部分。截至 2009 年 1 月，FASAB 基于权责发生制，共颁布了 32 项联邦财务会计准则公告、7 项准则解释报告、5 项技术公告、9 项技术报告。

2. 美国州和地方政府会计改革进程

美国的州及地方政府会计改革经历了较长的过程，也大致分为三个主要阶段：

（1）20 世纪初到 30 年代，在美国城市化发展进程中，商业机构的会计程序与方法被逐步引入地方政府的财务管理中，并建议采用权责发生制基础，其主要目标是为了防止腐败并提高政府效率。1929 年，全国市政会计委员会（NCMA）成立，后更名为全国政府会计委员会。

（2）20 世纪 30 年代到 70 年代中期，美国陷入经济大萧条时期，地方政府偿债风险不断出现，制定统一的政府会计准则开始受到重视，会计改革以加强政府内部财务控制为主要目标。1934 年，全国政府会计委员会（NCGA）开始要求地方政府使用权责发生制会计。NCGA 进行了大量的研究项目，并将其汇编为《政府会计、审计与财务报告》，以其为主体建立了早期的政府会计标准，直接指导政府部门会计人员的实务工作。1951 年，美国市政会计委员会出版了《市政会计与审计》一书，该书后来被誉为“市政会计的圣经”；1968 年，NCGA 发布了《政府会计、审计和财务报告》的完整手册，该手册提出了“建立适用于政府的公认会计原则”的思想。1974 年，美国注册会计师协会的下属机构 APB 制定了一套“行业审计准则”，为州和地方政府审计提供了指导。

（3）20世纪70年代中期至今，美国的政府会计改革逐步开始强调政府受托责任目标。1984年，美国政府会计准则委员会（GASB）成立，取代了全国政府会计委员会。该委员会隶属于财务会计基金会，同财务会计准则委员会平行。政府会计准则委员会（GASB）的成立改进了政府的受托责任，提高了财务信息透明度。1999年，GASB颁布了第34号准则《州和地方政府基本财务报表与管理当局讨论和分析》，这项准则的颁布，推动美国州和地方政府会计改革走向高潮。截至2009年1月，GASB共颁布了53项准则、5项概念公告与6项准则解释公告。

（二）美国政府会计改革关注的理论问题

从美国政府会计改革历程看，美国政府会计理论研究以政府会计概念框架为主线，构建系统完善的政府会计准则体系。主要研究内容包括：一是政府会计核算基础的研究。改革历程反映了美国政府会计从收付实现制向权责发生制的转变过程。二是政府基金会计的研究。美国政府会计的一个显著特征是政府基金会计模式，包括基金会计主体、基金会计要素、基金会计确认与计量、基金会计报告。三是政府会计概念框架的研究。政府会计改革的思路是，政府会计概念先行，再制定政府会计准则。政府会计概念框架包括政府会计目标、政府会计主体、政府会计信息质量特征、政府会计要素、政府会计确认与计量等理论问题。四是政府会计准则的研究。构建了一套政府会计准则体系，美国政府会计准则的颁布以现实需求为导向。五是政府财务报告及披露研究。美国政府财务报告模式从财务报告主体出发，依次经历了基金财务报告模式、“金字塔”财务报告模式和“双重”财务报告模式。美国政府会计理论的形成和发展为其他国家政府会计改革和理论研究提供了借鉴和重要参考。

二、英国政府会计改革

（一）英国政府会计改革进程

英国是实行君主立宪制的单一制国家。议会实行两院制，由在下议院拥有多数席位的政党负责选出首相和内阁大臣，中央政府最高领导是首相和内阁成员，英国政府分为中央政府和地方政府。因此，英国的政府会计改革在中央和地方具有不同的路径。英国政府的会计改革历程较为漫长，从1921年开始就要求中央政府部分活动开始采用权责发生制会计。近百年来，英国政府会计改革始终致力于提供质量更高、更透明、更规范的信息，以支持财政政策的发展，更好地管理公共服务和更有效地分配资源。同时，中央政府与地方政府分别遵循不同机构制定政府会计规范。

1. 中央政府会计改革

（1）20世纪20年代初至20世纪90年代中期。该阶段，英国中央政府在会计核算与财务报告披露过程中逐步引入并运用权责发生制基础。1921年颁布了《财政与审计部门法案》，这被看做是英国在中央政府运用权责发生制的起点。20世纪70年代起，英国中央政府陆续从政府机构剥离出来并成立了一些专门的机构或基金，并直接将权责发生制会计系统应用其中。

（2）20世纪90年代中期至21世纪初。该阶段，英国中央政府开始尝试在政府部门使用资源会计的概念，并逐步运用权责发生制进行会计核算并编制财务报告。1994年，英国财政部发布了绿皮书《更好地核算纳税人的钱——政府资源会计与预算》，这一事件被看做英国政府会计改革的标志性事件。1996～1997财政年度，英国中央政府的部分部门开始试编权责发生制为基础的资源会计报告。

（3）21世纪初至今。该阶段是英国中央政府全面应用权责发生制会计与预算的阶段。2000年7月，英国议会通过并颁布了《政府资源会计法案(2000)》，为英国中央政府实行权责发生制预算与会计提供了法律依据，该法案也标志着英国中央政府准备在会计与预算中同步全面应用权责发生制的基础。2003～2004财政年度，英国首次公布了权责发生制基础的中央政府整体合并财务报表。

2. 地方政府会计改革

（1）20世纪70年代之前。在该阶段，地方政府会计是为反映预算服务的。1974年以前的传统观点认为，预算的形式和内容与会计及财务报告的形式和内容是不可分离的。会计系统中需要反映预算与实际数据的对比，且会计基础必须与预算基础一致。

（2）20世纪70年代至90年代中期。该阶段是地方政府会计由反映预算向逐步披露地方政府整体财务信息转换的阶段。随着新公共管理运动的兴起，英国政府开始改变思想，尝试将预算与会计分离。1974年，英国颁布了《地方政府财政法案》，标志着地方政府财政改革拉开了帷幕，也构建起了地方政府会计框架。

（3）20世纪90年代中期至今。在该阶段，英国地方政府正式被要求编制政府整体的财务报告，并将会计系统与预算系统分离。1996年颁布的《会计审计规范（1996）》详细界定了地方政府财务报告的内容与组成部分。在该规范下，地方政府的年度财务报告应包括合并资产负债表、合并经营活动表、合并现金流量表、独立记账各基金的收入支出概要表、资本性支出概要表、会计政策说明表，以及会计报表附注等。目前，英国地方政府会计标准基本以英国公认会计原则为基础，按照地方政府的特殊环境通过适当修改后形成。英国地方政府会计与预算已采用了完全的权责发生制。

（二）英国政府会计改革关注的理论问题

从英国政府会计改革历程看，英国政府会计理论研究以政府资源会计为主线，构建政府会计标准与预算管理制度体系。主要研究内容包括：一是会计核算基础研究。从收付实现制政府会计向权责发生制政府会计转变，即采用在权责发生制基础上进行政府预算的编制、预算执行和政府财务报告的编制，更全面、更系统地反映公共部门运行的成本或资源耗费的会计。二是政府会计与政府预算的关系研究。重点研究政府会计与政府预算同步采用权责发生制。英国政府认为，如果政府会计与预算二者的基础不一致，会使预算执行失去有效的控制。三是政府资源会计研究。资源会计与预算是英国在政府会计改革中采用的独特概念。资源会计与预算（RAB）是一种以权责发生制为核算基础的中央政府会计与预算。重点研究构建政府资源与会计核算标准，财务报告编制及信息披露规范等理论问题。四是注重政府会计标准与企业会计标准以及国际财务报告准则的协同研究。目前英国的政府会计与企业会计标准都共同遵循英国公认会计原则的要求。

三、澳大利亚政府会计改革

（一）澳大利亚政府会计改革进程

澳大利亚政府预算与会计改革历经三十余年，在逐渐完善制度的过程中形成了较为完善的政府会计体系，成功实现了政府职能的转变，在提升政府治理能力的同时也大大满足了公众的需求。澳大利亚政府会计改革中体现的“立法保障先行”“机制的系统性改革”“制度协同优化和改革”等先进改革思想理念为世界各国所借鉴。其政府会计改革进程包括以下几个方面：

（1）政府会计改革推行权责发生制。1997 年，澳大利亚相继通过若干法案，包括《财务管理与问责法案》《联邦政府与公司法案》《审计长法》等。以上通过的法案各有侧重点，《财务管理与问责法案》为预算单位报告设置了详细的要求；《联邦政府与公司法案》规定了联邦政府和联邦公司进行财务治理、报告及问责的具体要求；《审计长法》确立了审计长的职责和审计署开展政府财务报告审计的法律要求。在以上立法基础上，澳大利亚在该年还实施了基于产出框架的权责发生制，也实现了审计署对政府整体权责发生制财务报表的首次审计。

（2）政府会计改革推行政府会计准则。1998 年颁布了《预算诚信章程法》，该法要求最终预算结果报告依据外部报告准则，并披露偏离准则之处。同时，公布经审计署审核的政府合并财务报告。

（3）政府会计改革制定相关法规。1999 年《公共服务法》的颁布为公共服务提供了有效管理和领导的法律框架，明确了机构负责人在年度报告方面的要求。从该年开始，年度预算采用权责发生制。2001 年，《公司法》对包括政府拥有或控制的公司年度财务报表及审计做出规定。此后，经过不断地调整和改善，澳大利亚形成了较为完善的会计和审计准则体系，为政府会计改革搭建了全新的立法框架，使改革在此框架的基础上得以顺利实施。

（二）澳大利亚政府会计改革关注的理论问题

从澳大利亚政府会计改革历程看，澳大利亚政府会计理论研究是以权责发生制政府预算与会计为研究主线，建立了政府会计准则体系。政府会计理论研究的主要内容：一是权责发生制政府预算与会计研究。先是澳大利亚政府会计采用了权责发生制，也编制权责发生制财务报告，从而促使政府会计信息发生了很大的变化，进而对预算会计也产生了改变性影响，澳大利亚政府预算会计也顺势实行了权责发生制。二是政府会计与政府绩效评价研究。澳大利亚政府在合理引入权责发生制的基础上，采取多种措施对公共资源的使用情况予以跟踪；对政府活动及其产出加以关注；对政府财政绩效与财政问责的实施情况特别重视，力求全方位多视角协同跟进政府改革。三是政府会计与政府预算、政府审计协同研究。澳大利亚在均衡的法律框架内实现了政府预算、政府会计以及政府审计的“三轮驱动”，不仅仅注重政府预算、会计、审计内部的改革，还注重三者不同制度间的协同。除此以外，注重政府会计准则、政府债务风险、政府会计报告及信息披露等方面的研究。

四、新西兰政府会计改革

（一）新西兰政府改革历程

新西兰是目前政府会计改革最为彻底的国家之一，它实施的是快速变革。新西兰被称为“骑在羊背上的国家”，政府会计改革开始于 20 世纪 80 年代末和 90 年代初，新西兰是世界上第一个在政府中实施权责发生制并取得良好成效的国家。其政府会计改革成为各国改革的样板和典范，在西方政府会计改革中占据着十分重要的位置。新西兰的政府会计采用“立法推动模式”，改革的每一个步骤都有相应的法律法规颁布，来保证其改革的顺利进行。具体的进程如下：

（1）1986 年，政府开始把注意力转到公共部门，并期望通过提高公共部门的绩效来提高整个国家经济的效益。1986 年《国有企业法》的颁布，标志着国有企业公共管理改革正式实施，该法案主要是明确了国有企业人员的角色定位，推行国有企业私有化改革，为后续政府会计改革奠定基础。

（2）1988 年，《国有部门法案》出台，标志着中央政府部门公共管理改革的正式开始。该法案重新界定了部长与首席执行官的权责关系，部门的首席执行官被授予了更大范围的人事权和资金管理权。

（3）1989 年，《公共财政法》颁布，政府部门开始实行权责发生制为基础的政府会计，主要是为了衡量政府部门的绩效，同时，将企业会计的架构引入公共部门，以进行预算及会计系统的改革，公共部门财务系统由原先重视投入转向重视产出，使公共部门的资源运用效率得到了较大的提升。

（4）1993 年，《财务报告法》颁布，将制定会计原则的权利从公共部门与私人部门手中转移给独立的会计准则评价理事会。此法案促使公共部门和私人部门采用完全一致的公认会计准则，提高了会计信息的可比性。同年 6 月，新西兰成功编制第一份正式的权责发生制合并年度财务报告。

（5）1994 年，《财政责任法案》颁布，建立了系列财务管理原则，使财务管理系统更加准确有效，同时也规范了以权责发生制为基础的整体政府预算，以求稳定政府支出及持续减少政府负债。从 1994 年开始，新西兰政府的整个财务管理系统实现了完全的权责发生制。

（二）新西兰政府会计改革关注的理论问题

从新西兰政府会计改革历程看，新西兰政府会计理论研究以政府部门及国有企业权责发生制会计系统构建为主线，建立了政府会计与预算管理标准体系。政府会计理论研究的主要内容：一是政府公共部门绩效评价问题研究。采取了以私有化方式来重新建构政府公共部门，并通过明确政府的绩效标准和考核方式来提高政府效能，在行政效率和经济效率都大幅提高的前提下，使政府资源得到了有效的评价和管理。二是政府会计改革相关法律法规研究。政府会计改革的实施有完善的配套方案和结构体系。即新西兰的公共部门改革从会计、预算管理、信息科技到组织文化环环相扣，是全方位创新而非局限于会计制度的改革。三是政府会计与政府治理改革研究。新西兰在 1993 年财务报告法案后成立独立的会计原则评价理事会，通过此组织来审核一般公认会计原则，从而确保公共部门可采纳实行。除此以外，还有政府会计与预算的关系研究、权责发生制政府会计体系的构建等方面的理论问题。

第四节　我国政府会计理论的形成和发展

一、我国政府会计改革与理论研究演进

政府会计理论是政府会计实践的结果，但它又是时代的产物。中华人民共和国成立以来，中国的政府会计理论和会计研究虽然走过了不平凡的道路，但改革、发展和创新始终是整个过程的主流。中华人民共和国成立初期从苏联引进、创建并发展的我国预算会计，经历多次修订和变革，形成了由财政总预算会计、行政单位会计和事业单位会计共同构成的预算会计体系。在20世纪末，我国会计学术界才开始从预算会计逐步转向与国际接轨的政府会计研究上来。特别是2006年《国民经济和社会发展第十一个五年规划纲要》首次明确提出要“推进政府会计改革”，由此拉开了我国政府会计全面改革的序幕。从政府会计理论发展演进看，我国政府会计理论研究总是滞后于企业会计理论研究，在改革开放前，政府会计理论研究依附于政府会计制度改革，其理论研究主要围绕政府会计制度展开，研究内容比较封闭，研究政府会计的学者很少；改革开放后，会计学术界才逐步重视政府会计理论研究，研究政府会计的学者才逐渐增加，政府会计理论研究空间空前繁荣，在政府会计理论研究上取得了丰硕成果，基本形成了具有中国特色的政府会计理论体系。回顾我国政府会计改革发展与理论研究的历程，可以分为四个时期，分别具有不同的形成背景与发展特点。

（一）政府会计制度的起步摸索时期（1949～1978年）

中华人民共和国成立后，预算会计与企业会计一样，都是以苏联的会计为蓝本建立起来的。1949～1978年，我国国家机关、企事业单位的会计制度和会计管理模式普遍借鉴苏联的会计制度和会计管理模式，苏联模式基本上在我国占据支配地位。从本质上讲，在计划经济体制下，政府会计工作处于被动状态，它是反映指令性计划实现的工具。

1949年成立了国家会计管理机构，同期，财政部设立会计制度处。1950年，建立国家《机关会计工作统一规范》，同年，财政部税务总局制定了全国统一的《各级税务机关暂行会计制度》。1951年，《各级人民政府暂行总预算会计制度》和《各级人民政府暂行单位预算会计制度》开始实施。这两项会计制度的颁布与实施标志着我国预算会计的诞生，并确立了总预算会计与单

位预算会计分立的框架。同时，这两项暂行会计制度是中华人民共和国第一个关于政府会计的制度，它在预算会计名称、核算范围、会计要素、会计科目分类、记账方法和记账基础等方面都做了统一规定。1965 年 8 月，财政部将《单位预算机关会计制度》修改为《行政事业机关会计制度》，并于 1966 年开始实施。《行政事业机关会计制度》修订了会计要素、会计恒等式和记账方法。会计要素被调整为资金来源、资金运用和资金结存三个；会计恒等式也由“资产等于负债”改为“资金来源 - 资金运用 = 资金结存”；记账方法由借贷记账法改为资金收付记账法。因此，我国预算会计模式基本上形成于 20 世纪 60 年代中期，它是以财政总预算会计为主导，以单位预算会计为补充，以制度形式确定的有别于企业会计制度的独立会计系统。

同一时期，我国会计学术界主要关注会计属性、会计对象、会计职能、会计方法等理论问题的研究，因此研究预算会计的内容主要集中在：一是学习借鉴苏联社会主义会计学理论与方法，使我国的预算会计核算体系向苏联会计模式靠拢；二是针对当时的社会经济和政治状况，对会计学的属性、预算会计对象与要素、预算会计职能、记账方法等问题进行了论争，但发表或出版预算会计理论的论文专著偏少，政府会计理论研究没有引起学者和实务界的关注。在我国 20 世纪 50 年代初，中国人民大学率先开设“预算会计”课程，由王庆成主讲，当时还没有“预算会计”教材，主要按照苏联预算会计制度模式进行教学。因此，王庆成是我国预算会计教学的开创者。

（二）政府会计改革的缓慢发展时期（1979 ~ 1997 年）

中共十一届三中全会的召开给我国政府会计改革带来了契机，但行政事业会计制度除了随着国家相关法律法规的变迁被动地进行了一些调整外，整体上变化不大。在会计改革进程中，政府会计改革总是滞后于企业会计改革，也许是政府会计改革与政治体制、财政体制改革相关。因此，政府会计是与计划经济体制相适应的预算会计模式，实行单一的收付实现制基础，单一的收支决算报告，不能提供政府财务状况和成本费用信息。

这个时期，我国政府会计改革的基本背景是：1978 年中共十一届三中全会决定改革开放；1984 年中共十二届三中全会决定实行有计划的商品经济体制；1980 年财政预算管理实行“划分收支，分级包干”，事业单位开始实行“预算包干、超支不补、结余留用”预算管理方式，1988 年改为全额预算管理、差额预算管理和自收自支管理三种方式；1993 年中共十四届三中全会决定建立社会主义市场经济体制；1994 年颁布新中国首部《预算法》，强化了预算会计工作的法律规范。

政府会计改革的主要举措有：1979 年初，国务院批准财政部恢复会计制度司（1982 年更名为会计事务管理司，1984 年改为会计司）；1980 年 1 月，中国会计学会成立，随后财政部和地方财政厅局分别成立了全国或地方预算会计研究会，由财政部主办的《预算管理与会计》期刊创刊，搭建了政府会计理论与实务研究交流的平台；为适应当时的财税体制、预算管理体制和财务体制改革的要求，财政部门分别于 1984 年和 1989 年两次修订预算会计制度。1981 年，在财政部印发的《全国会计工作会议纪要》中明确指出，会计是经济管理工作的重要组成部分，并同时确认会计具有参与经济决策的职能作用。1985 年颁布了《中华人民共和国会计法》，它填补了中国会计专业法规建立中的空白。1984 年开始执行新《财政机关总预算会计制度》，加强了总预算会计的组织管理职能，并对预算科目的概念做了阐述。1989 年《财政机关总预算会计制度》再次修订，改称为“财政总会计”。这次修订将会计核算范围拓展为包括财政信用资金在内的全部财政资金，并区分为预算资金和预算外资金“两条线”来核算和报告；将会计报表分为月报和年报两种，并将需编制的报表做了相应调整。

1989 年颁布新的《事业行政单位预算会计制度》，改称“事业行政单位会计”，其记账方法和会计恒等式与总预算会计一致。当时行政事业单位的预算管理方式分为全额、差额预算单位和自收自支三种类型及其“三过渡”的这项改革对预算会计框架产生了极大影响。这项改革导致行政单位、事业单位以及三种预算管理单位之间会计科目、会计报表也不尽一致。在会计基础方面，已允许简单的成本费用核算的会计事项采用权责发生制。在事业单位会计方面，出现了多部门会计分支，如《医院会计制度》《高等学校会计制度》《科研单位会计制度》等，并且事业单位会计与企业会计出现某些趋同的趋势。1996 年 2 月，财政部发布《预算会计核算制度改革要点》，规定了预算会计改革的指导思想、改革目标、会计体系、核算方法和改革步骤等。

这一时期，政府会计改革处于起步阶段，主要是配合预算管理的改革调整，对预算会计制度进行了相应的改革调整，尚未冲破计划经济体制下的单一的预算会计模式，但预算会计理论与方法的研究成果日渐增多，初步构建了具有中国特色的预算会计理论与方法体系。因此，会计学术界研究预算会计内容主要集中在：一是结合预算会计特点，探讨预算会计的本质属性、会计对象、会计职能等基本理论问题；二是改革开放后我国预算会计核算体系构建；三是开始引进西方政府会计与非营利组织会计理论与方法，主要进行中西方政府与非营利组织会计比较研究。1992 年，中国人民大学王庆成发表了《预算会计的若干理论问题》[①] 一文，在分析预算会计面对的新形势的基础上，就预算会计的范围、对象、目标、职能、方法等问题进行了深入探讨。1993 年，王庆成发表了《预算会计改革的探讨》[②] 一文，研究了预算会计改革的必要性，探讨了当时预算会计改革的目标模式，并提出了“要为预算会计正名”等问题。此文获全国预算会计研究会“1993 年优秀论文一等奖”、中国会计学会“1993 年会计学优秀论文一等奖”。1995 年，王庆成发表了《事业单位会计准则的研究》[③] 一文，对事业单位会计法规体系、会计主体、会计一般原则、会计报表等问题做了进一步的探讨。此文获全国预算会计研究会“1996 年优秀征文一等奖”。以上系列论文的发表，可以说系统地构建了具有中国特色的预算会计理论和方法体系，也是最早提出“预算会计”应更名为“政府与非营利组织会计”的学者。因此，王庆成被称为我国政府会计理论体系的奠基人当之无愧。

（三）政府会计改革的发展完善时期（1998 ~ 2009 年）

这个时期，我国政府会计改革的主要背景是：2000 年财政部开始试行部门预算管理，陆续推出政府收支分类、政府采购、国库集中收付等系列改革并持续完善。2006 年我国建成了系统的企业会计准则体系，并取得成功经验，为制定政府会计准则提供了借鉴。

政府会计改革的主要举措有：1997 年 5 月财政部颁布了《事业单位会计准则》，1997 年 9 月颁布了《财政总预算会计制度》《事业单位会计制度》，1998 年 2 月颁布了《行政单位会计制度》，以上制度均从 1998 年 1 月 1 日起实施，标志着我国行政事业单位会计法规体系在社会主义市场经济体制下初步建立，也意味着预算会计改革已开始全面摆脱计划经济体制下的传统模式，向预算会计准则 + 制度模式转变。其主要特点是：一是将预算会计体系区分为行政单位会计、事业单位会计和财政总预算会计三个分支，并分设不同的会计科目；二是将会计要素改为资产、负债、净资产、收入和支出五个要素，会计恒等式改为：资产 = 负债 + 净资产，记账方法也改为借贷记账法；三是将预算内资金和预算外资金改为统一核算和综合平衡；四是财政总预算会计和行政单位会计仍采用收付实现制，事业单位会计主要采用收付实现制，但经营性收支业务核算可采用权责发生制。这套制度总体上讲，它仍然在“预算会计”框架下运行，而不是在“政府会计”轨道上运行，但已经有了很大

---

① 王庆成．预算会计的若干理论问题［J］．教育财会研究，1992（1）．

② 王庆成．预算会计改革的探讨［J］．教育财会研究，1993（4）．

③ 王庆成．事业单位会计准则的研究［J］．预算会计，1995（9）．

变化。

同时，随着我国以建立社会主义公共财政框架为目标的改革不断深化和复式预算、部门预算、政府采购、政府集中支付、政府收支分类改革等改革措施陆续出台，政府会计改革成为政府财政部门和会计学术界关注的重要问题。但在此期间，在我国社会经济发展迅速和财政体制改革情况下，预算会计制度改革没有跟上时代的步伐，也没有真正能够全面反映政府经济资源、现实义务和业务活动全貌的政府会计体系。

2003 年财政部成立政府会计改革领导小组，正式启动政府会计改革研究工作。财政部以及会计司、预算司、国库司、中国会计学会和财政科学研究院组织举办了一系列研究课题，全面展开政府会计研究。2006 年 3 月，我国发布的《国民经济与社会发展第十一个五年规划纲要》首次明确提出要“推进政府会计改革”，目标是建立规范统一的政府会计准则制度体系和政府综合财务报告制度。2007 年起，我国正式加入国际公共部门会计准则委员会，具有一定的话语权。由此，财政部和会计学术界非常关注政府会计理论与实务方面的研究。具体情况包括：一是在 2000 年财政部预算司与中国香港特区的香港理工大学中国会计与金融研究中心合作研究“中国政府预算会计制度改革研究——收付实现制到权责发生制”，并在 2001 年 5 月和 8 月分别在昆明、大连召开了“政府会计权责发生制国际研讨会”和“权责发生制政府会计和预算国际研讨会”，由此拉开了政府会计改革的序幕。二是政府会计学术专著成果丰硕，比如：1997 年 11 月，中国人民大学荆新出版《非营利组织会计准则理论框架研究》；1999 年厦门大学李建发出版《政府会计论》；上海财经大学赵建勇出版《中外政府会计规范比较研究》；2006 年李建发出版《政府财务报告研究》；三是政府会计理论研究的学术论文数量不断增加，据统计 2000 ~ 2009 年会计期刊发表政府会计相关文章 1185 篇，其中核心期刊论文 219 篇，主要研究内容包括：政府会计的界定及特点、政府会计概念框架构建、政府会计目标、政府会计基础、政府会计要素、政府会计假设、政府财务报告与政府会计信息披露、政府会计规范等①。2004 年《会计研究》设立了“政府与非营利组织会计”专栏，当年发表政府会计相关论文 16 篇，表明学术界对政府会计理论研究关注度越来越高。以上政府会计理论研究成果为政府会计改革提供了理论支撑，但研究内容缺乏系统性和实践指导性。

① 张琦，王森林，张娟．我国政府会计研究的回顾与评价［A］．会计与控制评论［C］．东北财经大学出版社，2011. 12.

（四）政府会计改革的创新时期（2010 年至今）

这个时期，我国政府会计改革的新时代背景是：2013 年中共十八届三中全会决定全面深化改革，明确经济、政治、文化、社会、生态文明五大体制改革要点，提出国家治理体系和治理能力现代化的新要求，提出“建立权责发生制政府综合财务报告制度”。2014 年我国全面修订《预算法》，规定各级政府财政部门应当按年度编制以权责发生制为基础的政府综合财务报告，报告政府整体财务状况、运行情况和财政中长期可持续性。

政府会计改革的主要举措：2010 年后我国财政部会同有关部门修改完善行政事业单位会计制度，然后在此基础上着手制定我国政府会计准则体系。财政部多措并举，协同推进政府会计改革，财政部专门成立政府会计准则委员会和政府会计准则咨询委员会，从而使我国政府会计改革进入了新的时期。2010 年财政部发布《权责发生制政府综合财务报告试编办法》，并于 2011 年在 11 个省市开展试编工作。2010 年 4 月财政部宣布全面修订《事业单位会计准则》，由此拉开了新一轮政府会计改革序幕，随后陆续对医院、行政单位、高等学校等会计制度进行修订改革。2012 年 12 月 5 日以颁布新的《事业单位会计准则》为标志，我国事业单位会计体系概念框架初步建立，将会提高政府会计信息质量、增强事业单位内部控制水平。2012 年发布了《行政事业单位内部控制规范（试行）》。国务院 2014 年 12 月批转了财政部《权责发生制政府综合财务报告制度改革方案》，方案提出要加快推进政府会计改革，提高政府财务管理水平，逐步建立起权责发生制政府综合财务报告制度，推动政府会计信息公开，推进国家治理体系和治理能力现代化，力争在 2020 年前建立具有中国特色的政府会计准则体系和权责发生制政府综合财务报告制度。2015 年 10 月 23 日，财政部公布了《政府会计准则——基本准则》作为政府会计的“概念框架”，统御政府会计具体准则和政府会计制度的制定，为编制政府财务报告提供了基础标准，并为政府会计实务问题提供了处理原则。2016 年 7 月，财政部相继颁布存货、固定资产、投资、无形资产、公共基础设施和政府储备物资等 9 项政府会计具体准则。2017 年 10 月，财政部发布《政府会计制度——行政事业单位会计科目和报表》，从 2019 年 1 月 1 日施行。经过 5 年多的努力，财政部共计制定和发布了 1 项基本准则、9 项具体准则、1 项准则应用指南、1 项政府会计制度、7 项特殊行业执行政府会计制度的补充规定和 11 项新旧制度衔接规定。2019 年 7 月，财政部发布政府会计制度解释第 1 号。这些准则制度的发布，标志着具有中国特色的政府会计标准体系基本建成。

2010年后，我国政府会计学术研究空前繁荣，越来越多的学者进入政府会计领域探讨我国政府会计改革问题，《会计研究》《财务与会计》等刊物发表了一系列有重要理论与实际价值的研究文献。政府会计理论研究的内容主要涉及：政府会计体系结构、政府会计目标、政府会计确认基础、政府会计的范围边界、政府会计准则、政府会计报告体系、政府会计概念框架、政府债务会计与信息披露、国家治理与政府会计改革、政府会计与政府审计协同改革、政府会计国际比较等方面。从研究方法看，政府会计理论规范研究占主导，也有少量的实证政府会计论文发表。在此期间，我国引进了一批国际政府会计理论研究文献、国际公共会计准则和外国政府会计准则文献，促进了国际比较与借鉴研究。近几年来，中国人民大学复印期刊转载了20多篇有影响的政府会计理论研究的学术论文，表明政府会计理论研究成为我国会计学术研究的重要热点领域。同时，在中国会计学会下专门设置了“政府与非营利组织会计专业委员会”，先后召开了10届“政府会计改革理论与实务研讨会”，并从2012年开始将政府会计理论研究与公共管理、公共财政跨学科进行学术交流，先后已召开8届“公共管理、公共财政与政府会计跨学科研究论坛”。这些政府会计学术平台大大推动了我国政府会计理论与实务研究，为构建具有中国特色的政府会计理论体系打下了重要基础。

二、我国政府会计改革动因及其目标

（一）政府会计改革动因分析

什么是动因？《现代汉语词典》对动因所做的解释是动力和原因。我国的企业会计改革，是迫于对外开放的要求，国内企业想要参与国际资本市场、对外或者引进投资，就需要使披露的相关会计信息得到国际上的认可，企业会计必须改革达到国际趋同。然而我国政府会计改革的动力何在？国家在“十一五”和“十二五”规划纲要中都提出了要通过政府会计改革实现政府职能的转变，强化政府的公共受托责任，建立服务型政府。同时，各级人民代表大会和政协委员会等都提出要实现会计信息透明化必须进行政府会计改革。此外，希望通过政府会计改革防范和化解政府财政风险，提高政府公信力的需求以及国际大环境的影响等都成为我国政府会计改革的动因。

1. 基于政府治理要求促进政府会计改革

政府会计作为会计体系中的重要组成部分，政府会计改革受到了国家层面的高度重视。国家2006年“十一五”规划纲要中指出要推进政府会计改革。建立完善的政府会计体系，提供全面反映政府资产负债状况和运行业绩情况的数据，是推进政务公开、充分反映政府公共受托责任、提高政府财政透明度以及实现政府职能转变的客观要求，从而反映政府绩效评价。2010 年“十二五”规划进一步提出政府会计改革，建立政府财务报告制度。2013 年中共十八届三中全会通过的多项决议对我国的政府会计改革直接或间接地提出需求；《决定》中明确提出了要建立权责发生制政府综合财务报告制度。2013 年中共中央、国务院印发的《党政机关例行节约反对浪费条例》及近年来中央对党内贪污腐败行为的严厉打击都对进行政府会计改革、建立责任与服务政府、提高财政透明度、使政府的受托责任充分履行提出了迫切的要求。

2. 基于经济新常态引起政府会计改革

当前我国经济已经进入新常态，这就意味着我国经济发展所面临的大环境和发展条件已经或者即将发生诸多重大转变。经济新常态下的关键是要转变政府职能，切实把政府工作的重点转到提供公共服务上来。要按照建设责任政府、服务政府、法治政府和廉洁高效政府的要求，着力研究解决制约经济社会发展的突出问题。当前我国经济体制改革步入深水区和攻坚期，触及更多深层次矛盾，复杂性和艰难性都前所未有，改革成为最大动力。这就要求政府会计要进行相应的改革来适应经济发展的新常态和深水区，实现经济的持续健康发展。同时，在实施积极的扩张性财政政策背后我们面临着一个如何防范财政风险的问题，这要求我们需要借助西方国家改革经验和国际政府会计准则进行我国的政府会计改革，以达到防范财政风险和适应当前经济形势的需求。

3. 基于利益相关者财务信息需求推动政府会计改革

2015 年 1 月 1 日，中共十二届全国人大常委会第十次会议通过了修改《中华人民共和国预算法》的决定，新预算法开始施行。新预算法总则第一条就提出要建立健全规范、公开、透明的预算制度。我们可以看出对会计信息“透明”性的要求在新预算法中的重要地位。有效的政府会计是实现政府财政信息透明度的基础，政府会计主体、会计方法以及会计核算基础选择的科学性及可靠性都会对政府财务信息产生巨大的影响。国际政府会计准则机构及国际上的诸多学者都认为纳税人、公民和公共产品的接受者是政府会计信息的使用者，这些政府会计信息的使用者会依赖政府所提供的信息进行决策，这就要求政府提供更多可靠的、透明信息。在这一逻辑的驱动下，政府会计的改革必将成为现实需要，充分反映政府财务信息公开透明。

4. 基于新公共管理促使政府会计改革

新公共管理理论是近年来国际上国家治理模式变革的最新发展理论成果。我国的新公共管理理论把重点聚焦于建设民主、公开、高效的政府，强调对政府整体运营效果的综合评价，考察其受托责任履行情况，这就对政府财务报告和财务信息披露提出了新挑战。新公共管理的重要方面是对政府财务信息系统的改革，重点是采用权责发生制为计量基础的会计系统。在新公共管理理论运动及新公共治理模式的推动下，公共管理理论和政府提供公共服务的模式与方法都发生着变迁，对政府问责的要求也发生改变，这对政府提供的年度财务报告行为产生了重大影响。总之，在某种程度上新公共管理运动引导着政府会计向企业会计趋同。

（二）政府会计改革的目标

政府会计改革的总体目标是编制以政府会计准则为基础的政府综合财务报告。具体而言：建立一套科学规范的政府会计准则制度体系；编制权责发生制下的政府综合财务报告；全面清晰反映政府财务信息和预算执行信息，为开展政府信用评级、加强政府资产负债管理、改进政府绩效监督考核、防范财政风险等提供支持，促进政府财务管理水平提高和财政经济可持续发展，也是国家治理现代化的要求。政府会计改革的具体目标包括以下几个方面。

1. 满足政府绩效管理的目标需求

我国政府会计体系由政府预算会计和政府财务会计组成，一方面，政府会计信息的质量在一定程度上决定了政府有关管理部门经济、政治和社会决策有效性的程度；另一方面，阅读和分析政府财务报告体系是直接反映政府公共受托责任的履行情况、评价政府组织和社会管理财务绩效的主要途径。近几年在经济转型和公共治理转型的环境下，追求公共财政支出绩效已成为必然的发展趋势。绩效管理在公共部门的广泛应用引发了政府绩效性受托责任和公共绩效管理信息的迫切需求，如何科学反映政府受托责任也必将成为政府会计改革的主要目标之一。

2. 满足政府透明管理的目标需求

政府财政透明度是政府履行受托责任、加强执政公信力等法制水平的必然要求。财政透明度一定程度上反映了政府法制水平的高低。同时，建立和拥有一套完整的政府会计准则制度体系，已经成为国际上加强公共管理、提高财政透明度的重要手段和通行惯例。因此，我国政府迫切需要提供完整、透明且符合国际惯例的政府会计信息。

3. 满足政府风险管理的目标需求

保持政府财务风险可控是实现持续性发展根本要求之一。全面、可靠、及时的地方政府债务信息是有效进行地方债务管理的基础与前提。因此，基于可持续发展要求，需要我国政府整体层面的财务状况与运营业绩、提供有关政府偿债能力方面的会计信息要能够充分反映财务状况、运营业绩与预算收支执行情况，从而有效控制政府财务风险。

三、我国未来政府会计理论研究的内容及其方向

（一）政府会计理论研究的主要内容

政府会计理论是我国会计理论研究的重要组成部分，也是构建具有中国特色社会主义会计理论体系的重要内容。因此，我国政府会计理论研究要立足中国实际，按照政府会计改革目标和要求，着眼于未来，指导并服务于政府会计改革与发展，服务于国家治理现代化建设，构建具有中国特色的政府会计理论体系。我们认为近期政府会计理论研究的主要内容包括以下几个方面：

1. 政府会计基础理论研究

政府会计理论一般包括基础理论和应用理论。政府会计基础理论是对政府会计最为基础的理论问题的本质和规律性的认识，是整个政府会计理论的基础，是研究政府会计应用理论的出发点和前提。具体研究内容包括：现代政府会计界定及其本质、政府会计体系、政府会计目标、政府会计主体及政府会计对象、政府会计功能、政府会计信息质量特征、政府会计要素、政府会计确认与计量、政府财务报告模式、政府会计理论研究逻辑起点、政府会计研究方法，以及政府会计概念框架的构建。

2. 政府会计准则制度理论研究

政府会计准则制度是政府会计核算标准问题，关系政府会计信息质量，其理论属于政府会计应用理论研究范畴，是当前政府会计理论研究的重点。具体研究内容包括：政府会计准则体系研究、政府会计制度研究、政府会计准则与政府会计制度协调研究、政府合并财务报表编制研究、政府成本会计研究、政府管理会计研究、政府内部控制研究、政府会计国际比较研究、政府财务报告审计与财务分析研究、政府会计体系及其协同研究、政府会计准则制度实施效果评价研究等。

3. 国家治理与政府会计理论研究

政府会计是国家治理的基石和重要组成部分。政府会计、政府预算、政府审计是财政治理的三道防线，政府会计反映政府公共受托责任，要求提供透明的、公允的政府会计信息。因此，政府会计理论研究应该在国家治理体系中研究政府会计治理的相关理论问题，以提高国家治理水平。具体研究内容包括：国家治理、政府治理与政府会计研究、政府治理与政府会计治理功

能研究、政府债务风险与政府会计改革研究、绩效管理与政府会计改革、国家治理下政府会计体系的构建、政府会计与政府廉政建设研究等。

4. 政府会计跨学科理论研究

政府会计与公共管理、公共财政密切相关，因此，政府会计理论研究要依据政府会计跨学科特点，拓展政府会计理论研究的宽度，将政府会计理论与公共管理理论、公共财政理论结合，以此构建立体多维的政府会计理论框架。中国会计学会政府与非营利组织会计专业委员会已主办10届“公共管理、公共财政与政府会计”跨学科论坛，取得了丰硕的研究成果。具体研究内容包括：财政政策、财政行为与政府会计、现代财政制度与政府会计、公共管理与政府会计改革、地方政府债务与政府会计、政府财务管理、财政透明度与政府财务信息披露研究、政府会计与政府预算、政府审计协同研究。

（二）政府会计理论研究的发展方向

政府会计理论的形成与发展总是与政府会计环境密切相关。政府会计理论发展方向：构建一个立体的多元化的现代政府会计理论体系。政府会计是一个与公共管理、公共财政相互交叉跨学科的研究领域，因此，政府会计理论研究发展趋势包括以下几个方面。

1. 政府会计体系从双体系向四体系转变

政府会计体系将从现有的政府预算会计与政府财务会计“双体系”基础上向政府成本会计、政府管理会计拓展，向政府会计“四体系”转变。因此，政府会计理论研究重点向政府成本会计理论、政府管理会计理论延伸，以及政府会计系统内部信息整合，将大大丰富政府会计理论研究的内容。

2. 政府会计从核算型向管理型会计转变

在“互联网+”时代，会计电算化已向会计信息化转变，并逐步向会计智能化方向发展，政府会计从核算型会计向管理型会计转变是历史的必然。因此，重点研究政府会计绩效管理、政府预算管理、政府内部控制，政府债务风险管理、政府基金会计、以及政府管理会计在政府组织的应用。特别关注大数据政府会计、云计算政府会计、智能化政府会计相关理论的研究。

3. 政府会计规范模式从准则制度模式向准则模式转变

目前我国政府会计规范模式采用“准则+制度”模式是依据国情所做的现实选择，从长远看，政府会计规范模式必然向准则模式转变。因此，政府会计规范模式研究要重点研究政府会计概念框架、我国政府会计准则体系的构建、国际公共部门会计准则研究、政府会计国际比较研究。

4. 政府会计跨学科研究从立足中国逐步走向世界转变

目前我国政府会计跨学科研究主要立足中国国情，结合公共管理、公共财政研究政府会计相关问题。但从长远看，我国政府会计理论的领域不断拓宽，研究方法从现在的规范研究逐步向规范研究与实证研究并重转变，实证会计研究成果将不断增加，政府会计研究成果逐步在世界顶级期刊发表，中国政府会计学者在世界政府会计研究领域的影响越来越大。这就意味着中国政府会计理论研究必然走向世界，中国政府会计改革成果越来越受到世界各国的广泛关注。

第二章

政府会计理论体系

第一节　政府会计理论体系概述

任何一门学科都需要有一个理论结构，以建立统一的逻辑推理体系。会计这门学科也不例外。有了科学的会计理论结构，就可以对复杂的会计实务进行抽象，从而更深刻地理解会计理论。会计理论是对会计目标、会计假设、会计概念、会计原则以及它们对会计实务的指导关系所做的系统说明。[①] 因此，政府会计理论体系是在一定政府会计环境下，基于政府会计概念、政府会计目标、政府会计假设、政府会计原则、会计程序和方法结构而构筑的。构建政府会计理论的根本目标，不是简单地搭搭架子，而是通过对政府会计理论之逻辑起点和构成要素的具体内容的研究，来达到指导政府会计实践的目的。

一、政府会计理论体系的含义及特点

（一）政府会计理论体系的含义

会计信息系统是一个人造系统。在会计这个大系统中，首先分为企业会计和非企业会计两个子系统，非企业会计又可划分为政府会计和非营利组织会计，其中，财政总预算会计、行政事业单位会计就是政府会计。因此，政府会计理论体系是会计理论体系的一个子系统。会计理论体系是指由各种相互独立且具有自身作用的会计理论，按照它们之间的内在规律和逻辑关系组成的有机统一整体。具体讲，会计理论体系有广义和狭义两种理解。广义的会计理论体系就是将会计领域内所有的会计理论按照一定的逻辑关系有机结合而形成的一个完整的、多层次的理论系统，使之构成对会计实践进行理性

① 汤云为，钱逢胜．会计理论［M］．上海财经大学出版社，1997：2.

认识和指导的规范化知识体系。而狭义的会计理论体系一般称为会计理论结构，或称为财务会计概念体系，是指构成形成制定会计准则的内在的、具有逻辑关系理论系统，它的基本作用是帮助推导制定会计准则。

本书政府会计理论体系的研究内容，既包括政府会计体系的构成，也包括政府会计概念框架。正确理解和把握这一含义，应从以下三个方面着手：(1) 政府会计理论体系是会计实践的总结。政府会计理论来源于政府会计实践。实践在发展，会计理论也在不断发展。在政府会计研究和实践中，先是形成某方面的个别会计理论，逐渐发展到系统的会计理论，从而形成政府会计理论体系。这说明政府会计理论体系随着会计环境的变化而发展和完善。(2) 政府会计理论体系是由若干会计理论要素构成的。政府会计理论要素一般包括：会计目标、会计对象、会计假设、会计职能、会计原则、会计程序和会计方法等，它们之间在内容上具有相关性、互补性和逻辑上的层次性、依赖性。缺少任何一种政府会计理论要素，都会影响政府会计理论体系的完整性和系统性。(3) 政府会计理论体系研究需要明确一个逻辑起点。逻辑起点是构成政府会计理论体系的出发点，以此将各会计理论要素之间的逻辑性进行连接，确定各种理论功能的配合与互补。逻辑起点是确立政府会计理论体系的重心，是体系的“纲”；各会计理论要素及关系是政府会计理论体系的内容，是“纲”所牵连的“目”。

（二）政府会计理论体系的特征

政府会计理论体系的形成，经历了由个别到一般、由现象到本质、由简单到复杂、由低级到高级、由局部到全面、由分散到系统的过程。因此，政府会计理论体系具有以下特征：

1. 完整系统性

政府会计理论体系是所有政府会计理论的集合体。因此，政府会计理论体系的内容应当全面、完整，涵盖整个政府会计领域。既包括政府预算会计理论、财务会计理论，也包括政府成本会计理论、管理会计理论；既包括政府会计基本理论，也包括政府会计应用理论；既包括我国的政府会计理论，也包括西方的政府会计理论；既包括收付实现制政府会计理论，又包括权责发生制政府会计理论。

2. 逻辑推理性

理论是“系统化了的理性认识”，系统化的特点是前后一贯。科学的理论体系，必须要达到浑然一体、首尾一贯，由前提、假设到假说、到结论的全部推理过程，必须严格遵循逻辑方法的基本原则。因此，政府会计概念之间具有可推导性和严密的逻辑关系。

3. 多元层次性

于玉林认为，“客观的会计是浑然一个整体，需要对它进行分解，从不同方面去剖析，这才形成有必要按体系的要求，从不同方面去研究，从而形成不同的体系以揭示其内在的规律性。这就形成了会计理论体系的多元性，即会计理论体系的内容按不同的标志划分，而有各种会计理论体系，从不同方面去揭示客观存在的会计事物的规律性”。[①] 同时，政府会计理论体系又是一个层次分明、功能明确的系统。

4. 动态发展性

由于政府会计处于一个具有多样性和层次性特征的复杂社会经济环境中，这就使政府会计理论体系不可能是绝对的、不变的，而是发展的、动态的。政府会计理论体系的动态性，并不是指会计理论的内容可以主观随意变动，它要受到社会历史条件的限制，并且在一定时期内保持相对稳定。

二、政府会计理论体系研究的逻辑起点

从科学认识论的角度看，逻辑起点是一门学科构建其理论体系的根本出发点。因此，研究政府会计理论体系的逻辑起点，实质上就是政府会计理论体系的出发点，是政府会计理论体系赖以推理论证最原始的抽象范畴。它不但构成政府会计理论体系的组成部分，而且也是对政府会计理论体系构成具有决定作用的前提理论。由此表明，构建科学完善的政府会计理论体系，必须正确选择政府会计理论体系的逻辑起点。目前学术界研究政府会计理论体系的逻辑起点的文献较少，因此，我们可以通过会计理论体系的逻辑起点来研究政府会计理论体系的逻辑起点。

（一）选择会计理论体系逻辑起点的要求

20 世纪 80 年代以来，会计理论体系逻辑起点研究一直是会计界关注的重要理论研究问题。归纳起来，关于会计理论体系逻辑起点要求主要有以下几种不同观点：

（1）苏新龙认为，会计理论体系逻辑起点的主要特征在于：它应是会计理论的一个组成部分，同时又是非会计理论与方法的要素；它应是会计理论中最简单、最普遍、最基本、最常见、最平凡的现象，其所包含的内在矛盾是整个会计系统发展过程中一切矛盾的萌芽；它应是整个会计理论体系中其

---

① 于玉林．论会计理论体系［J］．财会通讯，1999（7）．

他理论建立的基础；它也应是现代会计产生的历史起点。①

（2）吴联生认为，会计理论研究的逻辑起点应具备四个条件：它必须能连接会计系统与会计环境；它必须能联系会计理论与会计实践；它能对其他抽象范畴进行推理论证；它具有可知性。②

（3）裘宗舜和段萍认为，会计理论体系的逻辑起点“是探索实践的历史起点、理论研究的导向，是最普遍和最简单的现象。它所含的内在矛盾，是这个理论体系中一切矛盾的萌芽；它可反映理论与其赖以存在的客观环境之间的关系；它能推动实践和理论研究的发展，具有结构的张力和推衍的能力。”③

（4）罗勇和李定清认为，会计理论逻辑起点的选择要求包括：逻辑起点是最简单、最普遍、最基本的会计范畴；逻辑起点能对其他抽象范畴进行推理论证；逻辑起点能够连接会计系统和会计环境；逻辑起点能够联系会计理论和会计实践；逻辑起点是会计最本源的问题，是会计产生和发展的根本动因；逻辑起点是内在的、客观的。④

需要指出的是，逻辑起点和研究起点是既有联系又有区别的两个概念。众多有关起点理论的论文忽视了它们的区别，将二者混用。吴联生（1998）指出，“会计研究起点在会计理论体系中则表现为会计理论研究的逻辑起点。”李孝林（2002）认为，研究起点与逻辑起点是有原则区别而又密切联系的概念。罗勇和李定清（2003）认为，会计理论研究的最原始的起点，应该就是会计理论体系的逻辑起点。但是，在研究某一具体理论问题时，则没有必要都从逻辑起点出发，可以根据研究对象、研究方法、研究角度的不同而选择不同的研究起点。

（二）会计理论体系逻辑起点综述

会计理论体系的逻辑起点理论是会计界在现代会计理论体系问题上讨论最多、争议比较大的热点和难点，存在诸多不同的观点。国外主要以美国为代表，从其现代会计理论的发展上看，存在几个时期，有几种不同的观点。我国自20世纪80年代开始研究现代会计理论体系以来，在借鉴、甄别国外观点的基础上，结合我国多年来会计理论研究成果，提出了几种不同观点。

---

① 苏新龙．会计假设理论与会计目标理论是会计理论体系中的起点理论［J］．会计研究，1996（11）．

② 吴联生．会计起点理论评［J］．会计研究，1998（10）．

③ 裘宗舜，段萍．会计理论体系的逻辑起点问题［J］．财会通讯，2000（3）．

④ 罗勇，李定清．会计理论体系研究［M］．重庆出版社，2003：67-69．

会计假设起点论和会计目标起点论是美国在研究财务会计理论体系时提出的，后来被移植到我国，并被广泛地关注。会计本质起点论、会计对象起点论是我国会计界的首创，而会计环境起点论、复合会计起点论是中外观点结合的产物。

1. 会计假设起点论

会计假设起点论认为会计假设是一个基本命题，是会计理论最基础的部分，是会计理论体系中最高层次的概念。同时，会计假设是会计实务的基本前提，是客观环境对会计的约束。其逻辑体系为：会计假设→会计原则→会计程序与方法→会计要素→财务会计报告。会计假设起点论产生于20世纪60年代的美国会计界。1961年和1962年，由美国注册会计师协会（AICPA）所属会计研究部发表的第1号会计研究文集《会计的基本假设》（ARS No. 1）和第3号会计研究文集《试论广泛适用的企业会计原则》（ARS No. 3），就遵循了这种思路。

我国会计学家杨时展认为，“假设是人们进行工作的前提。”“可以说，我们今天的这一套会计工作、会计理论、会计准则，完全是建立在这一套假设的基础上的。”① 以会计假设作为会计理论体系的逻辑体系，虽然可以成为联系会计系统和会计环境的桥梁，但会计假设“只能来自会计所处的客观社会经济环境，社会经济环境十分复杂，如何形成会计的假设、形成多少假设以及假设有多少层次，都受到主观和客观等因素的制约。目前公认的四项基本假设因环境的变化也受到挑战，可见以此为起点来构建会计理论行不通”。并且，通过会计假设不能完全推导出其他会计概念，如会计本质、会计职能、会计目标等。因此，从20世纪70年代开始，西方会计理论的研究起点开始转向了会计目标。

2. 会计目标起点论

会计目标起点论认为会计目标是人们在特定环境下从事会计实践活动所追求和达到的境界，它既是开展会计工作的内在动力，也是工作成效好坏的衡量标准，能够将会计系统与会计环境、会计理论与会计实践有机地联系起来，引导会计理论研究的方向，在会计理论体系中居于最高层次，因此主张以会计目标作为构建会计理论体系的逻辑起点。其逻辑体系为：会计目标→会计假设→会计要素→会计准则→会计实务。西方会计理论界之所以将会计目标作为会计理论的逻辑起点，与对会计本质的认识密切相关。20世纪60年代，随着信息论、系统论和控制论向会计领域渗透，“技术论”“艺术论”等

① 杨时展．审计公设刍论［J］．财会通讯，1985（7）．

会计观点被“信息系统观”所替代，会计界普遍认为，会计是一个主要提供财务信息的人造信息系统。按照系统论的观点，人造系统必须有明确的目标，否则系统的功能将无法发挥。1978 年，美国财务会计准则委员会正式发表财务会计概念公告第 1 号（SFAC No. 1）《企业财务报告的目标》，以会计目标为逻辑起点初步搭起了财务会计的概念框架。

20 世纪 80 年代以来，我国会计理论界对会计目标进行了广泛讨论，不少学者同意这种观点，即以会计目标为起点构建我国的会计理论体系或财务会计概念结构。吴联生（1998）认为，“会计目标能推导论证其他所有抽象范畴。会计目标反映会计环境的要求，体现会计职能，进而体现会计本质；会计目标和会计环境共同决定会计对象，会计对象决定会计要素；会计目标决定会计假设和会计信息质量特征，同时又共同决定会计确认、计量、记录和报告。可见，会计目标符合作为会计研究起点的四个条件”。在我国，会计理论体系一般分为会计基本理论和会计应用理论。由于受实用主义思想的影响，西方的会计理论“主要是由会计目标、会计假设、会计概念，以及会计原则所构成的”，即仅限于我国的会计应用理论，他们很少对会计基本理论范畴进行研究。因此，西方国家会计理论研究的逻辑起点实际上就是我国会计应用理论的逻辑起点。

3. 会计本质起点论

认为会计本质是会计理论体系中最根本、最核心的理论要素，反映会计事物的内在属性，是会计事物区别于其他各种事物的关键性标志，决定会计事物的性质、特征、职能、对象以及发展趋势，对其他会计理论要素的形成和会计理论体系的构建具有导向性作用。因此，以会计本质作为构建会计理论体系的逻辑起点。其逻辑体系为：会计本质→职能和目标→会计假设与会计原则→会计方法体系。

会计本质起点论是由我国会计理论工作者在 20 世纪 50 年代针对中国的会计实践提出，并在以后的 20 多年得到广泛应用。20 世纪 80 年代初，随着“管理活动论”和“信息系统论”的提出，关于会计本质起点论的讨论达到了顶峰，并在长达 10 多年时间里争论不休。可以说，在 20 世纪 90 年代初之前，理论界更多讨论的是会计本质是什么，研究如何以会计本质为起点构建会计理论体系的学者不多。其代表学者有李心合（1992），他认为会计理论应沿着会计本质、会计工作实践总体规定再现（职能作用）、会计工作实践要素规定性再现的路径，界定会计理论要素的逻辑关系。张兆国（1994）认为，“在会计学上，会计理论研究所揭示的最终成果，是关于会计实践的根本性质，即会计本质”。因此，以会计本质为起点构建会计理论体系缺乏实践的支持，其结果必然是使理论脱离实践。20 世纪 90 年代后期，我国会计界已开始放弃本质起点论而选择其他起点来构建我国的会计理论体系。

4. 会计对象起点论

会计对象起点论认为会计对象体现了会计反映和控制的客体，既是开展会计实践的内容，也是认识会计内在规律的始点，它来自客观环境，反映于会计系统，作为会计理论要素中最本源的抽象范畴，它是推理论证其他理论要素的基础，决定会计理论的范围和内容。因此，主张以会计对象作为构建会计理论体系的逻辑起点。其逻辑体系为：会计对象→会计本质和职能→会计任务→会计制度→会计程序和方法。会计对象起点论最早出现在 20 世纪 50 年代的我国会计界，坚持这一观点的研究者尽管对会计对象的定位不同，有生产过程论、经济活动论、资金运动论、价值运动论等，但他们都认为会计对象是构建会计理论体系的逻辑起点。

赞同会计对象起点论的学者主要有：张龙平在《论论财务会计理论结构体系》一文中提出，会计对象决定会计假设和会计理论概念，价值运动构成会计工作的对象，价值是财务会计理论结构的逻辑起点。[①] 劳秦汉在《论会计理论体系的基础理论与起点理论》一文中认为，“理论体系是研究对象自身逻辑的科学反映，因而会计对象（价值）质的特征（时空性）和量的规定性决定着所有的会计理论，是构成会计理论体系最本源性的范畴”。[②] 吴水澎认为，确定“价值”范畴为逻辑起点似乎更贴近马克思主义认识论的精神。[③] 易庭源（1999）撰文指出，“存在决定意识。客观存在的会计对象作为会计理论研究的逻辑起点，是无可非议的”。[④] 会计对象起点论的主要优点在于针对性较强，可以理论联系实际。但是，会计对象的范围只限于会计客体问题，使会计理论的研究缺乏系统性。会计作为一个人造系统，如果脱离了人的主体作用，则无法推动会计系统的发展。也就是说，会计对象不能解释会计产生和发展的原因。对象相同，但却可能形成不同的学科。例如，会计对象和财务对象都是价值运动，但会计和财务的基本理论和方法完全不同。这说明从对象出发不能推导出其他理论范畴。

5. 会计环境起点论

会计环境起点论认为任何会计活动都是特定环境下的产物，会计环境既

① 张龙平．试论财务会计理论结构体系［J］．会计研究，1989（2）．

② 劳秦汉．论会计理论体系的基础理论与起点理论［J］．会计研究，1992（1）．

③ 吴水澎．论构建中国特色会计理论体系应明确的问题［J］．财会月刊，1998（10）．

④ 易庭源．会计对象是会计理论研究的起点［J］．广西会计，1999（6）．

是形成会计理论的客观基础，也是从事会计实务的基本前提，具有高度的综合性，能够较好地揭示会计发展变化的客观规律以及影响会计发展的各种因素。因此，主张以会计环境作为构建会计理论体系的逻辑起点。其逻辑体系为：会计环境→会计本质→会计职能→会计目标→会计原则→会计程序和方法。

会计环境起点论应当说是中外会计理论研究结合的产物。牛秀敏认为，“环境决定一切，存在决定一切，……无论会计本质、对象，还是会计目标，它们都是在一定的社会、政治、经济、文化、教育环境下人们对会计现象的一种认识，有什么样的会计环境，就必然有什么样的会计理论”。① 但是，按照马克思主义哲学的观点，环境只是事物发展的外因，不能决定事物的本质，它只能起影响作用而不是决定作用。存在决定意识，不等于环境决定意识，更不能说成“环境决定一切”。为了能够自圆其说，该论者将会计环境分为会计内环境和会计外环境，提出“会计内环境决定了会计的本质，从而决定了会计的职能，进一步决定着会计程序与方法”。但是，会计内环境毕竟是会计环境，不能改变它作为事物发展“外因”的根本属性。谢德仁认为，“会计内环境包括会计工作程序与方法、会计工作手段、会计工作内容等会计信息系统的内部因素”，又同时认为，“会计内环境决定了会计本质、会计职能、会计工作程序与方法、会计工作手段、会计工作内容等”，② 似乎犯了逻辑错误。并且，将会计信息系统的“内部因素”称之为“环境”也不妥当，因为环境是“与系统发生联系和相互作用而不包含系统内的诸事物组成的整体。”会计环境对会计系统具有重要的影响作用，但不能决定会计系统。外因只有通过内因才能发挥其影响作用。

6. 复合起点论

复合起点论就是以两个或两个以上的会计范畴共同作为会计理论体系的逻辑起点。主要有三种情况：（1）苏新龙主张以会计假设和会计目标双起点；③（2）杨月梅主张以会计环境和会计目标双起点；④（3）杜兴强主张以会计假设、会计目标和会计对象三起点。⑤ 罗勇认为，复合起点论的共同特点是，都以会计目标作为逻辑起点之一，因而不可避免地存在会计目标起点论

① 牛秀敏．构建我国现代会计理论框架结构的认识［J］．四川会计，1995（6）．

② 谢德仁．会计理论研究逻辑起点及会计理论体系［J］．会计研究，1995（4）．

③ 苏新龙：会计假设理论与会计目标理论是会计理论体系中的起点理论［J］．会计研究，1996（11）．

④ 杨月梅．论会计理论的逻辑起点［J］．会计研究，1998（7）．

⑤ 杜兴强．会计理论研究与财务会计概念框架的双逻辑起点论［J］．四川会计，1999（5）．

的所有缺陷。并且，从会计假设和会计目标的关系来看，会计目标决定会计假设。[①] 因此，以会计假设和会计目标作为会计理论研究的逻辑起点，实质上就是会计目标起点论。从会计环境与会计目标的关系来看，会计环境决定会计目标，以会计环境和会计目标共同作为会计理论体系的逻辑起点实际上就是会计环境起点论。同理，会计假设、会计目标和会计对象起点论实际上也就是会计目标起点论。另外，从复合起点论所提到的会计环境、会计假设、会计目标、会计对象等概念出发，都难以推导出会计本质、会计职能等基础的会计概念。因此，从逻辑上讲，起点只能有一个，而不可能有多个，绝不能因为构建会计理论体系的观点不同而把各种观点进行排列组合。

（三）政府会计理论体系的逻辑起点

政府会计理论体系是会计理论体系重要分支，目前会计学术界主流的观点认为会计目标是会计理论体系研究的逻辑起点。政府会计理论体系一般包括政府会计目标、政府会计假设、政府会计信息质量、政府会计核算基础、政府会计要素、政府会计确认与计量、政府财务报告等要素构成。其中，政府会计目标是政府提供财务信息或编制财务报告的目标或目的，它是指导政府会计准则制定的最高层次，是用于评估现有会计准则、发展未来会计准则的基础。因此，我们认为政府会计理论体系研究的逻辑起点是政府会计目标，即政府会计概念框架的逻辑起点。因为政府会计也是一个人造的信息系统，而构建政府会计信息系统的首要任务是明确这个系统的目标，如果没有目标的人造系统就失去了存在的意义。

目前已颁布的政府会计基本准则明确政府会计目标是“受托责任观”和“决策有用观”双重目标观，政府会计目标决定政府会计信息质量。因此，以政府会计目标作为政府会计理论体系研究的逻辑起点，有助于实现政府会计的功能，也有助于提高政府治理水平。主要体现在以下几个方面：一是政府会计信息的可靠性，以评价政府公共受托责任的履行情况，体现“受托责任观”；二是政府会计信息的相关性，以便政府做出科学决策或监督管理提供依据，体现“决策有用观”；三是政府会计信息的透明性，以反映政府公共活动过程和结果公开、透明，接受人民和社会的监督，体现“管控治理观”；四是政府会计信息的预测性，以建立政府债务风险防范监控机制，适时监控政府债务的规模和结构，体现“风险监控观”；五是政府会计信息的绩效性，以反

① 罗勇．论会计目标和会计假设的关系［J］．广西会计，1999（8）．

映政府公共业务活动成本效益情况，评价政府工作的效率和业绩，体现“绩效评价观”。

第二节　政府会计体系及其构建

一、传统政府会计体系及其缺陷

（一）传统政府会计体系的构成

传统政府会计体系即预算会计体系。中华人民共和国成立初期，就建立了由预算会计和企业会计共同构成的会计体系，基本上没有“政府会计”的称谓。而是将运用于政府和政府机构的会计定义为“预算会计”，即预算会计体系是围绕预算资金执行和组织类别来构建的。从横向看，预算会计体系包括财政总预算会计、行政单位会计、事业单位会计，以及参与预算执行的国库会计、税收征解会计和基本建设拨款会计等组成；从纵向上看，预算会计体系分为中央预算会计、省级预算会计、地市级预算会计、县级预算会计和乡级预算会计。

（二）传统政府会计体系的主要缺陷

1. 预算会计核算系统不统一

由于传统的预算会计体系中的三个分支采用不同的会计科目组织会计核算，三者间并没有紧密的联系，客观上形成了相互分割、互不衔接的“三张皮”格局，无法反映预算的整体资金循环，如财政总预算核算资金的拨款，而付款则由行政或事业单位会计核算，导致财政总预算会计并不能整合行政单位会计和事业单位会计，这样将资金循环割裂，无法提供合并的政府整体财务报告，也就不能全面评价政府公共受托责任，无法发挥政府会计的监督和管理作用。

2. 预算会计核算内容不完整

传统预算会计体系中缺乏反映政府资产、负债等会计信息，只反映当期政府的支出，没有费用的概念，更没有成本核算。在收付实现制下，当年收入减去当年支出反映的是当年资金的结余，并不能反映政府运行的净成本情况，该体系提供的财务报告无法真实的反映政府的“家底”，也不能反映政府或单位的成本投入和产出情况。

3. 预算会计信息披露不充分

预算会计过分强调以预算管理为中心，只侧重披露预算执行情况信息，几乎忽视了政府会计的其他重要内容。同时，对报告使用者范围的界定过于狭窄，仅局限于内部使用者。预算会计提供的会计信息极其零散，未能提供合并的政府层面财务报告，也未能提供政府绩效和成本报告。总预算会计实行“以拨作支”，造成支出信息严重失真。因此，传统的预算会计体系必然向现代政府会计体系转变。

二、现代政府会计体系及其构建

（一）现代政府会计体系构成的不同观点

现代政府会计是依据我国新时代政府会计环境和政府会计目标构建的“双体系”“双功能”“双报告”的政府会计创新模式。政府会计的主要功能是监督预算执行过程的合规性，提高财政透明度，评价政府绩效和解脱受托责任。从政府会计功能类型构建政府会计体系，目前学术界主要有三种观点：

1. “二元论”

认为政府会计体系由政府预算会计和政府财务会计构成。如张琦博士（2007）主张，将政府会计系统划分为以权责发生制为基础的政府财务会计系统与以收付实现制为基础的政府预算会计系统，发挥两类不同会计系统各自的优势功能。

2. “三元论”

认为政府会计体系由政府预算会计、政府财务会计和政府成本会计构成。如荆新（2009）提出了“三元系统”观点，认为政府会计体系应以财务会计（基本功能是提供整体财务状况信息）为主导，融合预算会计（基本功能是提供预算拨款收支信息）和成本会计（基本功能是提供业务、项目成本信息）。

3. “四元论”

认为政府会计体系由政府预算会计、政府财务会计、政府成本会计和政府管理会计构成。如景宏军、王蕴波（2008）认为，政府会计从功能上可以划分为四个部分：政府财务会计、政府管理会计、政府成本会计和政府预算会计。

以上三种不同观点，都勾画出了未来政府会计体系构建的发展方向。也由此说明，政府会计理论研究的范围相当广泛，很多政府会计理论和实践问题需要我们去探索与实践。政府会计基本准则将我国政府会计体系划分为政府预算会计和政府财务会计，即“双体系”。但随着我国政府会计改革的不断深入，政府成本管理、绩效评价客观需要引入政府成本会计和管理会计，因此，建立包括政府成本会计、政府管理会计在内的完备有效的政府会计“四元系统”，是政府会计改革的长远目标。

（二）构建我国现代政府会计体系的思考

1. 政府会计“双体系”的构建

政府会计“双体系”突破了长期以来政府会计的单一预算会计体系，首次提出政府会计由预算会计和财务会计构成，重构了预算会计和财务会计适度分离又相互衔接的政府会计核算模式。政府会计“双体系”是政府会计的基本功能体系，是拓展政府会计体系的基础。预算会计是指以收付实现制为基础对政府会计主体预算执行过程中发生的全部收入和全部支出进行会计核算，主要反映和监督预算收支执行情况的会计。财务会计是指以权责发生制为基础对政府会计主体发生的各项经济业务或者事项进行会计核算，主要反映和监督政府会计主体财务状况、运行情况和现金流量等的会计。政府预算管理主要依赖预算会计，其中包括预算收入、预算支出、预算结余 3 个会计要素；财务管理主要依赖财务会计，其中包括资产、负债、净资产、收入、费用 5 个会计要素，这样在完善预算会计功能基础上，强化财务会计功能，更加完整地反映政府会计信息。政府预算会计与政府财务会计在会计主体具有同一性、会计报表具有勾稽性、核算科目设置具有协调性。政府预算会计与政府财务会计的相互衔接主要是通过“平行记账”来实现的。即基于相同的会计原始凭证，在同一会计账套下实现账账、账证、账表、账实相互衔接并核对相符的模式。

2. 政府会计“四体系”的构建

政府会计改革的目标之一是满足政府绩效管理目标的需求。但目前政府预算会计和政府财务会计“双体系”所提供的会计信息，还无法全面评价政府的成本运行和绩效管理情况。2019 年 7 月 22 日，财政部印发《行政事业单位成本核算基本指引（征求意见稿）》，这表明政府会计体系引入成本会计是政府会计改革的重要举措。成本会计也是政府会计的特定基础。传统的成本会计基本属于财务会计，现代的成本会计既是财务会计的基础，又是管理会计的基础。政府成本会计是连接资产负债表和收入费用表的桥梁，同时是评价政府绩效的基础。有学者认为，在新公共管理背景下，传统的政府会计必将分化为对外报告的政府财务会计和对内报告的管理会计。2018 年 6 月，财政部出台《管理会计应用指引第 803 号——行政事业单位（征求意见稿）》，明确指出，“指引的目标是为了促进行政事业单位加强管理会计工作，提升单位内部管理，提高管理绩效和公共管理服务水平”。因此，建议财政部结合行政事业单位会计核算与管理的特点，制定《行政事业单位管理会计指引》，逐步在行政事业单位推行管理会计，有助于提高政府会计管理水平和政府治理能力现代化。最近几年，科研、高校和医院等事业单位推行管理会计已取得初步成效。

三、政府会计系统协同机制

（一）政府会计体系内在关系的文献梳理

政府会计体系中四个子系统是一个有机整体，共同实现政府会计功能和目标，同时政府会计与政府预算、政府审计是财政治理的主要内容。陈工（2016）通过对英国政府会计改革进行研究，总结出要将政府会计和政府预算体系的融合，正确理解会计信息系统。戚艳霞和王成（2015）通过研究澳大利亚的政府预算与会计改革，发现澳大利亚政府注重制度的协同优化和整合，并建议要建立健全政府预算、会计与审计之间的“三轮联动”协同发展模式。李建发（2016）认为，财政治理应当设置预算、会计和审计三道防线，其中，预算是财政治理的第一道防线，它为了实现经济社会发展目标，根据政府的施政方针和财政政策对公共资金进行计划安排；会计是财政治理的第二道防线，它对公共资金预算执行情况及结果进行确认、计量和报告；而审计则是财政治理的第三道防线，它根据会计核算和财务报告资料对预算目标的实现情况进行审核，对政府的施政方针和财政政策的效果进行评价。王雪荣和庄建玲（2019）通过研究美国政府审计准则的最新修订，提出要建立政府财务报告审计制度，加强政府部门审计，规范绩效审计标准，完善绩效审计制度。目前新公共管理运动已经席卷全球，推动着政府治理的功能逐步从服务型、管理型、绩效性政府转变，而政府会计治理就是为了建立透明、服务、绩效、负责的政府，为实现政府善治目标提供重要支撑（李定清，2017）。

（二）政府会计系统协同机制的构建

政府预算管理是政府会计的基础，权责发生制政府综合财务报告制度改革要求建立健全政府财务报告审计和公开机制。这就表明政府会计与政府预算、政府审计密切相联系的会计治理系统。在整个政府预算执行过程中，政府预算、会计与审计是不同预算阶段和功能领域所运用的主要公共治理工具。因此，依据协同理论，用系统性的思维来重新审视和建立政府会计体系，构建政府会计系统的协同机制。具体包括两个方面：一是政府预算、政府会计和政府审计彼此都存在紧密联系，我们应该将政府会计和政府审计有机结合，建立一个以绩效为导向的政府会计治理协同机制，在机制内实现政府会计与政府预算的有机协同，政府会计和政府审计的整合优化；二是在政府会计体系各子系统内部，也要以绩效为导向实现不同会计信息的协同，不同会计功能的协调与配合，实现政府会计系统内部间的良性互动，以此系统地提高政府会计治理的水平。同时，政府会计体系构建要服务和服从于政府治理的要求。因此，以构建绩效型政府、实现政府善治为最终落脚点，将政府会计改革置于政府治理及新公共治理的框架，置于我国特定的政府会计环境，置于政府预算全面绩效管理体系，重塑政府会计大系统，构建能有效协同政府预算、政府会计和政府审计的绩效导向的政府会计治理机制，实现政府会计和政府预算、政府会计和政府审计、政府会计系统内部三环协同联动，三环之间结构优化、功能互补，发挥整体效应，有效提升政府治理水平。同时，充分发挥政府预算会计、政府财务会计、政府成本会计和政府管理会计的各自功能，全面构建政府综合报告体系，形成一套可操作的系统评价政府经济活动的绩效评价体系。

第三节　政府会计概念框架

一、政府会计概念框架概念界定及分析框架

（一）政府会计概念框架研究文献梳理

政府会计概念框架实际上是对政府会计规范体系基本原则问题所做的规范和阐述。目前学术界对政府会计概念框架的界定及其具体要素的定义可谓观点纷呈，莫衷一是。路军伟（2014）以制度环境为背景，把财务报告目标理论作为切入点，构建了一个“制度环境—使用者及其信息需求—政府财务报告模式选择”的政府财务报告模式分析框架。陈志斌（2012）认为政府会计改革的首要任务是构建或完善政府会计概念框架或政府会计基本准则，对政府会计概念框架具体要素的选择进行研究将有助于推进政府会计改革和提升公共治理效率，并从政府会计目标、政府会计主体与范围、政府会计信息质量特征、政府会计要素、政府会计的确认与计量以及政府财务报告等六个方面对我国政府会计概念框架进行构建。陈继萍（2012）基于“预算—财务”双轨制视角，探讨我国政府会计概念框架的构建。曹越和伍中信（2012）认为，政府会计二元结构格局的形成决定了人们迫切需要运用二元结构思维

重新考究政府会计概念框架的构建，以指引即将展开的政府会计改革。江月（2011）以政府会计的特点和功能为切入点，认为政府会计概念框架应该由预算会计、财务会计和成本会计组成。潘俊和陈志斌（2011）对政府会计概念框架要素选择进行了研究，通过对政府会计概念框架结构中相互关联的七个要素的统计结果进行数据分析，研究政府会计目标、主体、信息质量特征、会计要素、确认基础、计量属性和财务报告等构成要素的具体内容选择。从以上文献看出，学术界对政府会计概念框架的研究主要涉及构建的政府会计概念框架的必要性、研究切入点、政府会计概念框架的要素内容等问题。但没有系统研究政府会计概念框架与政府会计基本准则的关系。我们认为，政府会计概念框架与政府会计基本准则在内容上相近，但在形式上有所区别。政府会计概念框架属于政府会计理论范畴，而政府会计基本准则属于会计规范的范畴，我国的政府会计基本准则由财政部发布，具有一定的法律效力。因此，政府会计概念框架研究有助于政府会计理论体系构建，有助于政府会计准则的制定与评价。

（二）政府会计概念框架的含义

政府会计改革首要任务就是要构建或完善政府会计概念框架或政府会计基本准则（陈志斌，2012）。政府会计的信息需要高效、科学的会计实务操作来提供，而会计实务需要会计准则来加以规范，会计准则制定的理论依据正是会计概念框架。一个健全而有效的政府会计概念框架，不仅对一国的经济增长有着深远的影响，而且对该国公共管理的良性循环起着至关重要的作用。没有政府会计的同步发展，再先进的公共管理理念也无法充分发挥作用。

政府会计是一个人造的信息系统。会计概念框架是会计基本理论的重要组成部分，能够帮助准则制定部门制定一套具有内在一致性的政府会计准则。理论的生命力在于用于实践，会计理论也应当应用于实践。将会计概念框架的基本理论应用于政府活动领域，便形成政府会计概念框架。借鉴美国 FASB 等国际经验，建立一个以政府会计目标为逻辑起点的政府会计概念框架，用于指导具体政府会计准则的制定和执行，具有丰富政府会计理论和指导政府会计实践的双重意义。

健全而透明的政府会计是良好公共治理的基石。政府治理现代化需要政府会计改革来支撑，政府会计改革要通过政府会计概念框架的优化和政府会计准则及其制度体系的构建来实现。政府会计概念框架主要包括政府会计目标、政府会计主体、政府会计信息质量特征、政府会计要素、政府会计基础、政府会计计量、政府财务报告等内容。因此，政府会计概念框架的构建有助于丰富政府会计理论，是制定政府会计准则及其制度的需要，也是我国政府会计规范与国际公共部门会计规范趋同的需要。

（三）政府治理视角的政府会计概念框架的分析框架

政府变革是社会主义市场经济最重要内容之一。中共十八大以来，随着我国大规模的政府行政改革，通过有效的政府治理变革，建立与社会主义市场经济相适应的政府行政体制和公共管理体制，处理好政府与市场的关系，使政府成为推动市场经济的服务性政府。政府治理的目的是在各种不同的制度关系中运用权力去引导、控制和规范个人和组织的各种活动，以最大限度地增进公共利益。所以，政府治理是一种公共管理活动和公共管理过程，它包括必要的公共权威、管理规则、治理机制和治理方式。从职能上来理解，政府治理需要履行政治职能、经济职能、社会职能等；从治理的过程上来理解，政府治理具体工具包括治理过程中的规划、决策、管理、控制、评价等治理活动；从治理的性质是来理解，政府治理是寻求受托代理权的合理配置机制。

政府会计作为政府治理的基石和重要组成部分——政府治理的信息系统，其概念框架要服从和服务于政府治理。政府会计概念框架中的政府会计目标、政府会计主体、政府会计信息质量特征、政府会计基础、政府会计要素及其确认与计量、政府会计财务报告等都应该依据服从和服务于政府治理的要求加以决定，即我国政府会计准则制度的制定要服从和服务于政府治理，同时通过政府会计提供高质量会计信息提高政府治理水平。

二、政府会计概念框架的逻辑结构

政府会计是一个人造的信息系统，其会计概念框架研究是会计理论研究中最重要的一个环节。政府会计概念框架是一些相互紧密联系的目标与基本原则所构成的内在一致的体系，它为建立一个前后一致的会计准则体系奠定基础，并指明政府会计和政府综合财务报告的性质、职能与局限性。我们应该借鉴美国 FASB 和国际公共部门政府会计准则委员会等国际经验，建立一个以政府会计目标为逻辑起点的政府会计概念框架，用于指导具体政府会计准则的制定和执行，具有丰富政府会计理论和指导政府会计实践的双重意义。政府会计概念框架主要包括政府会计目标、政府会计主体、政府会计信息质量特征、政府会计要素、政府会计基础、政府会计计量、政府财务报告等内容。我国政府会计概念框架主要体现在《政府会计准则——基本准则》中。从总体看，基本准则的理论结构主要包括五个层次。政府会计概念框架如图 2－1所示，反映其内在的逻辑结构。

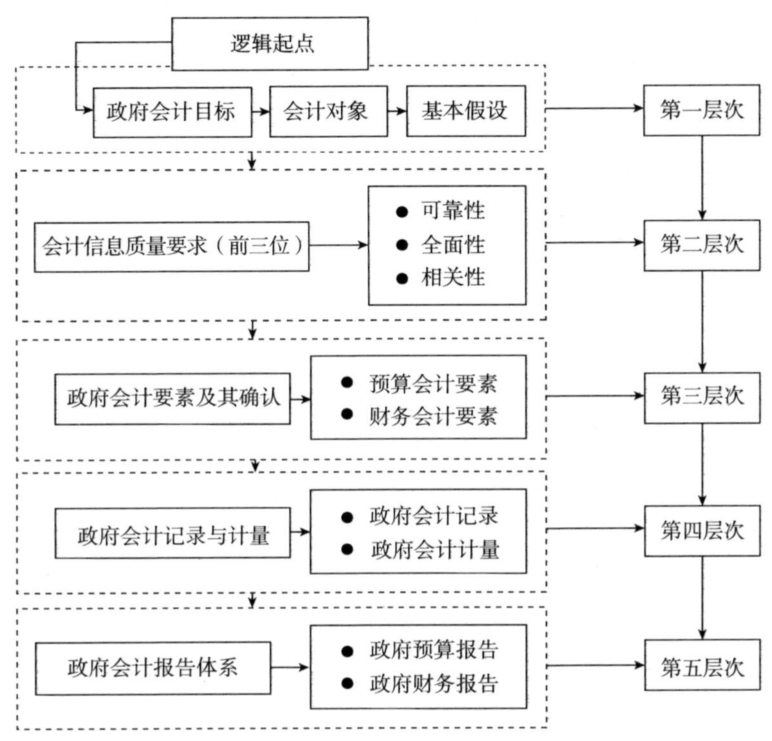

图 2-1　政府会计概念框架理论结构

三、政府会计目标与会计主体

（一）政府会计目标

1. 西方政府会计目标

在西方国家中，关于政府会计目标的表述大体可归纳为两大模式：

（1）英美模式。英美模式包括英国、美国、新西兰、澳大利亚、加拿大等国在内。这种模式是依据新公共管理论、权责发生制会计改革的理论界定的。其特点是：会计信息主要为外部使用者提供，着重提供财务信息，内容多而且细；提供会计信息的目的是阐明政府施政的受托责任；政府会计定位为财务会计（政府资源会计）。

（2）德法模式。德法模式以德国和法国为代表，大部分欧洲大陆国家都采用了这一模式。其特点是：德法模式政府会计的目标是与预算和法律保持一致，监督预算的执行，向议会报告财政收支的合法性，以保证实际收支项目与预算收支相一致。其政府会计的主要目标是行政控制，其次才是向议会报告自己受托责任的履行情况。

美国政府会计准则委员会认为政府会计目标是：政府财务报告提供的信息，应当有助于使用者（a）评价政府的受托责任；（b）做出经济的、社会的以及政治的决策。……评价受托责任是政府财务报告的最高目标，所有其他目标都必须与它符合。该准则委员会认为政府会计的具体目标包括三方面：一是财务报告应当帮助政府完成政府向公民陈述受托责任；二是财务报告应当能够帮助使用者评价政府当年的业务活动成果；三是财务报告应当帮助使用者评价有政府提供的服务及其履行业务的能力。可见，美国将反映政府的受托责任作为政府会计的最高基本目标，并通过基本目标来达到这一目的。

2. 我国政府会计目标

关于政府会计目标的研究，不同学者基于不同的理论提出不同的观点，但大多数是基于会计的受托责任观和决策有用观提出的。具体包括："单一目标"观，认为政府会计目标是反映政府或政府单位的公共受托责任；"双重目标"观，认为政府会计目标是受托责任与决策有用观并存。目前已颁布的政府会计基本准则明确政府会计目标是"双重目标"的观点。因此，政府会计目标要求政府会计可靠性、相关性和透明性的结合。

关于政府会计目标的层次划分，目前学术界也有不同的观点。张月玲（2009）认为，政府会计目标层次的划分，应借鉴美国政府会计准则委员会（GASB）的观点，将政府会计目标分为基本目标、中级目标和最高目标三个层次；丁鑫和荆新（2010）认为，政府会计目标分为总体目标和具体目标，其中总体目标又分为基本目标、重要目标和最高目标，具体目标包括预算管理目标和财务管理与绩效管理目标；王慧平等（2012）认为，政府会计目标分为总体目标和具体目标。上述几种观点虽然表述的层次和内容有所差异，但基本点是基本一致的。他们都认为受托责任观是政府会计目标的最高目标和重要目标，具体目标是满足信息者的信息需求，包括预算管理目标和财务管理目标。

我们认为，政府会计目标的层次划分，主要考虑政府会计目标的内涵、政府会计的功能和政府会计信息需求等因素，借鉴美国政府会计目标的观点，充分体现政府会计目标内在的逻辑性，将政府会计目标分为基本目标和具体目标两个层次。

（1）基本目标：就是受托责任观与决策有用观并存的"双目标"观，在全面反映政府受托责任的同时，提供有助于使用者进行决策或监督管理的信息，提高政府财政透明度和信息质量。为了实现政府会计基本目标，政府及政府单位必须要有两个转变：一是从内部使用者导向向外部使用者导向转变，以解除内部和外部的受托责任，以此做出科学决策；二是政府会计提供的信息内容从反映合规性导向向绩效评价导向转变，以评价政府的服务能力和服务水平。

（2）具体目标：政府会计具体目标是基本目标的具体化。由于政府会计由政府预算会计和政府财务会计构成，相应的政府会计具体目标包括政府预算会计目标和政府财务会计目标。政府预算会计目标是评价政府预算管理合规性的受托责任的履行情况，体现了政府预算管理的目标；政府财务会计目标是评价政府财务状况、运营业绩等受托责任的履行情况并做出合理决策，体现了政府财务管理的目标。随着政府会计功能的拓展和信息需求的变化，还应明确政府成本会计目标和政府管理会计目标。

（二）政府会计主体

1. 政府会计主体的含义

政府会计主体是政府会计概念框架中需要明确界定的一个重要问题，它是解决政府会计为谁记账和为谁报账的问题。会计主体是会计假设的核心，用以界定会计核算与报告的空间范围。由于政府或政府单位是一个对外承担受托责任的整体，它必须对外报告所有财务收支情况及结果，所以政府及政府单位具有组织主体和基金主体的双重性。组织主体是假设政府或政府单位以“组织”界定会计的空间，按对外承担受托责任的组织整体的财务收支作为会计核算和报告的对象。通常政府会计主体分为记账主体和报告主体。会计记账主体是界定会计核算的空间范围；而会计报告主体是界定会计报告空间范围。会计记账主体和会计报告主体区分的标准，在会计上主要看这一会计主体是否进行独立的记账，是否单独编制对外会计报表。基金主体是假设政府或政府单位以“基金”界定的空间，把按照法律法规或其他限定用途的各种财务资源分别设立相互独立的基金，每一个基金必须设置一套自求平衡的会计科目，对基金财务资源的变动情况及结果进行记录和报告。所以，“基金”是政府或政府单位的会计与财务报告主体，这是政府基金会计主体与企业会计主体之间的一个重要区别。

2. 我国政府会计主体的层次

国际上确定政府会计主体的代表性标准有美国 NCGA（全国政府会计委员会）的五标准（财务依存性、管理监督权、管理指派权、运营活动的重大影响、财政事项的受托责任）、IPSASB 的四分法（资金授权分配法、控制法、法律主体法、受托责任法）等。但在各国政府会计改革实践中，通常采用“控制基础”和“受托责任”两大标准。依据我国国情和政府治理的要求，应该兼顾“控制基础”和“受托责任”两大标准来确定政府会计主体，即政府会计主体具有层次性的特征。我国政府会计主体可以划分为三个层次：第一层次是中央政府（国家）和各级地方政府（地方）；第二层次是政府部门（部门）和政府所属单位（单位）；第三层次是政府部门所属单位。各级地方政府和中央政府所属部门和单位是中央政府的分部报告主体，各中央政府所属部门的所属单位是中央政府所属部门的分部报告主体，地方政府所属部门及其所属单位是地方政府的分部报告主体。

（三）政府会计信息质量特征

1. 政府会计信息质量特征的含义

会计信息的质量特征是连接会计目标和会计信息的中间环节和桥梁，会计信息质量是评价会计目标实现程度的重要标准。因此，政府会计信息质量特征需要依据政府会计目标加以界定。会计信息质量特征是确定会计信息“有用性”的质量标志。研究会计信息的质量特征，其意义在于它是政府会计目标中质量目标的具体体现，制约着会计信息提供的范围、程度和方式，直接影响到会计要素的确认、计量与报表列示和会计政策的选择。所以，政府会计信息质量特征在政府会计概念框架中居重要地位。

在国外，政府会计准则制定机构似乎对会计信息质量的要求比企业会计准则制定机构的要求更加严格。例如，美国政府会计准则委员会（GASB）在第 1 号概念公告《编制财务报告的目标》中指出：“财务报告即将财务信息传递给使用者，这汇总传递应是有效的，财务信息必须具有这些特征：可理解性、可靠性、相关性、及时性、一致性和可比性等，以及成本与效益和实质重于形式的限制。”GASB 与 IASC 比较，它特别强调及时性和一致性。因为政府财政收支活动是按照预算进度组织实施的，要求政府单位必须及时报告预算收支的执行情况，以便进行预算控制和调整。一致性要求政府单位在不同时期提供的财务报告，包括对交易或事项的计价方法、会计基础和报告的组成单位等必须保持前后一致。由此看出，美国政府会计对会计信息质量特征的论述是相当系统的，并且是一个多层次的结构。

2. 政府会计信息质量特征的内容

我国财政部于 2015 年 10 月 23 日正式颁布《政府会计准则——基本准则》，这意味着我国政府会计改革进入新的历史阶段。《政府会计准则——基本准则》第二章会计信息质量要求共七条，明确了政府会计主体提供的会计信息应该具有可靠性、全面性、相关性、及时性、可比性、可理解性、实质重于形式等七个方面的质量特征。与原有我国《财政总预算会计制度》《行政单位会计制度》《事业单位会计制度》的规定相比，增加了“全面性”“实质重于形式”，减少了“重要性”和“一致性”，“一致性”包含在了“可比性”中。与企业会计信息质量特征相比，增加了“全面性”，减少了“稳健性”和“重要性”。与美国政府会计信息质量特征相比较，我国政府会计信息质量特征没有明确主次，尚未建立系统的层次结构。因此，我们认为有必要完善会计信息质量特征，即建立一个有内在联系的多层次的信息质量要求体系。我国会计信息质量特征应该是透明性、可靠性、相关性的结合。三者之间，政府会计信息的可靠性是以相关性为前提的可靠，相关性是以可靠性为基础的相关，相关性和可靠性共同服务于透明性。因此，在会计信息质量特征中，可靠性和相关性是主要特征，全面性、可比性、及时性、可理解性、实质重于形式是次要特征，而透明性是会计信息质量的限制条件。

四、政府会计要素及其确认与计量

（一）政府会计对象

会计要素是会计对象的具体化，因此首先要弄清楚什么是政府会计对象。政府会计的对象就是政府会计核算的具体内容。政府会计目标决定了政府会计的核算对象。国外关于政府会计的核算对象主要可以分为两类：一类是以美国、英国、澳大利亚和新西兰为主要代表的国家。这些国家政府会计的核算范围很广，涵盖了政府的全面资源，例如美国包括国家土地、文化遗产、国防不动产、工厂和设备、社会保险、人力资源研究和开发，以及某些不拥有所有权的资产在内。正是由于具有资源会计的特点，所以在很大程度上采用了权责发生制会计基础。另一类是以德国和法国为代表的一些国家，这些国家的政府会计的核算对象包括了全部的政府收支和部分按照权责发生制基础核算的资源。德国和法国的政府会计，其目标与预算和法律保持一致，以监督预算的执行。这与美国的政府会计有很大差别。

我国政府会计主要包括财政总预算会计和行政事业单位会计。财政总预算会计是各级财政部门核算、反映和监督政府预算执行和财政周转金等各项财政性资金活动的专业会计。财政总预算会计的核算对象是各级政府总预算执行过程中的预算（包括一般预算和基金预算）收入、支出和结余，以及在资金运动中所形成的资产、负债和净资产。行政事业单位会计是各级行政事业单位核算、反映和监督单位预算执行过程及其结果的专业会计，它是预算会计的组成部分。显然，我国预算会计对象仅仅定位于财政性资金运动，未全面反映政府行政对公共资源的使用、支配过程及其运行结果。政府会计对象应由预算资金运动扩展为政府资金运动。路军伟（2010）认为政府会计对象应从受托责任角度加以考察，并将其定义为“政府在履行公共受托责任过程中，受托资源的状态及其增减变动”。①

因此，我国政府会计的核算对象究竟包括哪些内容呢？按现行的政治体制，各级人民政府除了承担财政性资金收支管理的受托责任外，还承担着社会保障资金、国家债权债务、国有资产产权及收益权管理等受托责任。② 也有学者认为，现阶段我国政府会计的核算对象应涵盖财政部门、主管部门及所属单位、参与预算执行的国库和税务部门、承担政府资产负债的管理部门的经济业务活动（不含企业会计和民间非营利组织经济业务活动）。③

由此看出，这两种观点是从不同角度对政府会计核算对象的所做的表述。前者是罗列政府会计核算对象涉及的具体内容，后者是政府会计核算对象涉及的部门，其对政府会计核算对象的基本内容是一致的。我们认为，政府会计核算对象是反映政府承担的财政性资金收支管理、国家债权债务以及受托管理的各项社会保障基金等经济业务活动的受托责任，具体包括政府预算会计核算对象和政府财务会计核算对象。从政府会计核算对象与政府会计目标关系看，可以分为反映预算执行情况要求的会计核算对象、反映财务状况要求的会计核算对象和反映政府活动绩效要求的会计核算对象。

（二）政府会计要素

1. 政府会计要素的分类

政府会计要素是政府会计对象的具体化，是按照交易或者事项的经济特征所做的基本分类。它既是政府会计确认和计量的依据，也是确定政府财务报告的结构和内容的基础。划分会计要素的目的是便于会计日常核算，如账户的设置、分类登记并最终形成会计报表。正因如此，政府会计要素又称为政府财务报表要素。

我们认为，政府会计要素的分类必须考虑以下因素：一是会计要素要符合政府会计目标的要求；二是会计要素应完整反映政府活动涵盖的会计核算对象；三是会计要素要满足基于不同确认基础的会计报表的需要；四是会计要素的定义应具有普遍适应性。在这些因素中，政府会计目标决定政府会计核算对象和会计要素确认基础。目前我国政府会计改革目标就是要建立包括政府预算会计和政府财务会计两大子系统的政府会计体系，由于两个子系统

① 路军伟．双轨制政府会计模式研究［M］．厦门大学出版社，2010，52-56.

② 张雪芬．政府会计发展与对策［M］．中国时代经济出版社，2006，88.

③ 课题组．关于建立中国政府会计准则的研究报告［J］．会计研究，2006（3）.

在会计目标、确认基础的差异，其会计要素的设置也有所不同。因此，我国已颁布的《政府会计准则——基本准则》中明确，政府会计要素分为政府预算会计要素和政府财务会计要素，它们共同构成“二元结构”的会计要素。

（1）政府预算会计要素。政府预算会计目标是评价政府预算收支执行情况履行的受托责任，政府预算会计确认基础与政府预算基础的一致性，决定了政府预算会计要素是在收付实现制下设置的会计要素，即设置“预算收入”“预算支出”“预算结余”三要素。预算收入是指政府会计主体在政府活动中形成的，纳入政府预算管理、符合政府预算收入确认条件的资源流入；预算支出是指政府会计主体在过去的政府活动中，纳入预算管理、符合政府预算支出确认条件的资源流出；预算结余是指预算收入减去预算支出后的结余。

（2）政府财务会计要素。政府财务会计目标是评价政府财务状况、运营业绩等受托责任的履行情况并做出合理决策，政府财务会计一般采用权责发生制或修正的权责发生制，决定了政府财务会计要素是权责发生制下设置的会计要素，即设置资产、负债、净资产、收入和费用五个政府财务会计要素，其中资产、负债和净资产属于资产负债表要素，收入和费用属于收入费用表要素。资产是指政府会计主体在过去的政府活动中形成并拥有或控制的资源，该资源预期能够提供未来服务能力或者带来未来经济利益；负债是指政府会计主体在过去的政府活动中形成的现实义务，履行该义务预期会导致会计主体包含服务能力或者带来未来经济利益的资源减少；净资产是会计主体的资产扣除负债后的差额；收入是政府会计主体在过去的政府活动中，根据国家法律规定依法取得的经济资源流入；费用是政府会计主体在过去的政府活动中发生的经济利益的流出。

2. 政府会计要素的确认

一般认为，政府会计确认是指会计要素的确认，即将会计事项以一定的项目归为某类会计要素正式记入账户并列入财务报表的过程。政府会计确认的核心问题是会计确认的标准。会计确认的标准是从会计信息质量要求推导而来的，同时又有助于形成财务报告要素的定义，用以解决编制财务报告的各种问题。

美国财务会计准则委员会在第 5 辑《论财务会计概念》中要求，确认一个项目和有关信息，要符合 4 条基本标准：（1）可定义性：应予确认的项目必须符合某个财务报表要素的定义；（2）可计量性：应予确认的项目应具有相关并充分可靠的计量属性；（3）相关性：项目的有关信息应能在使用者的决策中导致差别；（4）可靠性：信息应如实反映，可验证和不偏不倚。凡符合上述标准的均应在效益大于成本以及重要性的前提下予以确认。因此，政府财务会计要素中“资产”和“负债”要素确认要符合“可定义性”和“可计量性”条件；“净资产”是资产减去负债的差额，不存在单独确认和计量问题，它是对资产、负债确认和计量结果的一个综合反映。如果会计信息主要反映政府运营管理的受托责任，会计确认更强调信息的可靠性；如果会计信息主要是为了满足政府会计信息使用者决策的需要，会计确认更加强调会计信息的相关性。可见，政府会计要素确认时应在可靠性和相关性之间权衡，以保证输出的政府会计信息能满足各方面的需要。

政府会计要素中的收入与支出或费用要素的确认主要是通过会计确认基础进行确认。政府会计确认基础有收付实现制、修正的收付实现制、修正的权责发生制和权责发生制四种模式，不同的会计确认基础反映不同的财务信息。传统的预算会计对收入与支出的确认主要采用收付实现制。随着我国政府会计环境的变化，必须完善现有的政府会计确认基础。我们认为，我国政府会计确认基础的改革，既要借鉴西方国家政府会计的经验教训，又要符合我国政府体制改革和政府会计目标的要求。我国已颁布的《政府会计准则——基本准则》中明确，政府会计的确认基础实行“双确认基础”，即政府预算会计对收入与支出要素的确认采用收付实现制，与政府预算管理一致；而政府财务会计对收入与费用要素采用权责发生制，以评价政府的运营业绩和工作效率。

3. 政府会计要素计量

会计计量是对会计要素中的各项目予以货币量化的表现形式。景宏军（2010）认为，政府会计计量是对政府交易与事项的价值数量关系进行计算和衡量的过程，其目的在于认定政府活动中“量”的结构。它使政府财务信息具有可验证性和中立性，增强信息的预测价值、反馈价值和及时性。

从会计理论上讲，会计计量包括历史成本、重置成本、可变现净值、现值和公允价值等五种计量属性，它们各有优劣，但彼此并不完全排斥，往往可以在会计计量时同时使用两种或两种以上的计量属性，以提高会计信息的有用性。国际公共部门会计准则的规定，对会计要素的计量不同程度上采用了历史成本、现行成本、可变现净值和现值四种计量属性。历史成本是公共部门主体主要的计量属性。在某些情况下，也允许采用现行成本、可变现净值和现值计量属性。2006 年 2 月 15 日颁布的我国《企业会计准则——基本准则》规定，会计计量属性包括历史成本、重置成本、可变现净值、现值和公允价值。计量属性的选择是依据其与决策有用性的相关程度。

长期以来，我国政府会计采用的是历史成本计量属性，并以会计核算原则的形式加以规范。历史成本是会计计量属性中最早出现的，具有客观性、可验证性等优点。但实践已经证明，单一的计量属性既不能满足政府会计计量的要求，也不能很好地实现政府会计的目标。在政府会计中，对会计要素项目的计量是为了满足政府决策有用并反映受托责任的履行情况。因此，政府会计目标决定会计计量属性的选择，客观要求政府会计计量模式从传统的单一计量模式向综合计量模式转变。即以历史成本计量属性为主，多种计量属性共存并相互配合，以满足各方面会计信息使用者对多元化会计信息的需求。我国已颁布的《政府会计准则——基本准则》中明确指出，资产的计量属性主要包括历史成本、重置成本、现值、公允价值和名义金额。《政府会计准则——基本准则》首次提出可以采用公允价值、现值、重置成本和名义金额的会计计量方法，打破了长期以来以历史成本计量的单一模式，给不同情形下的资产计量提供了计价基础，为提供准确、客观的资产信息提供了法律依据和技术保障，也更加符合市场经济的大环境和国际化的发展趋势。

五、政府会计报告

（一）政府财务报告模式

财务报告模式，即财务报告主体通常需要编制的财务报告的类型。财务报告主体存在着许多信息使用者，这些信息使用者需要依靠政府或政府单位财务报告提供有用的信息，以帮助他们评价政府财务受托责任和进行决策。政府财务报告的模式与政府会计核算基础直接相关。从理论上讲，政府财务报告模式可以分为现金制基础下的政府财务报告、修正的现金制基础下的政府财务报告、修正的应计制下的政府财务报告和完全的应计制下政府财务报告四种。不同会计基础下的政府财务报告在会计要素、报表类型和披露其他信息等方面有所差异。我国政府财务报告模式的选择，我们认为应考虑会计目标、会计信息质量、会计确认与计量等因素，并按“会计目标—会计信息质量—会计确认与计量—财务报告模式”的逻辑关系来决定。根据我国政府会计环境和政府会计改革的进程，政府财务会计目标强调受托责任与决策有用并存，会计基础由收付实现制向权责发生制转变，这些都决定了目前我国积极推进政府财务报告制度改革，采用修正的应计制或应计制下的政府财务报告模式。李建发认为，政府综合财务报告中的“综合”应体现目标综合、主体综合、内容综合、时间综合、信息综合、形式综合和基础综合，以反映政府财务报告的全面性和系统性。2014 年 12 月，国务院转发了“权责发生制政府综合财务报告制度改革方案”，标志着我国政府财务报告模式从收付实现制预算会计报告模式向权责发生制财务报告模式转变。

（二）政府会计财务报告的内容

我国已颁布的《政府会计准则——基本准则》明确指出，政府会计报告由政府决算报告和政府财务报告构成。《政府会计准则——基本准则》第四十八条规定：政府决算报告是综合反映政府会计主体年度预算收支执行结果的文件，政府决算报告应当包括决算报表和其他应当在决算报告中反映的相关信息和资料，政府决算报告的具体内容及编制要求等由财政部另行规定。《政府会计准则——基本准则》第四十九条规定：政府财务报告是反映政府会计主体某一特定日期的财务状况和某一会计期间的运行情况和现金流量等信息的文件，政府财务报告应当包括财务报表和其他应当在财务报告中披露的相关信息和资料。政府财务报告包括单位财务报告、部门综合财务报告和政府综合财务报告。

因此，我们认为政府财务报告体系的构建应遵循需求导向原则，全面评价政府绩效的多维的政府财务报告体系，以满足不同利益相关者多元化的信息需求。政府综合财务报告的内容主要包括：（1）资产负债表，反映政府财务状况；（2）收入费用表，反映政府收入费用以及营运成本效益情况；（3）净资产变动表，反映会计期间净资产项目变动情况；（4）财务报表附注，如会计政策说明、政府的声明、政府管理讨论和分析、政府依法行政情况及各类反映政府受托责任履行情况的资料。政府综合财务报告制度还要建立审计鉴定制度、政府会计信息披露问责制，强调公开透明、充分披露的原则，这也是良好国家治理体系建设的客观要求。我国《政府会计准则第 9 号——财务报表编制与列报》具体准则明确了政府财务报告编制的基本要求和编制方法。

第三章

政府预算会计理论

第一节　政府预算会计理论概述

一、政府预算会计概念的界定

（一）传统预算会计体系

我国的预算会计雏形出现在西周时期，周朝设置了“天官家宰”职务来管理国家的财政会计事务，“天官家宰”下设两个部门：财物保管部门和会计部门。财物保管部门由“小宰”负责，会计部门由“司会”负责，这标志着我国预算会计的产生。在美国，政府会计是一个与企业会计相对应，适用于州和地方政府单位，以及联邦政府单位和非营利组织的会计体系。在中国，由于新中国成立初期受苏联预算模式的影响，按照是否从事经营活动，将会计体系分为了企业会计和预算会计。当时我国并没有“政府会计”的界定，只存在“预算会计”的概念。传统的“预算会计”是以预算执行为中心的，核算、反映和监督政府及行政事业单位的各项财政收支活动的专业会计，其目标主要是为了满足预算管理和国家宏观经济管理的需要。预算会计体系经过一系列的改革，大体上可分为三大部分、六大会计系统，如图 3－1 所示。

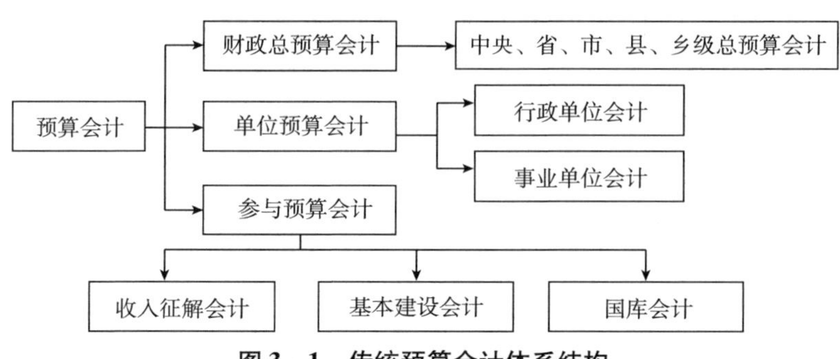

图 3－1　传统预算会计体系结构

财政总预算会计和单位预算会计（包括行政单位会计和事业单位会计）为主会计系统。财政总预算会计是核心系统，是各级财政部门核算、反映及监督国家预算和财政资金收支的专业会计，分为中央、省、市、县和乡五个等级；行政单位会计是核算、反映及监督各级行政机关以及实行行政财务管理的其他机关、政党组织预算执行情况以及结果的专业会计；事业单位会计是核算、反映和监督各事业单位预算执行情况以及结果的专业会计。除这三个主会计系统以外，国库会计、税收征解会计以及基本建设拨款会计三个会计系统作为参与预算执行的专门会计，也同样对国家预算执行进行系统会计核算。

总体来说，我国传统的预算会计体系并非单纯的预算会计体系，也非西方国家的政府会计体系，是一种预算会计与财务会计的混合体。传统的预算会计既反映了政府预算执行情况，也反映了财务状况。但是传统的预算会计是采用收付实现制，不需要进行成本的核算，所以它也无法全面提供财务状况有关的信息。我国政府会计准则制度的颁布实施，传统的预算会计模式已向政府会计模式转变，政府预算会计是现代政府会计的组成部分，形成了与政府财务会计适度分离并相互衔接的会计核算模式。

（二）政府预算会计的含义

政府预算会计系统是政府披露预算编制、调整与执行情况的主要渠道，它对于改进公共部门财务透明度具有十分重要的意义。休斯（Hughes，2004）认为，通过预算会计系统，政府官员向公众披露在已批准预算授权范围内的活动，有利于解除政府及其官员在预算方面的受托责任。

因此，界定政府预算会计的含义，首先要弄清楚什么是政府预算？政府预算是由政府立法机构批准、由政府行政机构执行的法定收支计划，是对政府及政府单位的收支进行控制和监督的标准。政府预算包括收入预算和支出预算。收入预算是对政府及政府单位筹集资金的来源及数量的法定计划；支出预算是对政府及政府单位安排资金分配的公共服务领域及数量或者使用资金的用途及数量的法定计划。我国政府预算包括财政预算和部门预算。财政预算是对财政部门筹集、分配和使用资金的预算；部门预算是对政府主管部门及所属单位筹集、使用资金的预算。从政府整体看，财政预算的财政拨款支出就是部门预算的财政收入。在政府全部收支纳入预算管理的条件下，财政预算收入加上部门预算中非财政资金收入组成政府全部的收入，财政预算中财政直接支出加上部门预算支出组成政府全部的支出。政府预算执行的过程包括预算收入执行过程、预算支出执行过程和财政预算和部门（单位）预算的执行过程。由此看出，政府预算会计应当服务于政府预算管理目标，将包括事前的预算编制、事中的预算执行与控制、到事后预算报告和预算管理绩效评价在内的政府财政预算资金流转的全过程纳入核算范围。

政府预算会计概念的界定应该包括预算会计的核算对象、职能、目标、核算程序等内容。政府预算会计是以预算资金及其运动为核算对象，预算资金包括财政预算资金和非财政预算资金，以预算年度为会计期间，确认、计量、记录和报告当年的预算收支和结果。政府预算资金的收支活动是政府的主要财务活动，但不是政府全部的财务活动。因为政府的资金运动除了预算资金运动以外还包括政府拥有所有权的国有资产产权及其收益的变动、以政府作为受托人的各种社会保障资金的保管及其运作情况。预算会计的职能除了核算、反映和监督外，还包括预测预算资金的发展变动趋势，做出宏观经济调控职能和参与政府决策职能。

综上所述，政府预算会计是指以收付实现制为基础对政府预算执行过程中发生的全部收入和全部支出进行会计核算，主要反映和监督预算收支执行情况，并评价政府及政府单位预算绩效受托责任的信息系统。通过预算会计系统对政府会计主体的预算收入、预算支出和预算结余三个要素进行会计核算，以实现预算会计的目标和功能。

二、政府预算会计与政府财务会计

《政府会计准则——基本准则》规定，我国政府会计由政府预算会计和政府财务会计构成。政府会计核算应当实现预算会计与财务会计适度分离并相互衔接，全面、清晰地反映政府预算执行信息和政府财务信息，以评价政府及政府单位的受托责任。

（一）政府预算会计与财务会计的“适度分离”

1. 双功能

即在同一会计核算系统中实现财务会计和预算会计双重功能，通过资产、负债、净资产、收入、费用五个要素进行财务会计核算，通过预算收入、预算支出和预算结余三个要素进行预算会计核算。这样在完善预算会计功能的基础上，强化财务会计功能，更加完整地反映政府会计信息，实现财务会计与预算会计的双重功能。

2. 双基础

即预算会计实行收付实现制，财务会计实行权责发生制。但是，根据相关起草原则，财务会计中对于财政拨款收入按照收付实现制核算；预算会计中对于质量保证金、专用基金的核算也部分采用了权责发生制基础。这是兼顾了当前实际情况和长远改革方向的制度安排，使得政府会计核算既能反映预算收支等预算管理所需信息，又能反映资产、负债、运行成本等财务管理所需信息。

3. 双报告

政府会计主体应当编制决算报告和财务报告。政府决算报告的编制，以预算会计核算生成的数据为准；政府财务报告的编制，以财务会计核算生成的数据为准。

（二）政府预算会计与财务会计的“相互衔接”

政府预算会计与财务会计“适度分离”，并不是要求政府会计主体分别建立预算会计和财务会计两套账，对同一笔经济业务或事项进行会计核算，而是要求政府预算会计要素和财务会计要素相互协调，决算报告和财务报告相互补充，共同反映政府会计主体的预算执行信息和财务信息。政府预算会计与财务会计的相互衔接主要体现在以下几个方面：

1. 政府预算会计与财务会计进行“平行记账”

“平行记账”就是基于纳入部门预算管理现金收支业务的同一会计事项，在采用权责发生制进行财务会计核算的同时，也需要采用收付实现制进行预算会计核算。对于其他业务，大多数仅需要进行财务会计核算，但是，有些业务虽然不涉及现金收支业务，也需要进行双分录核算。

2. 政府预算会计要素或科目与财务会计要素或科目保持相互衔接

政府财务会计收入科目加“预算”就成为政府预算会计收入科目。在“双系统”中存在数学计算逻辑关系，即：预算收入 - 预算支出 = 预算结存 = 库存现金 + 银行存款 + 其他货币资金 + 零余额账户用款额度 + 财政应返还额度，既反映了预算资金管理模式，又与财务会计系统货币资金类科目得到了对应，从科目设置上很直观地体现了“双系统”间的相互衔接。

3. 政府预算报表与财务报表存在勾稽关系

通过编制“本年盈余与预算结余差异调节表”，反映本期预算结余（即本期预算收入减去预算支出的净额）与本期盈余（即本期收入减去费用后的净额）和本期其他净资产变动数之间的调整过程，从而揭示财务会计和预算会计的内在联系。

政府预算会计与财务会计的相互关系如图 3 -2 所示。

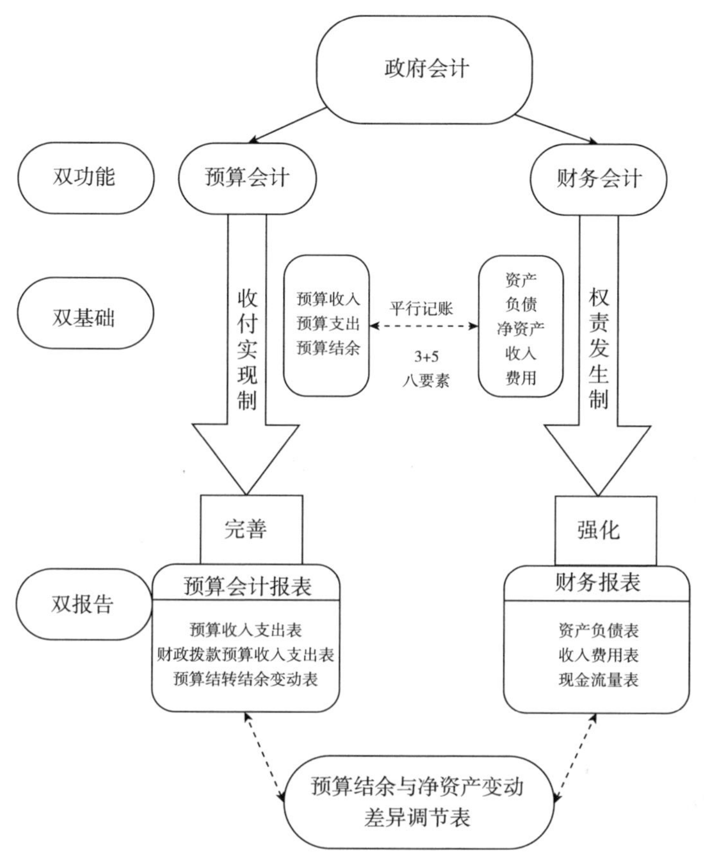

图3-2　预算会计与财务会计相互衔接

三、政府预算会计与预算绩效管理

（一）政府预算绩效管理概念界定

政府预算会计信息是反映和评价政府预算绩效管理的重要基础和依据。预算管理绩效的含义可以从以下几个关键词来辨析。“绩效”一词最早来源于企业，随着社会的发展和演进，不同领域衍生出不同的概念和定义。将“预算绩效管理”拆开来看，可以发现其由四个因素组成，即“预算”“绩”“效”“管理”。本书所谈到的“预算”，是指国家财政收入和财政支出的情况，是预算绩效管理的对象。而“绩”，顾名思义就是业绩、成绩、实绩，反映的是量的内容，是可以直接观测到的，属于绝对量；“效”，则侧重于效果、效率、效益，反映的是与质相关的内容，无法直观地观测其完成情况，需要抽象成相应的指标才能测量，属于相对量（白文杰，2011）。“绩”与“效”是预算绩效管理所考核对象的主要指标。“管理”则是通过计划、组织、领导、协调、控制等过程来对预算绩效的考核结果加以运用以提高预算效率的过程，是预算绩效管理的手段。因此预算绩效管理是一个既要考核财政资金使用结果上的量的指标，也要考核其完成的效果，最后还要对评价结果进行有效的运用的过程。

预算绩效管理在学术上有不同的观点。OECD（经济合作与发展组织）认为绩效的落脚点在于“效”，强调一项活动的有效性，更多关注抽象的指标，如实施工作时对过程的遵从以及公众满意度。赫尔曼·阿吉斯（2013）认为，绩效管理以绩效的识别、评估、改进为手段，最终指向组织整体目标的完成情况。余丽生（2012）将重点放在以结果为导向上，高志立（2015）通过区分绩效预算和预算绩效管理，将绩效定义为改善预算管理的一种工具，这种工具更加注重对成本收入的衡量。伍玥（2017）同样将预算绩效管理落脚点放在成本效益上，在提高服务质量的同时也要降低成本。简言之就是要设法花同样的钱，做更多的事，并把事情做得更好（张强强，2018）。王海涛（2014）则认为，预算绩效管理是一种先进的预算理念，是一种有效的技术工具，是一种完善的全过程机制，是一种创新的预算管理模式。与此类似，陈珑鑫（2018）概括性地将绩效管理总结成为提升绩效而采取的一系列管理措施，其是对预算支出的结果导向型管理。

（二）政府预算会计与预算绩效管理的关系

2018 年 9 月 25 日，中共中央、国务院印发了《关于全面实施预算绩效管理的意见》，（简称《意见》）这是我国现代财政制度建设中的一件大事，对政府会计改革也具有重要指导作用。《意见》明确了全面预算绩效管理的核心要义。即建立“全方位、全过程、全覆盖”的预算绩效管理体系，不仅对全面预算绩效管理提出了要求，而且明确预算绩效管理的约束性，切实做到“花钱必有效，无效必问责”。具体内容包括：一是构建全方位的预算绩效管理格局。要实施政府预算、部门预算和单位预算、政策和项目预算绩效管理。二是构建全过程的预算绩效管理链条。构建事前、事中、事后绩效管理闭环系统，包括建立绩效评估机制、强化绩效目标管理、做好绩效运行监控、开展绩效评价和加强结果应用等内容。三是完善全覆盖的预算绩效管理体系。各级政府将一般公共预算、政府性基金预算、国有资本经营预算、社会保险基金预算全部纳入绩效管理。

预算会计以“双系统”为基础，拓展了会计核算要素，提高了会计信息数量和质量，改革后的预算会计以部门为主体，按会计期间来核算经济业务，反映“双系统”下主体化、期间化的财务与预算会计信息。基于“双系统”的预算会计信息生成对预算绩效管理具有重要的支持作用。预算会计系统反映和控制预算执行的整个过程（拨款、承诺、核算、支付），与预算资金的管理相契合。通过对预算执行情况报告进行分析，不仅反映预算收支结构，而且对部门内部的预算执行过程进行追踪和控制，防范预算单位在预算执行过程中对预算资金的挪用、浪费等行为，以及了解各级政府、各部门和单位的业务开展情况和受托责任履行情况，为制定后续的预算收支计划提供依据。“双系统”下的政府会计信息体系，通过对公共资源流动进行确认、计量和记录，可揭示预算资金流转的起因、过程和结果，能够客观反映政府财务状况、运行情况、现金流量以及预算执行情况，据此可以评价政府合规性受托责任的履行情况。

由此可见，政府绩效管理既需要有定性的信息，又需要有定量的信息，而政府预算会计报告的信息是政府绩效管理定量信息的主要来源。在新公共管理运动的驱使下，政府相对投入更加注重产出的效率，强调产出效率的行政体制改革使得世界各国政府均转向政府绩效导向的行政管理体制。各国的预算会计改革也均在政府绩效影响下，引入全新的理念，围绕政府绩效的目标而进行。因此，我国政府预算会计改革要坚持预算绩效管理导向，将绩效管理理念贯穿预算会计核算与管理的始终。

第二节　政府预算会计法律框架

一、政府预算会计规范体系

预算会计是“预算”与“会计”的复合概念。政府“预算”必须遵循《预算法》，政府预算收支是预算会计的核算对象，政府预算制度的变革必然引起预算会计的改革；而政府“会计”又必须遵循《会计法》，对政府财政收支活动进行核算和监督，提供政府预算执行情况的会计信息。因此，政府预算会计的法律框架包括两个层次：一是预算会计相关法律；二是预算会计的行政法规。

（一）预算会计法律规范

预算会计法律规范就是要遵循《中华人民共和国预算法》（以下简称

《预算法》）和《中华人民共和国会计法》（以下简称《会计法》）。我国的《预算法》于1994年3月由中共第八届全国人民代表大会第二次会议通过，1995年1月1日1日起施行。2014年8月，新《预算法》修正案由全国人大常委会审议通过，完成了自1994年预算法颁布以来的首次修订。新《预算法》突出预算的完整性，政府全部收支要纳入预算管理；遵循预算公开原则，强调预算必须接受社会监督；更加符合经济规律，拓展预算审核重点、完善地方债管理等多处修改，传递出建立现代财政制度的改革方向，也为政府预算会计改革和规范指明了方向。

最早的《会计法》于1985年1月21日，在中共第六届全国人大常委会第九次会议通过，并于1985年5月1日施行。我国的《会计法》经过了两次修订。现行的《会计法》是2000年7月1日修订实施的。主要对会计工作总的原则、会计核算、公司和企业会计核算的特别规定、会计监督、会计机构和会计人员以及法律责任等方面做了原则性的规定。作为会计方面的根本大法，对政府及政府单位的会计行为具有强制的约束力。

因此，政府预算会计核算和监督，必须符合《预算法》和《会计法》的管理要求，提供政府预算收支情况的会计信息，并接受立法机构监督，这是政府及政府单位据以解除公共受托责任的重要标志之一。

（二）预算会计行政规范

预算会计行政规范主要是由国务院和财政部颁布的关于政府预算或政府预算会计相关条例、决定或方案。如《预算法实施条例》《国务院关于深化预算管理制度改革的决定》《权责发生制政府综合财务报告制度改革方案》、政府会计准则与政府会计制度等。目前，我国政府会计正处于改革之中，在政府会计规范方面采用“准则 + 制度”模式。《政府会计准则——基本准则》明确规定，政府会计由政府预算会计和政府财务会计构成。政府预算会计主要是预算会计制度模式。政府预算会计制度是以政府及政府单位为对象，重点对预算收入、预算支出和预算结余三要素设置会计科目，并对政府预算会计报表的格式及其编制加以详细规范。

二、我国政府预算体系

（一）政府预算的性质

预算是政府的血液和生命。从形式上看，政府预算是政府的收支计划，集中体现政府活动的范围、方向和重点，是政府配置经济资源的工具；从本质上讲，预算以约束政府行政行为为目的，是通过配置财政资源满足公共需要的政治过程，也是通过预算的权力控制实现政府对公民委托责任的制度安排，即政府预算诠释了政府公共受托责任的履行与实现情况。因此，政府预算是由政府立法机构批准、由政府行政机构执行的法定收支计划，是对政府及政府单位的收支进行控制和监督的标准。政府预算决定政府预算会计的核算内容，并通过政府预算会计信息的披露解除政府及政府单位公共受托责任。

（二）我国政府预算体系结构层次

根据《中华人民共和国预算法》的规定，我国政府预算组成体系是按照一级政权设立一级预算的原则建立的。我国宪法规定，国家机构由全国人民代表大会、国务院、地方各级人民代表大会和各级人民政府组成。与政权结构相适应，并同时结合我国行政区域的划分，政府预算由中央预算和地方预算组成，地方预算由省（直辖市、自治区、计划单列市）、市、县（市、自治县）和乡（镇）预算组成，因此，我国的预算体系由五级预算组成，如图3－3所示：

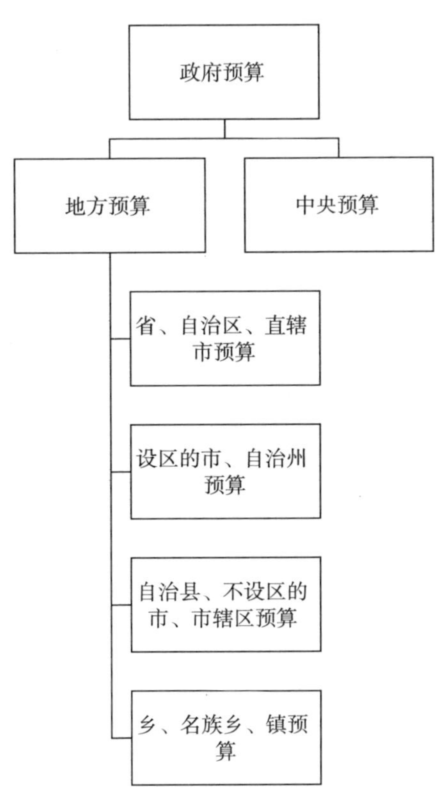

图3－3　我国政府预算体系

（三）政府预算与预算会计的联系

政府预算规范的对象是财政资金的筹集和分配，反映的是政府活动的范围、方向和重点。政府预算的编制执行，完全依赖于一系列技术和工具的支持。为确保预算得到良好的执行、实施，任何国家或政府都需要借助预算会计系统来追踪和报告支出周期的拨款及支出。使用阶段发生的财务交易活动，以反映预算的编制、执行等情况。预算会计是“预算”与“会计”相融合的复合概念。在政府预算领域，预算会计也经常作为重要方法和工具来使用。刘安天（2014）认为，预算有前瞻性和引领性。要落实预算公开的问题，会计是必备的手段和核心，能起到会计控制的作用。预算会计是控制预算执行过程、实现政府预算管理的技术手段，它所反映和监督的核心内容是预算收支及其结余情况。因此，它必须体现政府预算管理及其改革的需要，同时，预算会计基础以及相关核算内容也应该体现预算管理的更求。

三、我国政府预算制度改革及其发展

（一）我国预算制度改革历程

政府预算会计改革与政府预算制度密切相关，政府预算制度改革对政府预算会计改革中的系统设计、科目设置、披露内容与范围等方面产生重大影响。因此，回顾我国政府预算制度改革非常必要。改革开放 40 多年以来，我国政府预算制度不断发展完善，现在日趋成熟，对我国法治政府建设起到了巨大的推动和支撑作用。纵观我国几十年的预算制度改革过程，我们重点介绍地方预算改革和中央预算改革。

1. 地方预算改革

1994 年分税制改革之后，中央和地方之间的预算编制方式发生了变化，由以往的中央代编地方预算，改为地方自行编制预算，并报财政部后汇总成国家预算，这也成为 1994 年之后地方政府主动探索预算编制改革的重要标志。这一阶段主要以摒弃“基数法”的预算编制方法为核心，开展了以零基预算、综合财政预算以及标准周期预算为主要着力点的预算管理创新。

（1）零基预算与综合财政预算改革。零基预算一改以往的“基数预算”，在编制年度预算时，对新预算年度中想做的所有事情进行全盘审核，而不仅是修改上年预算或检验新增部门。这种预算改革打破了传统上“基数加增长”的预算编制方法，不再以上一年的收支基数为基础，而是重新根据本年度具体情况来编制，更加客观地反映了各预算单位的现实需求。

（2）标准预算周期改革。标准预算周期是针对年度预算编制流程的缺陷而提出的。当时预算编制与执行的实际情况是，本年预算的编制自上一年度9、10月份开始，决算完成约在次年4、5月，共计20个月的周期。预算编制的时间实际上不到半年，这种状况不利于预算的执行与监督，各部门在执行中调整预算的自由度太大。针对传统预算模式存在的问题，天津市积极探索新的预算管理模式，提出建立一种“30个月”的标准预算周期设想，从时间序列上划分为三个阶段，即“预算编制阶段”“预算执行阶段”“决算与绩效评价阶段”。这应该是国内较早提出预算绩效评价的一种探索与尝试。

这一时期地方预算实践体现了某种自发性和主动性。一方面，这一阶段改革不同于1994年之前的改革探索，是在地方获得预算编制权之后，对具体预算编制进行的优化。另一方面，也不同于后来的部门预算改革等举措，并不是由中央政府牵头实施的，而是体现了较高的地方自主性，也在一定程度上为之后中央部门预算改革的实施提供了先导性探索。

2. 中央预算改革

中央预算改革过程中比较有代表性的预算制度改革包括：部门预算改革、国库集中收付制度改革和政府收支分类改革。

（1）部门预算改革。所谓部门预算是指部门依据国家有关政策规定及行使职能需要，由基层预算单位编制，逐级上报、审核、汇总，经财政部门审核后提交立法机构依法批准的，涵盖部门各项收支的综合财政计划。1999年9月，财政部出台了《关于改进2000年中央预算编制的意见》，提出编制市场经济国家所通行的部门预算，在现有预算收支分类的基础上尽可能细化。部门预算改革在一定程度上吸收了地方改革中“零基预算”“综合财政预算”的思想，打破了传统“基数法”的预算编制模式，也改变了传统预算只反映预算内收支，大量预算外资金只报账的粗放管理方式，有利于《预算法》的严格执行，也有利于规范政府、财政和部门的分配行为，强化预算约束，提高了整体预算资金的使用效率。实施部门预算改革后，无论是财政性资金，还是非财政性资金，预算单位都应该将其纳入部门预算的范畴进行管理。

（2）国库集中收付制度改革。国库集中收付制度也称为国库单一账户制度，包括国库集中支付制度和收入收缴管理制度。该制度是指由财政部门代表政府设置国库单一账户体系，所有的财政性资金均纳入国库单一账户体系收缴、支付和管理的制度。国库集中收付制度改革从2001年开始启动，2001年3月发布的《财政国库管理制度改革试点方案》明确提出建立以国库单一账户为基础、资金缴拨国库集中收付为主要形式的国库管理制度，并开始在财政部、水利部等六个中央部门率先进行试点。国库集中收付制度实施后，在一定程度上解决了财政总预算会计系统与行政事业单位会计系统对接的问题，最终实现一级政府、一级预算、一级预算会计系统的目标。

（3）政府收支分类改革。政府收支分类改革依照国际通行做法，将政府收入分类、支出功能分类以及支出经济分类共同构成一个全面、明细的反映政府收支活动的分类体系。1999 年，财政部启动了政府收支分类改革，借鉴国际货币基金组织、OECD 国家的经验，于 2004 年形成了《政府收支分类改革方案（征求意见稿）》，并于 2005 年选择 6 个中央部委和 5 个省市进行模拟试点。2006 年发布的《政府收支分类改革方案》，标志着我国正式实行新的政府收支分类体系。政府收支分类改革实施后，现行财政总预算会计系统和政府会计系统中纯粹意义上的预算会计部分，可以参照政府收支分类科目设置会计核算科目。

（二）我国政府预算制度改革发展特征

我国的预算管理体制进行过多次变革，建立起了现代财政制度，并不断成熟完善，这标志着我国传统预算制度模式开始向现代预算制度模式转变。在一个国家的制度建设中，财政制度的重构至关重要。财政转型能够在很大程度上引导国家治理制度的成功转型。新的《预算法》和《全面实施预算绩效管理实施办法》的深入推进，我国政府预算制度改革发展必然呈现以下几个方面的特征：

1. 政府预算更加注重公开透明

公开透明是现代政府预算制度的基本特征。预算公开透明的理论基础在于保障宪法规定的公民知情权、参与权和监督权。只有预算公开透明，才能让普通民众有效约束政府的支出行为，从而政府才可能有效地兑现承诺。同时，预算的公开透明，也体现了预算的民主性。近年来，国务院制定发布了相关政府预算公开透明的制度，要求“各级人民政府不仅要公布财政预算和决算报告，而且要向全社会公布‘三公’经费”；中央政治局审议通过的《深化财税体制改革总体方案》中特别强调要建立“公开透明的现代预算制度”。2014 年 8 月修改完成的《预算法》中也明确规定了预算公开。中共十九大报告对此也有明确要求：“建立全面规范透明、标准科学、约束有力的预算制度。”预算公开最根本的目的，在于维护纳税人的合法权益；同时预算公开也有助于监督、制约与规范政府各部门的财政行为，尤其是财政支出行为。

实现政府预算的公开透明，普通公众就可以通过多种渠道获得有关政府收入和支出的详细信息，这是促进政府良性运转的最基本前提。建立全面规范的预算公开制度，一是要扩大预算公开的范围，明确和细化公开的内容；二是要明确预算公开的时间和形式；三是要建立预算公开的考核机制。政府预算会计信息披露制度有助于政府预算的公开透明，也为民众了解政府预算收支情况提供了获取信息的渠道。

2. 政府预算更加注重绩效管理

现代政府预算理念是一种产出预算理念，它强调的不只是政府投入的过程，更注重的是这种投入所产出的结果。预算绩效的根本目标就是提高财政支出的“货币价值”。实施预算绩效管理是体现政府有效治理的重要内容，也是建立责任政府的必然要求。政府预算绩效管理包括三个重要组成部分：以结果为导向、以成本为衡量和以业绩评价为核心。预算绩效的目的就是要把预算决策的重心从投入控制转向为测量政府活动的工作量和效率。预算绩效要求政府的工作方式必须从“管人”转变为“管事”。2014 年 8 月《预算法》重新修订，对各级人民政府的预算提出明确要求，把预算绩效纳入目标管理。党的十九大报告中明确要求“全面实施绩效管理”。随后党中央、国务院于 2018 年 9 月 1 日出台《关于全面实施预算绩效管理的意见》，要求各部门以及地方政府加快建成全方位、全过程、全覆盖的预算绩效管理体系，提高财政资源配置效率和使用效益，以便增强政府的公信力和执行力。同时，预算绩效改革也是政府治理的重要内容，将预算绩效管理引入政府治理过程，建设责任政府、服务型政府的重要举措。具体包括三个方面：一是构建有效的分工协作机制；二是不断完善绩效评价办法；三是实行部门绩效报告制度。预算绩效管理改革必然要求政府预算会计与之相适应，为预算绩效评价提供信息支撑。

3. 政府预算更加注重问责和监督

现代政府预算属于一种外部控制。诸如政府预算编制和编制依据，各级政府的财政部门以及支出机构应该承担的责任，预算计划的内容、增收和增支事项，预算计划的审议，预算变更以及其理由，预算的履行情况和责任承担等，各级政府所有的财政预算活动，都必须受到法律的约束和规范，并且应该提前向普通公众说明，以便接受他们的问责和监督。现代预算制度要求在政府系统内部建立起集中和统一的预算控制，并且必须将所有的财政性资金都纳入一个整体的预算控制程序之中，能够编制一个详细和准确反映政府及其各个部门所有活动的政府预算，同时能够把所有预算案提交给立法机构进行审查以及批准，以便立法机构从政府外部监督其财政收支活动。随着现代预算制度的建立，政府就逐渐变成了一个被普通公众看得见的政府、一个有可能被普通公众监督的政府。政府预算问责和监督也是一种制度安排，目的是促使政府履行相应的职责，以建立责任追究制度。因此，政府预算问责和监督也是解除政府预算会计受托责任的重要内容。披露政府预算会计信息表明政府是公开的、透明的，而且是负责的，显示了政府的公共受托责任，也是为了便于人们向政府问责。政府预算问责和监督机制有助于加强政府外部监督，提高反腐败效率。

四、政府预算会计制度规范

（一）政府预算会计制度的基本特征

《政府会计准则——基本准则》规定，我国政府会计由政府预算会计和政府财务会计构成，建立了预算会计与财务会计适度分离并相互衔接的政府会计核算模式，呈现了“双体系”“双基础”“双要素”“双分录”“双目标”“双报告”特征。具体讲，政府预算会计体现了以下几个方面的特征：

1. 政府预算会计系统

明确界定了预算会计核算内容，主要反映政府及政府单位的预算收支活动及其结果，并与财务会计系统相协调。

2. 政府预算会计核算基础

预算会计采用收付实现制，制度规定只有纳入部门预算管理的现金收支业务才进行预算会计核算，这表明预算会计核算是纯粹的收付实现制，与政府预算管理相适应。

3. 预算会计要素

根据预算会计核算的对象和目标，预算会计要素分为预算收入、预算支出、预算结余，并设置了三类要素的会计科目。其会计等式是：预算收入 - 预算支出 = 预算结余。

4. 政府预算会计核算方式

即“双分录”或称“平行记账”，就是采用政府预算会计与政府财务会计“平行记账”方式，在同一会计主体下，同一业务的同一发票，符合预算会计确认条件的，既编制财务会计分录，又编制预算会计分录。

5. 预算会计目标

就是提供与政府预算执行情况有关的会计信息，满足预算管理的需要。

6. 政府预算会计报告

预算会计核算形成决算报告，就是综合反映政府会计主体年度预算收支执行结果的文件。预算会计报表包括预算收入支出表、预算结转结余变动表和财政拨款预算收入支出表。

（二）政府预算会计制度的具体内容

政府预算会计规范采用制度模式，政府预算会计的核算内容和方法主要体现在政府会计制度中，与政府财务会计核算适度分离又相互衔接。目前政府预算会计制度的核算体系能够反映政府及政府单位的预算收支及其结果的情况，起到了信息反映和监督的功能，但无法反映预算绩效管理方面的核算信息，需要对政府预算会计制度进行补充和完善，逐步实现从初级到高级的功能定位转变。

1. 政府预算会计科目设置

依据预算会计要素和核算要求，政府会计制度规定分别设置了预算收入会计科目、预算支出会计科目和预算结余会计科目，共 26 个。其中，预算收入会计科目包括财政拨款预算收入、事业预算收入、上级补助预算收入、附属单位上缴预算收入、经营预算收入、债务预算收入、非同级财政拨款预算收入、投资预算收入、其他预算收入；预算支出会计科目包括行政支出、事业支出、经营支出、上缴上级支出、对附属单位补助支出、投资支出、债务还本支出、其他支出；预算结余会计科目包括资金结存、财政拨款结转、财政拨款结余、非财政拨款结转、非财政拨款结余、专用结余、经营结余、其他结余、非财政拨款结余分配。

2. 政府预算会计确认与计量

由于政府预算会计采用收付实现制，因此预算会计确认计量的核心是强调“实际”。预算收入一般在实际收到时予以确认，以实际收到的金额计量；预算支出一般在实际支付时予以确认，以实际支付的金额计量。预算结余包括结余资金和结转资金，预算结余计量依据预算收入与预算支出的差额进行计量。符合预算收入、预算支出和预算结余定义及其确认条件的项目应当列入政府决算报表。

3. 预算会计报表

预算会计报表包括预算收入支出表、预算结转结余变动表和财政拨款预算收入支出表。预算收入支出表反映会计主体在某一会计年度内各项预算收入、预算支出和预算收支差额的情况。预算结转结余变动表反映会计主体某一会计年度预算结转结余的变动情况。财政拨款预算收入支出表反映会计主体本年每种财政拨款预算资金收入、支出及相关变动的具体情况。

第三节　政府预算会计理论结构

一、预算会计理论结构及其逻辑起点

（一）预算会计理论结构

政府预算会计与财务会计的“双体系”特征决定了政府预算会计理论结

构框架。因此，我们认为预算会计理论结构包括预算会计目标、预算会计基本假设、预算会计基础、预算会计信息质量特征、预算会计要素及其确认计量，以及政府预算会计报告六个方面。其中，预算会计目标、预算会计基本假设和预算会计基础为第一层次；预算会计信息质量特征和预算会计要素及其确认、计量为第二层次；预算会计报告为第三层次。目标和假设决定了要素，信息质量特征联系了目标和预算会计报告，预算会计报告是最终提供的预算会计信息，由此，构成一个完整的预算会计理论结构框架。预算会计理论结构具体内容如图 3－4 所示。

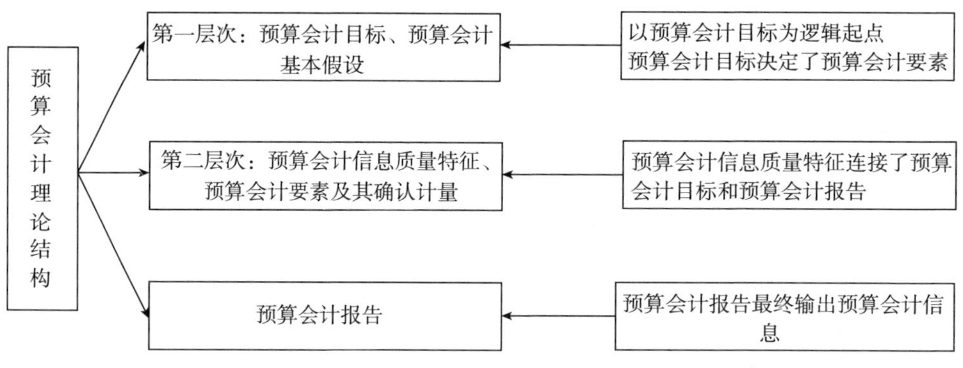

图 3－4　预算会计理论结构

（二）预算会计理论的逻辑起点

政府预算会计是反映政府及政府组织预算执行情况的会计，强调记录和报告预算资金在公共部门内部流动以及流向民间机构的过程。政府预算会计主要以预算会计制度为规范模式。因此，政府预算会计要与预算管理相适应，以《预算法》和《会计法》为依据，按照统一政府收支分类，规定统一的科目类别和报表格式，实行预算会计制度。政府预算会计理论是政府会计理论体系的组成部分。

预算会计理论结构借鉴政府财务会计概念框架，一般包括预算会计目标、预算会计基本假设、预算会计信息质量要求、预算会计基础、预算会计要素及其确认计量和预算会计报告等几个方面的内容，以此构成一个完整的预算会计理论体系。由于政府会计目标是政府会计理论体系的逻辑起点，而政府会计又包括政府预算会计和政府财务会计，按照政府会计理论体系的内在逻辑性，政府预算会计目标是预算会计理论体系研究的逻辑起点。

结合我国当前的公共环境特征，政府绩效评价受到我国政府的重点关注，

并已成为我国政府履行公共受托责任、实现政府目标的有力工具。有的学者提出由于目前预算会计报告无法提供完整的预算会计信息，不能提供有效的政府成本信息，以考虑用政府绩效评价来取代政府预算会计报告，从而充分反映政府部门的管理和运营绩效信息。我们认为政府预算会计是不可取代的信息系统，与政府财务会计信息共同反映政府的受托责任。随着预算绩效管理理念引入预算会计系统，使预算会计目标的内涵更加丰富，不仅关注预算会计信息的合法合规性，更要重视预算会计信息绩效管理及其评价。因此，我们将政府绩效评价作为预算会计的具体目标，以该目标为导向来构建我国预算会计体系的逻辑起点。

二、预算会计理论结构的具体内容

1. 预算会计目标

会计目标是在特定的会计环境中，通过会计活动试图或期望实现的结果。政府预算会计目标的定位可以从提供政府预算会计信息和利用政府预算会计信息两个方面加以考虑，这是确立政府预算会计目标的出发点。因此，政府预算会计目标是向使用者提供反映政府预算收支过程及其结果会计信息，以满足信息使用者解除主体受托责任、做出相关决策的需要。政府预算会计目标在不同的历史时期，由于会计环境的不同，会计目标自然也不尽相同。传统的预算会计目标一般描述为：会计信息应当符合国家的宏观经济管理要求，满足预算管理的需要，满足加强内部财务管理需要，满足社会各界了解行政、事业单位财务状况及收支结果的需要。这种预算会计目标的描述只注重内部信息使用者的需要，外部使用者的信息需求考虑不够，信息的决策价值不高。

2018 年 11 月财政部印发《关于贯彻落实〈中共中央国务院关于全面实施预算绩效管理的意见〉的通知》，通知指出预算编制环节要突出绩效导向，这就对现行预算编制模式进行了颠覆性改革。为与国际情势相一致，我国的预算会计改革也应以政府绩效为目标而展开，政府预算会计也理应以政府绩效评价为目标导向加以构建。因此，政府预算会计目标可以分为两个层次：一是基本目标。即评价政府及政府单位预算执行情况的受托责任，又作为外部信息使用者决策或管理监督的“双重目标”；二是具体目标。即评价政府及政府单位预算管理合规性和有效性的受托责任的履行情况，其中有效性就是把预算绩效评价作为政府预算会计具体目标的切入点。

2. 预算会计基本假设

预算会计基本前提与财务会计基本假设一样，包括会计主体、持续经营、会计分期和货币计量四个基本假设。一是会计主体假设。预算会计主体是指凡是拥有经济资源，并实行独立核算的预算组织和单位。二是持续经营假设。持续经营假设是假设会计主体（各预算单位）各项业务活动将持续正常地进行下去，不会停止。只有这样，会计处理才能按照账面价值合理地进行计算。三是会计期间假设。预算会计核算也应当划分会计期间、分期结算账目和编制预算会计报表。四是货币计量假设。货币计量是会计的基本特征，同样，预算会计也需要以货币计量为前提，以便综合反映和监督预算单位的预算收支执行情况。同时，还要假设币值是相对稳定的，以保证会计记录保持相对稳定，而不是经常调整。

3. 预算会计要素

根据政府会计准则制度的规定，我国政府预算会计要素由预算收入、预算支出和预算结余组成。（1）预算收入，即预算会计主体在预算年度内依法取得并纳入预算管理的现金流入。预算收入强调预算年度内发生并纳入预算管理的现金流入，以实际收到金额计量。（2）预算支出，即预算会计主体在预算年度内依法发生并纳入预算管理的现金流出。预算支出强调预算年度内发生并纳入预算管理的现金流出，以实际支付金额计量。（3）预算结余，即指预算会计主体在预算年度内预算收入扣除预算支出后的资金余额，以及历年滚存的资金余额。预算结余包括结余资金和结转资金。结余资金是年度预算执行终了，预算收入实际完成数扣除预算支出和结转资金后剩余的资金；结转资金是指预算安排项目的支出年终尚未执行完毕或者因故未执行，且下年需要按原用途继续使用的资金。

4. 预算会计信息质量特征

会计信息质量特征就是预算会计信息应当达到或满足的基本质量要求。通过借鉴各国预算会计信息质量特征的构建，以及相关学者的理论研究成果，结合政府预算绩效评价要求，预算会计信息质量特征可界定为可靠性、相关性、可比性（包括一致性）、重要性、实质重于形式、谨慎性、专款专用性、效益大于成本等。其中，可靠性包括真实反映、忠实表达、中立性、完整性，因为想要会计信息可靠，必须真实客观、如实表述、立场不偏不倚、信息不得遗漏；相关性包括及时性、充分披露、可理解性；可比性包括纵向的可比性和横向的可比性。基于政府预算会计目标的要求，可靠性和相关性是预算会计信息质量的首要特征；可比性、实质重于形式、谨慎性为次要质量特征。重要性、专款专用为约束条件。其中，专款专用必不可少。因为政府职能实现所需的资金主要来源于税收，税收“取之于民，用之于民”，具有法律效力的政府预算安排了预算年度的收支计划，收入有来源，支出有项目，专项资金专门使用，充分体现了“专款专用”的资金使用原则，是对预算资金限定性的要求。

5. 预算会计确认基础

政府会计确认是指会计要素的确认，即将会计事项以一定的项目归为某类会计要素，正式记入账户并列入财务报表的过程。预算会计要素中的预算收入与预算支出主要是通过会计确认基础进行确认。政府会计确认基础有收付实现制、修正的收付实现制、修正的权责发生制和权责发生制四种模式，不同的会计确认基础反映不同的财务信息。我国已颁布的《政府会计准则——基本准则》中明确，政府会计的确认基础实行“双确认基础”，即政府预算会计对收入与支出要素的确认采用收付实现制，与政府预算管理一致；而政府财务会计对收入与费用要素采用权责发生制，以评价政府的运营业绩和工作效率。政府会计制度规定，凡是纳入部门预算管理的现金收支业务，都要进行预算会计核算，由此看出，预算会计确认基础是严格意义的“收付实现制”。

6. 预算会计报告

根据《政府会计准则——基本准则》的要求，政府会计主体要编制政府决算报告和财务报告。预算会计报告是预算会计主体披露其会计信息的媒介，是利益相关者了解政府受托责任履行情况的窗口。政府决算报告是政府预算会计的最终产品，政府预算会计对政府经济活动的过程（预算收支）和结果（预算结余）信息按照收付实现制的要求，在确保预算信息真实可靠的情况下进行确认、计量与记录，最后将其以决算报表的形式呈现出来，全面反映了政府会计主体的预算执行情况。政府预算会计报表是决算报告的主体，包括预算收入支出表、预算结转结余变动表和财政拨款预算收入支出表。目前，就政府预算会计报表所反映的内容和提供的信息来看，无法评价政府及政府单位的预算绩效。因此，建议按照预算绩效管理设置的绩效评价指标体系要求，编制反映政府及政府单位预算绩效评价表作为政府预算会计报表的附表，并对预算管理重要项目进行说明。

第四章

政府财务会计理论

第一节　政府财务会计理论概述

一、政府财务会计概念界定

（一）财务会计的基本概念

政府财务会计是财务会计一般原理在政府组织中的应用，它通过核算和监督政府公共资源，满足公共财务管理对相关财务信息的需求，促进政府绩效行为的受托责任。因此，首先要弄清楚什么是财务会计？我国会计学术界在界定财务会计时往往从企业的角度，强调立足于企业，是企业的会计。认为财务会计是对企业已发生的交易或事项运用确认、计量、记录等程序，以货币为基本计量单位，以会计准则为依据，提供对决策有用的财务信息系统。美国会计原则委员会（APB）在第4号公告中认为，企业财务会计是会计的一个分支，它在下述的局限性之内，即以货币定量化的方式提供有关企业经济资源及义务的持续性历史，也提供改变那些资源及义务的经济活动的历史。[①] 在这一定义中，美国会计原则委员会强调了财务会计的财务性（即货币计量）和历史性（即历史信息）两大基本特征。虽然上述对财务会计的定义都是从企业组织方面描述的，其实政府组织、非营利组织也需要通过货币计量、核算和反映其经济活动，提供财务信息，即也需要财务会计，财务会计不是企业的“专利”。

因此，我们认为财务会计是以货币为基本计量单位，通过确认、计量、记录和报告等基本会计程序，对会计主体各项经济交易与事项进行历史性描述，并向报告使用者提供其财务状况、财务业绩、现金流量的财务信息系统。

---

① 葛家澍．财务会计理论研究［M］．厦门大学出版社，2006，249.

这一定义包括以下几层含义：一是财务会计并不是企业的“专利”，它适用于一切类型组织；二是财务会计信息不仅满足外部信息使用者的需要，也要满足内部信息使用者的信息需求；三是具有财务性和历史性两大基本特征；四是会计核算程序是财务会计的核心内容。

（二）政府财务会计的含义

依据《政府会计准则——基本准则》的规定，我国的政府会计体系由政府预算会计和政府财务会计构成。政府财务会计是指以权责发生制为基础，对政府会计主体发生的各项经济业务或者事项进行会计核算，主要反映和监督政府会计主体财务状况、运行情况和现金流量等信息的会计。从理论上，对政府财务会计的定义有不同的观点。路军伟（2008）认为，政府财务会计是指以货币计量为单位，对政府组织的经济交易和事项，通过确认、计量、记录和报告等基本会计程序进行历史性描述的人造信息系统。陈继萍（2011）认为，政府财务会计是以反映政府财务状况与运营绩效为目标，对外披露财务报告并满足政府利益相关者的信息需求。[①] 赵志荣（2013）认为，政府财务会计主要是对政府主体经济运营情况和资源分配管理状况的一种统计，它包括宏观经济的运营情况、公共资产的管理分配情况以及履践公民委托责任的状况等。[②] 我们认为，科学界定政府财务会计的定义，需要明确政府财务会计的对象、政府会计职能、政府财务会计核算程序、政府财务会计目标，政府财务会计的基本特征、政府财务主体和政府财务会计核算基础等内容，全面反映了政府财务会计的理论架构。由此可以看出，上述各种观点对政府财务会计的概念界定不够全面和准确。因此，我们认为，政府财务会计的定义可以描述为：政府财务会计以权责发生制为基础，对政府会计主体的经济交易或事项进行核算和监督，通过确认、计量、记录和报告会计程序与方法，提供政府会计主体财务状况、营运业绩和现金流量等会计信息，以反映政府会计主体受托责任和帮助信息使用者做出决策、管理或监督的信息系统。政府财务会计的实质是关注政府财务状况和运营成果，以此评价政府绩效。

① 陈继萍．公共管理视角下的政府会计概念框架研究［J］．经济与管理，2011，25（8）：88－91．

② 赵志荣．浅谈权责发生制在我国政府财务会计中的应用［J］．北方经济，2013（14）．

二、政府财务会计与企业财务会计

（一）政府财务会计与企业财务会计的具体联系

政府财务会计和企业财务会计因为会计主体和存在目的不同，存在着多种区别，但是两者并不是相互孤立和相互排斥的，因为政府财务会计的产生和规范在一定程度上是以企业财务会计为参考基础的。二者存在以下联系：

1. 准则制定依据

中国是一个法制社会，无论是政府会计还是企业会计，都应该在法律的框架内进行运作。政府财务会计和企业财务会计在准则制定上都以《中华人民共和国会计法》为依据，会计准则结构都分为基本准则、具体准则和应用指南。从我国会计改革的历程看，政府会计改革总是滞后于企业会计改革，因此，政府会计准则制度的制定借鉴了企业会计准则制度的经验和做法，包括政府会计准则和政府财务会计核算的许多做法与企业会计准则相同或相近。

2. 核算基础

我国政府会计准则规定，政府财务会计采用权责发生制，与企业财务会计核算基础相同。从政府会计制度中设置的政府财务会计科目看，许多政府财务会计科目与企业财务会计科目相同，即使个别科目名称不同，但设置的基本逻辑也是与企业财务会计基本一致的。由此说明，政府财务会计在核算上有向企业财务会计靠拢的趋势。

3. 会计要素

政府财务会计要素包括资产、负债、净资产、收入和费用，企业财务会计要素包括资产、负债、所有者权益、收入、费用和利润。单从会计要素的名称看，除净资产与所有者权益、利润外，其他要素名称完全一致。

4. 会计信息质量特征

政府会计信息质量特征包括可靠性、全面性、相关性、及时性、可比性、清晰性、实质重于形式。而企业会计信息质量特征包括可靠性、相关性、清晰性、可比性、实质重于形式、重要性、谨慎性、及时性。虽然企业会计由于营利性质，容易操纵利润，更加强调谨慎性，但是政府财务会计和企业会计都强调可靠性、相关性、及时性、可比性、实质重于形式。

5. 会计核算方法

政府财务会计和企业会计都采用确认、计量、记录和报告等基本会计程序，在会计计量上除历史成本计量外，可以采用重置成本、现值、公允价值。政府财务会计在对固定资产、无形资产进行后续计量时都可以采用直线折旧法，并且根据相应的用途进行资本化或者费用化处理，在一定程度上使得政府和企业的管理更加科学。

（二）政府财务会计与企业财务会计的区别

1. 资金安排受限不同

政府属于非营利机构，大多数职能部门主要靠预算拨款维持，所以政府财务会计的收入和支出的安排主要与预算管理挂钩，并受到预算资金的影响和限制。而企业的资金安排主要与企业实际的资金运转状况和战略安排相关。企业的费用支出都带有一定的盈利目的，期望在未来获得收入来进行补偿。①

2. 主体不同

政府财务会计的主体属于政府与非营利组织，而企业会计的主体主要是营利性质的企业团体。所以在会计要素的设定上也是存在一定的差别的，相对于政府的五大会计要素而言，企业财务会计有六大要素，企业会计比政府会计多了利润科目。政府具有公有性质，所以政府会计没有所有者权益科目，取而代之的是净资产科目。会计主体的不同使得企业的现金流量表多由库存现金、银行存款等构成。而政府的现金流量表则更为丰富，包括财政直接支付和授权支付的部分等。政府“基金”会计主体也区别与企业会计主体。

3. 科目设置

企业的生产性质决定了其在设置收入科目时主要分为两大类，一类是与生产有关的，一类是与非生产有关的，与生产有关的部分企业计入了产品直接成本，与非生产有关的部分企业计入期间费用。而政府非营利的性质决定了其科目设置有别于企业财务会计，虽然有一些事业单位有经营活动，但是在政府经济活动中并不占据主流。所以政府主要关注的费用有单位管理费用和业务活动费用等，当然也包括经营费用。

政府的公共服务性质导致其存在大量的公共服务资产，所以政府资产的构成与企业的资产构成不同，政府资产的范围更加广泛，不仅仅包括企业一般性质的资产，还包括保障性住房、公共基础设施、政府储备物质、文物文化资产等。由于这些资产对于政府而言具有重要性和特殊性，并不是简单地像企业一样归为存货或者固定资产等，相反，是为其专门设置科目，政府的职能决定了其科目设置的不同。

---

① 李传宪，赵紫琳．政府财务会计与企业财务会计核算差异探析［J］．财会通讯，2019（19）：59－62.

第二节　政府会计准则理论

一、政府会计准则理论概述

（一）政府会计准则的概念

会计准则理论是由会计基础理论延伸而来，专门用于指导会计准则制定、评价和发展的理论体系。我国目前会计学术界对会计准则的定义，主要从企业财务会计角度进行概念界定，很少有文献专门界定政府会计准则的定义。但不论是企业财务会计，还是政府财务会计，目标都是提供信息以满足使用者的需要。因此，我们可以通过企业会计准则的不同观点，研究政府会计准则概念问题。杨纪琬认为，会计准则一般是指财务会计准则，从这个前提出发，会计准则的含义一般定义为：进行会计核算工作的规矩，处理会计业务的准绳。娄尔行认为，会计准则是会计实践的经验总结，是指导会计工作的规范。葛家澍认为，企业财务会计准则是企业会计核算的规范。刘峰认为，所谓会计准则，是会计人员执行会计活动所应遵循的规范和标准，它是对会计工作进行评价、鉴定的依据。以上几种观点都将会计准则定位于规范和标准，但定义比较宽泛，如《会计法》《会计基础工作规范》，以及会计惯例，它们属于规矩和准绳的范畴，不属于会计准则。

《现代汉语词典》中将准则定义为言行、行动所依据的原则。在英文中，准则一般是用 standard criterion 表示，即标准或一般要求的意思。参考我国会计学术界对会计准则的看法，结合政府财务会计核算特点，我们认为，政府会计准则是一种成文的政府会计核算规范，是处理政府会计业务所必须遵循的准绳和指南。政府会计准则具有强制性、指导性和操作性。政府会计准则与政府会计制度都是政府会计规范，只是会计规范的形式不同而已。具体会计准则主要是以经济业务或会计要素项目为指向，规范会计主体对该经济业务或会计要素项目的会计确认、计量、记录和报告。而政府会计制度是以会计主体为指向，规范会计主体涉及的所有经济活动和会计事项的确认、计量、记录和报告。

（二）政府会计准则的基本特征

我们认为，政府会计准则具有以下基本特征：一是成文性。政府会计准则必须是成文的规范，这可以确保政府会计准则的严格执行，同时也是区别

政府会计准则与政府会计惯例的重要区别。二是规范性。政府会计准则的目的是规范政府会计实务，具有强制性，这种强制性要求会计实务应当按照准则的规定执行。三是权威性。政府会计准则的权威性一般来自两个方面：会计准则的公共认可性和会计准则制定机构的权威性。四是中介性。政府会计准则既非纯会计理论范畴，也非纯会计实践，而是连接政府会计理论与政府会计实践的中介。五是适应性。政府会计准则应该与其会计环境相适应，因此，不同国家（或地区）、不同时期的会计准则应当有所不同。由于我国政府会计环境的特点，决定了我国政府会计准则也体现了上述基本特征。

（三）政府会计准则理论体系框架

政府会计准则理论体系是政府会计准则理论的各项内容要素形成的具有内在逻辑联系的一个有机整体。我们认为，政府会计准则理论是由会计基础理论延伸而来，专门用于指导会计准则的制定、评价和发展的理论体系。政府会计准则理论包括以下五个方面：

1. 会计准则基础理论

即如何认识政府会计准则理论，包括政府会计准则的性质与功能、政府会计准则的结构及其层次、政府会计准则的需求与供给，以及政府会计准则与政府会计相关法规等理论问题。

2. 会计准则制定理论

即如何制定政府会计准则的理论，包括政府会计准则的制定目标、会计准则的制定导向、会计准则制定的影响因素及制定原则、会计准则的制定权及制定机构、会计准则制定方法与程序等理论问题。

3. 财务会计概念框架

即关于政府会计准则具体内容制定的理论，其研究内容与政府会计基本准则内容大体一致。包括政府会计目标、会计假设、会计基础、会计信息质量特征、会计要素及其确认、计量、记录和报告等理论问题。

4. 会计准则发展理论

即研究政府会计准则发展历史及其趋势的理论，主要包括政府会计准则产生和发展的历史过程、政府会计准则产生和发展的动因、政府会计准则的发展趋势等理论问题。

5. 会计准则评价理论

即评价政府会计准则质量的理论，主要包括高质量政府会计准则的特征，政府会计准则评价方法、内容及其指标体系等问题理论。

由于我国政府会计准则制定颁布实施时间不长，其政府会计准则理论研究除政府财务会计概念框架、政府会计准则结构层次等问题外，其他政府会计准则理论问题研究比较少，研究文献也不多。因此，我国政府会计准则理论研究要加强，一方面要学习借鉴西方国家政府会计准则的理论成果，另一方面也要结合中国国情和企业会计准则理论研究成果，以此构建具有中国特色的政府会计准则理论体系。

二、政府会计准则制定的国际经验

我国政府会计准则体系的建设，需要认真研究国外政府会计准则的形成过程、体系结构、主要内容、实施范围等，以加强我国政府会计准则的理论研究。本书主要介绍国际公共部门会计准则和美国政府会计准则的制定情况。美国作为一个联邦制国家，其政府会计并没有采用统一的模式。美国的政府会计分为两个相互独立的层次：联邦政府会计以及州和地方政府会计，二者分别从属于各自的报告目标，形成了两个独立层次的政府会计模式。

（一）国际公共部门会计委员会

国际公共部门会计准则（international public sector accounting standards，IPSASs）是由国际公共部门会计准则委员会制定发布的适用于公共部门的会计和财务报告标准。国际公共部门会计准则委员会是国际会计师联合会（International Federation of Accountants，IFAC）下设的常设委员会，成立于1986年，原为公共部门委员会（Public Sector Committee，PSC），2004年11月改为国际公共部门会计准则委员会。

1. 国际公共部门会计准则的制定概况

IPSASB主要负责制定高质量的公共部门财务报告准则，提高国际政府会计财务报告的趋同度，出版为公共部门财务报告问题和经验提供指南的相关文告。国际公共部门会计准则主要适用于除政府企业外的所有公共部门。从2000年5月至2015年1月，IPSASB共发行了38项准则。IPSASs的发展大致可分为两个阶段：IPSASs体系框架的构建阶段和具体会计准则的制定阶段。在构建阶段，IPSASB研究公共部门会计和财务报告关键性问题，如公共部门财务报告的目标、会计核算基础、财务报告主体、财务报表要素等，这些构建了公共部门会计准则体系的基本框架，也为国际公共部门具体会计准则的制定打下了坚实的理论基础。在具体会计准则的制定阶段中，38项具体准则主要参照国际会计准则理事会（IASB）发布的国际财务报告准则（原称为国际会计准则）制定的，其中包括《政府报告的主体》《资产的定义与确认》《政府财务报表要素》等。如IPSASs的第1～第8号准则，涉及政府会计确认基础、政府会计主体、政府财务报告等相关内容，其目的在于加强世界范围内政府的会计责任与财务管理，为政府提供一套具有权威的、独立的财务报告准则。国际公共部门会计准则以权责发生制为会计基础，这将有助于政府提供可比的、相关的和可理解的财务信息。

2. 国际公共部门会计准则的制定路径

张曾莲（2011）认为，可以将 IPSASs 的制定分为三个阶段。第一阶段：IPSASs 第 1 ~ 第 20 号准则的制定。主要以国际会计准则（IASs）及其后续修订版本为基础制定 IPSASs。这一时期的 IPSASs 基本依据相关的国际会计准则制定，只对公共部门的某些会计问题在国际会计准则中没有完全阐述的地方进行了少许修正。第二阶段：基于国际财务报告准则的 IPSASs21 的制定。更多地考虑了公共部门特有的性质。也是从依赖 IAS 到自主制定的过渡阶段。第三阶段：IPSAS22 ~ IPSAS 38 的制定。经过 IPSAS21 的跳跃后，IPSASB 根据公共部门的需要自行研究设计。

IPSASB 采用“具体准则先行，概念框架后行”的制定过程。IPSASB 参考 IFRSs 的先行制定具体准则，在此基础上认识到概念框架在整个准则体系中的重要性，再着手制定概念框架。这种路径不能充分发挥概念框架在准则体系中的支撑作用，影响到具体准则之间的一致性和系统性。为了使 IPSASs 能够适应于不同国家（地区）和管辖范围（这些国家地区和管辖范围拥有不同的政治体系和政府组织形式），IPSASB 的概念框架需要分析不同国家的社会文化环境、政府组织形式和服务提供机制。

综上所述，由于 IPSASs 是参照国际财务报告准则（IFRSs）制定的，其概念和定义具有很强的内在联系性，加之 IPSASB 对于 IFRS 的趋同战略，IPSASB 的概念框架将依赖国际会计准则理事会（IASB）中适用于公共部门的部分内容。然而，IPSASB 的目标并不是简单地解释 IASB 概念框架在公共部门的应用情况，而是为了支持准则的发布而对一系列的概念、定义和原则要求加以明确。IPSASB 鼓励公共部门采纳权责发生制核算基础，新制定的概念框架涉及权责发生制基础下的财务报告问题，由于也意识到许多公共部门实体当前采用的是收付实现制（或者修正的收付实现制），所以概念框架中会考虑并补充支持收付实现制财务报告的相关概念。

（二）美国联邦政府会计准则委员会

1. 美国联邦政府会计准则的制定概况

美国联邦政府会计改革晚于州和地方政府会计的改革。美国联邦政府会计准则咨询委员会（FASAB）成立于 1990 年，由来自联邦财政部、预算管理办公室（OMB）、审计总署（GAO）、国会预算局和非政府私人部门的成员组成，主要负责联邦政府会计准则的制定。联邦政府会计准则咨询委员会准则的范围几乎全部在财务会计领域。联邦政府会计准则咨询委员会成立的谅解备忘录（MOU）特别禁止该委员会提议或制定联邦政策预算的概念和准则。

美国联邦政府会计准则咨询委员会从事两类活动：制定准则的应循程序和技术活动，以及支持委员会改进联邦会计和财务报告使命的其他活动。制定准则的应循程序为：联邦政府会计准则咨询委员会遵守联邦政府咨询委员会法案的条款，包括公开会议的要求。委员会的程序法则旨在满足法案的最低要求，在考虑联邦会计准则时包括以下步骤（陈立齐，2009）：（1）确定会计问题和日程；（2）初步考虑；（3）准备文件初稿（发布文件和/或讨论备忘录）；（4）公开发布文件（例如征求意见稿），必要时举行公开听证会，考虑评论意见；（5）进一步讨论和考虑评论；（6）（至少）多数票通过；（7）提交各主管审议推荐的公告，期限为 90 天（解释文件的审议期为 45 天）；（8）发布最终公告或解释（FASAB Facts，2006）。

联邦政府会计准则体系包括概念公告、准则公告、技术公告和解释公告。1993 年 3 月～2016 年 12 月，该委员会已发布了 7 项概念公告、49 项准则公告、7 项解释、8 项技术公告、15 项技术布告以及 2 项职员实施指南。其中，概念公告是用于指导处理和理解具体事项的一般性原则；准则公告是委员会采用适当的程序在考虑各信息使用者的需求后所颁布的会计准则；解释公告是用于说明定义并指导准则的公告；技术公告对准则公告及解释提供指导；技术布告是会计和审计政策委员会（AAPC）提供的经 FASAB 审核和发布的实施指导；职员实施指南是由过半数的 FASAB 成员同意的工作人员所提供的实施指南。

2. 美国联邦财务会计准则的内容

（1）FASAB 的联邦财务会计概念公告。财务会计概念框架是财务会计与报告的概念框架（conceptual framework for financial accounting and reporting）的简称，它是由一系列财务会计基本概念按照相互间的关联关系组成的框架体系，用于评价现有会计准则，是指导和发展未来会计准则的理论依据。1978～1985 年，美国财务会计准则委员会（FASB）先后发布了 6 份“财务会计概念公报”，主要讨论了会计目标、会计信息质量、会计要素的定义与特征、会计要素的确认与计量等基本概念，按照它们之间的关联关系所建立的财务会计概念结构的研究方法。美国 FASB 所建立的财务会计概念结构以会计目标为逻辑起点，运用演绎法从目标、基础、运行和呈报四个层次进行推演。

（2）FASAB 的联邦政府财务会计准则。共发布了 7 项概念公告、49 项准则公告、7 项解释和 8 项技术公告等，共同提供了一般（所有公共部门）和特殊（联邦政府）会计和财务报告准则，涉及资产、负债、收入和其他财务资源、直接贷款和贷款担保、管理成本会计概念以及补充代管报告等许多方面。在 49 项政府财务会计准则公告中，有 24 项是首次提出的，其他准则公告（statement of federal financial accounting standards，SFFAS）、解释（interpretations）、技术公告（technical bulletins，TB）、技术布告（technical releases，TR）和职员实施指南（staff implementation guidances，SIG）是对已发布的准则公告的修正或补充。

（三）美国政府会计准则委员会

1. 美国政府会计准则制定概况

美国政府会计准则委员会（GASB）主要指美国州与地方政府会计准则委员会。它成立于 1984 年，由 7 名美国财务会计基金会任命的成员组成，主要负责州和地方政府会计准则的制定。截至 2017 年 6 月，该委员会已发布了 6 项概念公告、87 项准则公告、6 项解释公告、14 项技术公告以及 2 项实施指南，形成了一个内容完整和详细的体系。政府会计准则委员会的使命是制定州和地方政府会计准则和财务报告，以便为财务报告的使用者提供有用的信息；指导和教育公众，包括报告发布者、审计师和财务报告使用者（陈立齐，2009）。从 1984 年 7 月至 2017 年 6 月，IPSASB 共发行了 87 项准则。34 年间共发行 87 项具体准则，平均每两年发行 5 项准则左右。

2. 美国政府会计准则的内容

美国州和地方政府会计准则体系也包括概念公告、准则公告、技术公告和解释公告。在 87 项准则公告中，有 49 项是首次提出的，其他准则公告、解释、技术公告和实施指南是对已发布的准则公告的修正或补充。在 GASB 公布的首次提出的 49 项会计准则中，比较重要的准则是第 11 号准则《计量核心和会计基础——政府基金运营活动表》和第 34 号准则《州和地方政府基本财务报表和管理讨论与分析》。1990 年 5 月颁布的第 11 号准则仅涉及政府基金运营报表，不包括资产负债表以及汇总基金信息，它确定政府基金运营报表的计量焦点是财务资源及其流动，采用权责发生制基础。1999 年 6 月颁布的 34 号准则在报告模式上对政府会计做出了全新的规定，要求政府提供的信息有：管理当局的讨论和分析，报告政府行为的目标和分析性总结；基本财务报表；包括政府层面的财务报表、基金财表、报表以及各自财务报表的附注；除管理当局的讨论和分析外的其他必要的补充信息，如预算比较表。

需要指出的是，美国州和地方政府主要采用的是基金会计的模式，基金是指“按照特定的法规、限制条件或期限，为从事某种活动或完成某种目的所分离形成的，依靠一套自身平衡的科目来记录现金及其他财务资源，以及相关负债和剩余权益或余额，及其变动情况的一个财务与会计主体”（赵建勇，2004）。

（四）政府会计准则制定的国际经验对我国的启示

1. 政府会计准则制定导向以原则为主、规则为辅

会计准则制定一般划分为规则导向、原则导向和目标导向三类。在不断变革的政治、经济、社会管理体制下，政府绩效评价制度的建设、政府职能的转换、公共财政体制的改革等均已深入推进，我国政府会计也要顺势而动。从国际公共部门会计准则和美国制定的政府会计准则来看，具体内容多以原则性描述为主，少有严格的界限标准。因此，为了规避政府会计准则对于政治经济发展的滞后性，我国政府会计准则在制定过程中需要更加注重前瞻性和灵活性，以降低准则制定和修订成本，准则制定导向应选择以原则为主、规则为辅。

2. 以政府绩效评价作为政府会计准则构建的逻辑起点

无论是国际公共部门会计概念框架，还是美国政府会计概念框架，其政府财务报告的目标以及某些概念公告，均体现了政府绩效评价的重要地位，认为评价政府的营运结果是政府公共受托责任这一目标的最终落脚点。张琦（2006）认为，政府绩效是公共受托责任履行情况的具体表现形式，是政府行为以及结果的综合表现。我国政府会计改革的重要目标是评价政府绩效，反映政府营运成本情况。因此，我国政府会计准则制定要以政府绩效评价为逻辑起点，以反映政府公共受托责任，并充分发挥政府会计准则应用的作用。

3. 准则制定主体由政府主管部门主导、多机构共同参与

会计准则制定机构一般分为民间模式、政府模式和混合模式。根据我国国情，政府会计准则制定采用政府模式。即我国政府会计准则由财政部统一制定，并同时征求各部门和职能机构意见，同时听取政府会计准则咨询专家委员会意见。由财政部主导、多机构共同参与的准则制定主体既能保证准则的专业性和权威性，又能降低准则制定成本。

4. 以政府会计概念框架构建政府会计准则体系

以概念框架构建政府会计准则，有助于基本准则导向作用的发挥和具体准则间的相互协调，并有利于增强准则的可理解性和操作性，由此保持政府会计准则发展和演化的连续性，对于全面实现政府会计体系建设的总体目标意义重大。形成科学、完整、符合我国国情的政府会计概念框架，有助于从

总体上对政府会计目标、会计假设、会计信息质量特征以及会计要素等内容加以刻画。在概念框架和政府会计基本准则基础上构建多层次的政府会计准则体系，包含具体准则、应用指引和解释公告等。

三、我国政府会计准则体系构建

（一）政府会计的规范模式及其选择

政府会计规范体系是用于指导和规范政府财务会计信息生成的系统，基本任务是规范会计行为和业务操作。关于政府会计规范模式，国外大体分为三种类型：一是以美国、英国为代表的国家，单纯以会计准则构成政府会计规范体系。美国采用概念框架加准则的模式，其中概念公告对具体准则起着统驭和指导作用。英国政府会计尽管没有形成一套完整的概念框架和准则体系，但适用的公认会计原则，同时以《资源会计手册》规范财务报告。国际会计师联合会也是以准则模式构建公立单位会计的规范体系。二是以法国、德国、波兰等国家的会计制度体系，没有制定会计准则。法国公共部门会计规范主要采用《统一会计计划》，属于制度模式。三是以澳大利亚、新西兰等国家的政府会计规范，采用与企业会计适用同一会计准则。

关于我国的政府会计规范模式，理论界存在较大分歧，归纳起来主要有三种不同观点：一是“制度”观，主张中国的政府会计改革应当立足中国国情，建立统一的政府会计制度；二是“准则”观，主张中国的政府会计规范体系应当与国际趋同，采用会计准则模式；三是“准则＋制度”观，主张走中间道路，取准则和制度之长，避其所短，这样也兼顾了国情和国际趋同。目前我国财政部既制定了政府会计准则，又颁布实施了政府会计制度，这表明我国政府会计规范模式采用的是“准则＋制度”模式。政府会计“准则＋制度”模式是由我国当前政治体制及其政府管理、法律制度、财政体制及其预算管理模式和会计职业发展水平等因素决定的。荆新（2018）认为，政府会计准则规范满足决策有用需求，适用于政府财务会计；政府会计制度规范满足受托责任需求，适用于政府预算会计。但从长远发展趋势看，“准则＋制度”模式必然向“准则”模式转变，以实现我国政府会计规范与国际政府会计规范趋同的目标。

（二）我国政府会计准则体系的结构层次

借鉴了我国企业会计准则结构和国外政府会计准则制定的先进经验，我国政府会计准则结构由“基本准则＋具体准则＋应用指南”三个层次组成。目前我国已经颁布了 1 个基本准则、9 个具体准则以及 1 项应用指南。财政部计划在2020年前建立具有中国特色的政府会计体系，为建立权责发生制政府综合财务报告制度打下良好的基础。

1. 政府会计的基本准则

政府会计基本准则主要规范了会计目标、会计假设、会计信息质量要求、会计要素确认与计量、会计主体和对象、适用范围和财务报告等内容。与概念框架相比，基本准则具有准则的概念和鲜明的特色，符合中国的国情。政府会计准则体系中，基本准则是“顶层设计”，高于具体准则，处于整个准则体系的首要地位，能够为具体准则提供基本概念并指引方向，为政府会计具体准则和政府会计制度制定提供理论上的依据和评价标准，从而保证政府会计准则体系的内在一致性。

《政府会计准则——基本准则》共六章62条。第一章为总则：规定了立法目的和制定依据、适用范围、政府会计体系与核算基础、基本准则定位、报告目标和使用者、会计基本假设和记账方法等。第二章为政府会计信息质量要求：明确了政府会计信息应当满足的7个方面质量要求，即可靠性、全面性、相关性、及时性、可比性、可理解性和实质重于形式。第三章为政府预算会计要素：规定了预算收入、预算支出和预算结余3个预算会计要素的定义、确认和计量标准，以及列式要求。第四章为政府财务会计要素：规定了资产、负债、净资产、收入与费用5个财务会计要素的定义、确认标准和列式要求。第五章为政府决算报告以及财务报告：规定了决算报告和财务报告以及财务报表的定义、主要内容和构成。第六章为附则：规定了相关基本概念的定义，明确了施行日期。

我国政府会计基本准则体现了以下几个方面的特征：一是“双体系”特征，政府会计分为政府预算会计和政府财务会计，重构了政府预算会计和财务会计适度分离，并相互衔接的政府会计核算模式；二是“双要素”特征，政府预算会计要素分为预算收入、预算支出、预算结余，政府财务会计要素分为资产、负债、净资产、收入、费用；三是“双基础”特征，政府预算会计采用收付实现制，政府财务会计采用权责发生制；四是“双目标”，包括政府预算会计目标和政府财务会计目标，采用受托责任观与决策有用观并重的会计目标；五是“双报告”特征，包括政府预算会计报告和政府财务会计报告。六是“会计计量多重性”特征，政府会计计量除历史成本计量外，还可以采用重置成本、现值、公允价值和名义金额计量属性。

2. 政府会计的具体准则

政府会计具体准则作为政府会计准则体系的主要构成部分，涵盖了会计要素类准则、财务报告类准则和特殊业务类准则，为具体的会计业务处理提供了详尽的解释。会计要素类准则主要是对会计要素的确认、计量和信息披露做出具体规定，包括资产、负债、净资产、收入或费用准则等。财务报告类准则规定政府财务报告的目标、模式、核算基础、内容和附注等。特殊业务类准则主要是对政府某些特殊业务的确认、计量与报告做出规定，包括衍生金融工具、政府融资租赁、政府会计调整等准则。目前我国已经颁布了 9 项具体准则，它们分别是存货会计准则、投资会计准则、固定资产会计准则、无形资产会计准则、政府储备物资会计准则、公共基础设施会计准则、会计调整准则、负债准则以及财务报表编制与列报准则。《政府会计准则第 10 号——政府和社会资本合作安排》已在征求意见。

3. 应用指南

政府会计准则应用指南，主要是对政府会计科目的设置、会计分录的编制以及报表填报等操作层面的内容做出示范性指导，涵盖了会计科目解释和业务处理等内容，是对具体准则的进一步细化与补充。目前颁布的政府会计应用指南只有《〈政府会计准则第 3 号——固定资产〉应用指南》，主要是对固定资产的折旧年限和折旧计提时点进行了相关的说明。《政府会计准则第 10 号——政府和社会资本合作安排》应用指南已在征求意见。

四、我国政府会计准则实施的影响因素

会计准则是会计信息生成、传递与披露的基点，政府会计信息是实施政府会计准则的直接成果。总体来看，影响政府会计准则实施以及政府会计信息质量的因素错综复杂，政府会计准则能否得到有效实施，进而生成高质量的政府会计信息，至少受到准则完备程度、主体认知水平、准则执行力度以及审计协同程度四个要素的综合影响，这四个要素构成有效实施政府会计准则的必要条件，它们共同作用，形成推动准则实施的合力，最终决定了政府会计信息质量的高低。

（一）政府会计准则的完备程度

政府会计准则作为一种制度安排，在一定时期内是相对稳定的，再加之政府会计理论发展往往滞后于公共环境的变化，使得政府会计准则难以完全匹配现实需求，由此导致政府会计准则具有内在的不完备性。政府会计准则本身的不完备性往往影响准则的实施效果。在既定的制度遵循力度下，如果准则的完备程度越高，在准则实施过程中其规范能力和效果也就越好（刘明辉和张宜霞，2005）。可见，政府会计准则的完备程度是影响准则能否得以有效实施的重要因素，客观上也决定了基于准则运用所生成的政府会计信息的

质量，也影响政府治理功能的正常发挥。

（二）政府会计主体的认知水平

政府会计主体是政府会计准则的具体实施者，如果他们对准则的认知与准则目标不相吻合，则难以达到预期的效果。根据认知发展理论，政府会计主体对政府会计准则认知水平的提升是渐进而非突变的，旧制度潜在的干扰往往造成认识的“路径依赖”，再加之不同的会计人员在文化背景、知识储备、业务技能等方面存在差异，可能导致会计主体对准则的认知偏差，最终呈现总体遵循、个体差异的局面（高利芳和曲晓辉，2011），进而影响政府会计准则实施的效率。显然，只有在对政府会计准则的内容和实质充分认知的前提下，政府会计主体才能准确把握准则的目标，促使政府会计准则得以有效实施。

（三）政府会计主体的准则执行力度

人类行为是人的内在特征与外部环境相互作用的结果（陈志斌，2009）。从行为理论来看，政府会计准则是政府会计人员的行为规则，涉及确认、计量和报告等行为。然而，由于政府会计准则具有内在的不完备性以及在某种程度上的不确定性，为会计人员的选择性执行行为留下了较大的操作空间（林钟高和徐虹，2007）。可见，政府会计主体内在的行为特征也是影响准则实施质量的重要因素。因此，政府会计主体的意愿和能力在一定程度上决定了准则的执行力度。一方面，行为是受思想支配而体现的外在活动，政府会计主体的执行意愿很可能成为准则实施的推动力量或阻碍因素，如果政府会计主体的态度是积极、主动的，将会推动准则的有效实施；否则，将会难以实现准则的预期目标。另一方面，政府会计准则的执行力度还受政府会计人员业务能力的影响，如果政府会计人员具有较高的业务水平和执行能力，将有助于提升准则的实施效率；否则，将有可能导致在执行准则过程中出现偏差甚至错误。

（四）政府财务报告的审计协同程度

从协同论的角度看，制度之间的协同不仅能够促使制度本身的功能得以发挥，而且还能够产生单一制度所无法实现的增值效应。显然，政府会计准则功能的发挥还依赖于其他制度的协同，而政府审计正是确保政府会计准则得以实施的制度安排。政府会计信息是连接政府会计与政府审计的桥梁，也是两者协同的基础。具体来说，政府会计信息是实施政府会计准则的成果，政府审计的核心功能就在于对政府会计信息的真实性、合规性进行甄别（路军伟和陈希晖，2006），并依据审计情况做出反馈。一方面，政府审计可以发现政府会计准则在执行过程中存在的问题，督促被审计单位及时改进，进而保障政府会计准则的有效实施；另一方面，政府审计可以识别政府会计准则的设计缺陷，并将信息反馈到准则制定机构，从而促进政府会计准则体系的持续完善。

第三节　政府财务会计确认与计量

一、政府资产的确认与计量

企业财务会计要素包括资产、负债、所有者权益、收入、费用（成本）、利润；而政府会计要素包括资产、负债、净资产、收入和费用。区别在于企业的所有者权益属于股东的权益具有私有性，而政府的净资产不属于私人。与企业财务会计相比，政府会计不存在利润，只存在收入、费用，这是因为政府属于非营利组织，以公众服务为主要需求，而企业追求的是利润以及一定时期的经营成果。因此，政府财务会计的确认与计量与企业会计相比有一定的差异。

（一）政府资产的概念及其特点

政府资产是指政府会计主体过去的经济业务或者事项形成的，由政府会计主体控制的，预期能够产生服务潜力或者带来经济利益流入的经济资源。企业对资产的定义是指，企业过去的交易或事项形成的、由企业拥有或者控制的、预期会给企业带来经济利益的资源。政府资产具以下三个主要特点：一是公益性。政府的资产定义相较于企业而言多了“能够为政府增加服务潜能”部分。这是由政府的非营利性所决定的。企业具有营利性质，经济利益流入主要表现为现金或者现金等价物的流入或者流出的减少。① 二是无偿性。政府对资产的定义相对企业而言少了“拥有”两个字，对于政府的资产主要体现控制权，这是因为政府的很多资产是凭借政治权利或者通过继承所得，而企业的资产大多数都是通过交易事项形成。② 三是资源性。因为政府的资产范围相较于企业而言范围更广，包括一些文化遗产、公共基础设施和矿产资

① 张宏婧，韩乔琳. 政府资产的分类及会计计量问题研究［J］. 会计之友，2016（20）：92 - 95.

② 刘艳，匡利人，彭建华，等. 政府综合财务报告视域下资产的界定与计量［J］. 经济研究参考，2017，（44）：71 - 75.

源，复杂性和多样性更强，所以在计量的时候也难以进行可靠的计量。政府资产确认与计量与会计核算基础密切相关。

（二）政府资产的确认与计量

政府的资产可以分为三大类：金融资产、实物资产、无形资产。

1. 金融资产

（1）金融资产的确认。政府金融资产是指一级财政掌管或控制的能以货币计量的经济资源，主要包括财政性存款、应收及预付款项（包括商品和服务的费用、纳税人欠缴的额税款）、贷款、以公允价值计量且其变动计入损益的金融资产、持有至到期投资资产、可供出售的金融资产、暂付及应收款项等。金融性资产的确认条件包括：一是符合金融性资产的定义；二是资产的价值能够可靠计量；三是资产能够获得可靠证据表明其能够提供服务能力或带来经济利益。

（2）金融资产的计量。一是初始计量。对于库存现金和国库存款通常账面上就比较接近真实的价值，一般采用历史成本法进行计量。而具有活跃的交易市场的金融资产通常采用公允价值进行计量。对于预付或者应收款项，一般按照相关的合同协议的金额进行初始计量。二是后续计量。对其政府金融资产的后续计量类似于企业财务会计，持有到期资产区别于以公允价值计量且其变动计入损益的金融资产和可供出售的金融资产的地方在于，因为持有到期的资产具有持有到期的意图，所以它的后续计量采用摊余成本进行计量。但是对于政府会计的资产减值核算还没有企业那么完善，虽然政府为了更加谨慎准确地反映资产状况引入了减值核算，核算范围很小，但是对于其他资产，政府却缺乏相应的减值规定，这在一定程度上使得其与实际情况相脱离。

2. 实物资产

（1）实物资产的确认。实物资产的范围比较广，一般指具有实物形态的资产。流动性资产的流动性比较强，容易在短期一年内或者一个营业周期内变现，比如库存现金、存货、应收账款以及预付的账款等。长期实物资产在短期内难以变现，比如政府的办公大楼、公路、对工程的投资、名胜古迹，以及军事防备设施等。对于实物资产，政府会计有一个区别于企业的特殊科目，就是经管类资产科目。[①] 这些资产是属于具有服务潜力的资产，如“保障

① 李传宪，赵紫琳．政府财务会计与企业财务会计核算差异探析［J］．财会通讯，2019（19）：59-62.

性住房”“公共基础设施”“政府储备物资”“文物文化资产”。

政府储备物资主要是为了应对突发事件、维护公共安全所储备的资产。这些突发事件包括对自然灾害后的救灾措施、公共应急事件等。这些物资存在的初衷是为公众服务的，不具有营利性质。而企业的物质是以盈利为目的，不涉及公众服务，所以企业没有设置经管类科目。公共基础设施是指政府会计主体为满足社会公共需求而控制的有形资产，本质上类似于企业的固定资产，但是也有其特殊的地方。首先，公众基础设施一般存在于公共区域，不可移动，比如公交站牌、道路、桥梁等；其次，公众基础设施具有特定的用途，比如隧道、排水系统、供电系统、污水处理系统等；最后，公众基础设施是一个有形资产系统或网络的组成部分，比如水利基础设施的水闸、市政基础设施的路灯等。区别与企业资产集中管理的方式，政府对于公众基础设施的管理采用各级政府进行分区域管理，比如对河流的分段管理。但是并不是所有的公共基础设施都在正常运转，随着时间的推移、风吹日晒和设备更新可能处于闲置状态，这时候政府就要对这些公共基础设施进行管理，对于无法使用的基础设施不应该在资产账上进行反映，并应及时进行拆除。①

（2）实物资产的计量。一是初始计量。实物资产的初始计量与取得方式具有较大的联系，一种是交易取得的，另一种是非交易取得的。如果是购入的实物资产，初始计量的价值与购买价款以及相关的税费有关；如果是自建或者自行加工方式取得的，初始计量价值包括材料的成本和加工成本；如果实物资产是上级无偿划拨的资产，按照资产调出方的账面价值进行初始计量；如果实物资产是捐赠所得，在赠与方提供了相关凭据的情况下，可以以凭据的金额作为初始计量金额，若无相关凭据，可以根据同类市场价值、评估价格或名义金额进行初始计量；如果是采用融资租赁方式取得的实物资产，按照租赁价款和相关费用确认为初始成本；如果是盘盈的实物资产，可以通过评估价格或者重置成本来初始价值入账；如果是资产置换得来的，初始计量价格为换出资产的评估价值 + 相关税费 + 支付的补价或 - 收到的补价。但是对于一些基础设施由于成本计量比较困难，又不存在活跃的市场，多采用现行成本进行计量。对于文化资产的计量方式，由于非营利性对公众开放，后续并没有经济利益的流入，反而多了许多维护费用。我国对于文化遗产有“文物文化事业费”这一科目进行会计处理，但是对文化遗产的具体资产情况却缺乏相应的记录。二是后续计量。对于实物资产中的固定资产采取折

① 张宏婧，韩乔琳．政府资产的分类及会计计量问题研究［J］．会计之友，2016（20）：92－95.

旧的方式进行后续计量，对于政府所特有的经管类资产因为也会存在相应的磨损消耗，所以政府会计也对其进行折旧计提。但是根据《政府会计准则3号——固定资产》，政府在对固定资产计提折旧的时候没有考虑残值，并且不计提减值准备。这使得政府对固定资产的计量太机械，不能真实反映固定资产的现有价值。

3. 无形资产

（1）无形资产的确认。政府所计量的无形资产是指政府会计主体控制的没有实物形态的可辨认非货币性资产，如专利权、商标权、著作权、土地使用权、非专利技术等。无形资产同时满足下列条件的，应当予以确认：一是与该无形资产相关的服务潜力很可能实现或者经济利益很可能流入政府会计主体；二是该无形资产的成本或者价值能够可靠地计量。政府会计主体在判断无形资产的服务潜力或经济利益是否很可能实现或流入时，应当对无形资产在预计使用年限内可能存在的各种社会、经济、科技因素做出合理估计，并且应当有确凿的证据支持。

（2）无形资产的计量。一是初始计量。无形资产的取得方式类似于固定资产，委托他人开发的无形资产视同购买的方式确定初始计量成本。如果是企业自行开发的无形资产，达到预定状态的资本化部分计入无形资产初始计量成本。接受捐赠取得的无形资产按照有关凭证、评估价格、市场价格、名义金额的顺序进行确定。政府会计主体无偿调入的无形资产，其成本按照调出方账面价值加上相关税费确定。二是后续计量。政府的无形资产存在法定摊销期限的，应该在该期限内进行摊销，并按照受益原则计入相关的费用或者成本。寿命无法预估的无形资产可以不进行摊销处理。如果无形资产的单位成本比较小，且购入的数量也比较少，可以一次性计入当期损益。当然，如果后期对无形资产产生了改进费用使得无形资产价值增加的，可以增加无形资产的成本。

二、政府负债的确认与计量

（一）政府负债确认的条件

《政府会计准则第8号——负债》第二条规定：政府负债是政府会计主体过去的经济业务或者事项形成的，预期会导致经济资源流出政府会计主体的现时义务。现时义务，是指政府会计主体在现行条件下已承担的义务。未来发生的经济业务或者事项形成的义务不属于现时义务，不应当确认为负债。企业的负债是指由于过去交易、事项形成的现时义务，履行该义务预期会导致经济利益流出企业。两者的区别在于政府的负债会导致经济资源流出，而企业的负债会导致经济利益流出。这是因为政府负债在意义上范围要宽泛一些，不仅仅包括经济利益的流出，还包括服务潜力的流失。

《政府会计准则第 8 号——负债》第三条规定了负债确认的条件为：符合本准则第二条规定的负债定义的义务，在同时满足以下条件时，确认为负债：一是履行该义务很可能导致含有服务潜力或者经济利益的经济资源流出政府会计主体；二是该义务的金额能够可靠地计量。

（二）政府负债的分类

对于政府的负债可以分为 4 类：举借债务、应付及预收款项、暂收性负债、预计负债。政府负债的计量属性主要包括历史成本、现值和公允价值。政府会计主体在对负债进行计量时，一般应当采用历史成本。采用现值、公允价值计量的，应当保证所确定的负债金额能够持续、可靠计量。

1. 举借债务

举借债务是指政府会计主体通过融资活动借入的债务，包括政府举借的债务以及其他政府会计主体借入的款项。举债债务主要分为两大类，第一类是政府举借的债务，主要包括政府发行的债权、从国外的经济组织或者政府机构等的借款、从上一层政府机构借入款项形成的借入转贷款；第二类是其他政府会计主体借入的款项，主要包括作为会计主体的其他政府从银行或其他金融机构等借入的款项。这两种的主要债务的区别在于举债的会计主体不同。

（1）初始计量

当政府发生举借债务的行为的时候，初始的入账金额为实际发生额。如果属于借款，则将本金作为初始计量金额，取得实际借款资金与差额作为当期的费用进行核算；如果属于政府发行的债券，则债券的本金作为初始计量金额，发行的价格和债权本金的差额作为当期的费用进行核算。

（2）后续计量

政府对于专门借款资本化部分需要减去未用借款的存款利息收入。政府会计的举借债务大多数与企业会计处理相似，但也存在以下三点不同：

一是资本化的范围。企业借款费用的后续计量主要是根据借款的用途和实际运用的情况来确定借款金额是资本化还是费用化。而政府对借款利息的计量需要区分举债的主体，如果举债的主体是政府，那么企业将款项拨给基层使用是采取全部费用化的方式；如果举债的主体是除政府以外的其他政府会计主体，举债的利息的后续计量方式与企业类似，根据借款的实际运用情况确定将其资本化或费用化。政府采用这种计量方式的原因在于，如果举债的主体是政府，一般政府会把这些款项下放到各个具体实施的单位，而下放的单位数量多、范围广。比如，政府为交通基础建设修桥修路所下放的资金，跨省市区域，各个实施工程的主体主要负责所管辖区域的工程的实施和进展。我国目前采用的是各个省市区域对自己负责的工程部分进行会计核算，这就形成了多个核算主体，为了弄清楚整个系统交通基础设计中道路的账面情况，就需要将各个省市区域的账务报表进行拼接。由于实行资本化遭遇重重困难，所以干脆就将所有借款费用进行费用化。这样做也引发了实际工程的账面金额偏低的困境。①

二是资本化的开始时点。政府会计与企业会计的资本化时点具有一定差距。企业准则规定，企业资本化的时点为三个时点中最晚的一个时点，这三个时点分别是资产支出已经发生、借款费用已经发生、购建或生产活动已经开始。而政府会计对资本化时点的规定却只存在一个时点，这个时点是购建或生产活动。政府会计资本化的时间段为建设工程开始动工到工程完工并交付使用这段时间。

三是借款费用处理。当政府或者企业进行借款时会发生利息和其他费用，包括借款利息、汇兑差额和辅助费用。前两者都与企业会计相似，但是企业会计未设置辅助费用科目。辅助费用是指政府会计主体在举借债务过程中发生的手续费、佣金等费用，企业将其直接进行费用化处理，未单列。

2. 应付及预收款项

应付及预收款项是指政府会计主体在运营活动中形成的应当支付而尚未支付的款项，以及预先收到但尚未实现收入的款项，包括应付职工薪酬、应付账款、预收款项、应交税费、应付国库集中支付结余和其他应付未付款项。对应的会计科目有应交增值税、其他应交税费、应付职工薪酬、应付票据、应付账款、应付政府补贴款、其他应付款、预提费用、长期应付款。

（1）初始计量。由职工薪酬引起的负债需要根据具体情况记入成本或者费用。如果是制作产品产生的职工薪酬，记入该产品的成本中；如果是工程项目产生的职工薪酬，根据受益情况记入工程成本或者期间费用；如果是研发活动产生的职工薪酬，处于研发阶段的记入当期费用，处于开发阶段符合资本化条件的记入无形资产成本。

（2）后续计量。应付账款和预收的账款是作为企业的一项负债，当与其相关的收入产生的时候，应将其账面价值进行冲销。政府会计对于应付及预

① 任伟，林海云．政府借款费用资本化问题研究［J］．商业会计，2019（14）．

收款项的计量大多数是与企业相似的，但是政府的负债范围更加地广泛。养老金是政府需要直接承担的一项债务，但是政府会计却缺乏对养老金方面的核算。美国在经历金融危机后，养老金的保障情况受到质疑，于是2012年政府会计准则委员会发布第68号公告《养老金的会计和财务报告》，对保障金进行核算和计量。[①] 我国政府会计也可以对养老金进行核算和计量，不至于对财政赤字的情况进行低估，使得财政结余出现虚高的现象。

3. 暂收性负债

暂收性负债是指政府会计主体暂时收取，随后应做上缴、退回、转拨等处理的款项。暂收性负债主要包括应缴财政款和其他暂收款项。

（1）初始计量。政府会计主体在收到应缴财政款后，按规定进行计算并确定上缴金额。对于其他暂收款项，以实际收到的金额作为初始计量依据。

（2）后续计量。当政府会计主体发生财政款的上缴以及其他暂收款项的退还、转付的时候，应该将相关的负债予以冲销。

4. 预计负债

或有事项，是指由过去的经济业务或者事项形成的，其结果须由某些未来事项的发生或不发生才能决定的不确定事项。政府引起预计负债的事项通常为：还未完结的诉讼或者仲裁、承诺事项（补贴、代偿）、对外国政府或国际经济组织的贷款担保、自然灾害或公共事件的救助等。

（1）初始计量。因为预计负债是未来发生的事项，所以在进行初始计量时应根据履行义务所支出的金额进行最佳估计数。如果预计负债是一个概率相同的连续区间，那么最佳估计数就是这个区间的中间数。如果是单一项目的预计负债，就用最可能发生的数作为最佳估计数；如果是单一项目的预计负债，按照各个结果和对应的概率进行确定。企业预计负债的产生往往与经济合同、售后服务相关。而政府的预计负债不仅包括一些经济事项，也包括一些公益事项，主要有以下两点：一是自然突发事件引起的预计负债，比如对自然灾害的预计负债。对于这种地震灾害，政府需要出动人力和物力进行救灾。虽然政府不能预计其发生的时点，但是可以根据历年的实际情况，推测自然灾害的发生频率和灾害程度。二是社会事件引发的预计负债，比如恐怖袭击事件、公共卫生事件等。[②]

（2）后续计量。在对预计负债进行后续计量时需要在报告日对其复核，

---

① Mortimer J W, Henderson L R. 2015. Measuring Pension Liabilities under GASB Statement No. 68 [J]. Accounting Horizons, 28 (3): 421 – 454.

② 郭煜晓. 地方政府或有负债的确认与计量 [J]. 地方财政研究，2018.

主要是测试其账面金额是否发生变化。如果有明显迹象和证据显示最佳估计数发生变化，则应该根据新的估计结果对账面金额进行调整。如果该项预计负债额履行不再使得经济资源流出政府主体，则应该对该预计负债进行转销。

（三）政府债务风险

1. 债务风险的来源和危害

政府会计准则将可确认和计量的负债分为四大类：举借债务、应付及预收款项、暂收性负债和预计负债。但是政府负债还可以按照其他方式进行分类：

（1）直接债务与或有债务。按照政府承担的债务是否具有确定性分为直接负债和或有负债。① 直接负债是可以计量的，或有债务是无法进行确认和计量。比如政府对处于困境的金融机构提供的担保，可计量的确认为预计负债，不可计量的就作为或有债务进行处理。政府会计准则只对或有负债进行披露要求。但是或有负债很可能转换为预计负债，引发政府的债务风险。

（2）显性债务与隐性债务。显性债务主要针对法律法规以及合同约定所形成的负债，隐性负债却不受法律强制上的约定，但是却受道义上的约束。隐性负债主要包括政府为改善基础设施的重大计划、旧城改造的设想、保障性住房建设计划等等。而政府会计准则缺乏对隐性负债的规定。

2. 债务风险控制

或有负债和隐性负债虽然在政府会计准则中没有完善的规定，应予披露，但是对披露的形式和程度却没有具体的要求。对此对债务风险的控制可以有以下几个方面：

（1）多重属性进行披露。因为或有负债和隐性负债的不确定性，不仅仅局限于历史成本法，可以效仿企业引入多种计量属性。同时也可以引入一些物理属性进行计量，涉及工程的可以采用工程规模、进程计划等物理指标进行详细披露。②

（2）合理控制其发生。从或有负债和隐性负债的源头入手，减缓其增长速度。比如政府在进行规划时考虑自身的承受能力。比如政府在进行改善基础设施的重大计划时可以缓步进行。

---

① 郭煜晓．地方政府或有负债的确认与计量［J］．地方财政研究，2018.

② 王新怡，许子飞．新《预算法》视角下地方政府负债会计核算研究［J］．中国乡镇企业会计，2019（02）：50－51.

三、政府净资产的确认与计量

（一）政府净资产的确认

在《政府会计准则——基本准则》中，净资产的定义为，政府会计主体资产扣除负债后的净额。会计等式为：净资产 = 资产 - 负债，该等式成立的前提是资产确认正确，负债确认正确，净资产才会确认正确。但在实际操作中却存在以下两点问题：

1. 资产确认不全

资产是指政府会计主体过去的经济业务或者事项形成的，由政府会计主体控制的，预期能够产生服务潜力或者带来经济利益流入的经济资源。但是实际我国许多属于资产范围的内容未纳入资产范围，比如一些尚未发现的矿产资源。现在技术尚未能利用的资源，在后期技术提升后可进行使用。当下存在一些资源，只是当下的技术还不足以利用这些资源，从本质上来讲也属于一项资产。

2. 负债存在低估

我国政府会计准则对负债的确认主要集中在显性的负债，对于隐性负债方面的确认比较少。《政府会计准则第 8 号——负债》明确规定与或有事项相关的不确认为负债，但是此类或有负债确实有可能转换成预计负债，并且影响巨大。政府会计缺乏对隐性负债方面的具体规定，一定程度上也导致了政府在报表上确认负债可能远远低于真正意义上给政府组织带来债务风险的负担。

（二）净资产的计量

政府会计准则规定净资产金额取决于资产和负债的计量。在会计实际计量的时候要注意以下两点问题：

1. 资产的计量不够精准

我国政府资产的计量方法主要采用历史成本法。政府对固定资产主要是采用历史成本法并且计提折旧，如政府的办公楼等建筑设备。但是房产在使用过程中虽然有一定的磨损，但是在房地产上涨的大趋势下，政府的办公楼并不会随着折旧的计提而减少价值，相反还会引起增值，可能导致资产价值低估。公共基础设施数量大、分布位置广，处于不断更新当中。一些废弃的基础设置却没有及时在政府会计的资产中进行及时剔除，一定程度上导致资产的高估，使得资产的计量缺乏精确性。对于固定资产缺乏减值测试和减值计提的规定。会导致资产设备的高估，比如研发设备，在技术发展的同时可能存在更新、过时、废弃的风险。

2. 负债的计量缺乏准确性

我国对隐性负债计量的规定不够完善。特别是政府的一些建设项目计划，比如保障性住房的规划、基础交通设施的更新与建设计划等，未有明确的计量规定。

3. 资产负债的计量属性不统一

政府资产的计量属性包括历史成本、公允价值、现值、重置成本和名义金额。无法采用前四种计量属性的，采用名义金额（即人民币 1 元）计量。我国政府对资产主要采用的是历史成本法。对固定资产不计提减值，我国政府会计却要对预计负债计提减值，使得资产和负债的减值计提标准存在差异。不仅仅是资产和负债的计量属性不统一，资产和负债内部之间的计量属性也不太一致。仅仅是通过资产与负债做减法得到净资产的价值显得似乎不妥。

（三）政府净资产分类方法

政府会计对净资产设置了“累计盈余”“专用基金”“权益法调整”“本期盈余”“本年盈余分配”“无偿调拨净资产”“以前年度盈余调整”7 个会计科目。政府的净资产可以分为三大类：盈余结转业务、净资产调整业务、计提与使用专用基金业务。

1. 盈余结转业务

政府在提供公共服务的同时会产生收入和费用。政府会计主要采用“本年盈余分配”科目对盈余进行分配，在盈余分配时分为限定性基金和非限定性基金。限定的基金转入专用基金科目，非限定部分会增加政府的累计盈余。

2. 净资产调整业务

政府单位在会计期间发生一些直接引起净资产变动的资产或负债变化，直接调整净资产。净资产的调整业务主要分为两种，第一种是影响只限于当期的业务，比如对以前年度的更正调整以及无偿调拨净资产。第二种影响长期资产，即整个资产持有期间的净资产变化，主要表现为对长期投资使用权益法的“权益法调整”科目。

3. 计提、使用专用基金业务

政府会计对盈余进行分配，其中限定用途的盈余分配到专用基金。专用基金主要通过盈余分配或者其他方式计提。政府净资产与企业净资产设置科目大体上具有相似，但是政府净资产具有公共性质或者公有性质，① 政府会计

① 罗福凯，于国洋．我国政府资本存量的核算问题探析［J］．财务与会计，2015（23）．

将净资产分为限定性净资产和非限定性净资产，但是对限定的程度、限定的情况却缺乏更细致的划分。

四、政府收入费用确认与计量

（一）收入

1. 收入的确认与计量

《政府会计准则——基本准则》指出，政府收入是指报告期内导致政府会计主体净资产增加的、含有服务潜力或者经济利益的经济资源的流入。与企业相比，政府的收入更加广泛，不仅包括日常活动形成，还包括非日常活动形成的利得和损失。

企业衡量收入的条件之一是能够带来经济利益的流入，由于政府具有公共服务性质，所以政府收入不仅包括经济利益的流入，还包括服务潜力的增加。当政府产生交换收入时，通常用交换价值进行计量，交换的价值可以是商品，也可以是劳务所形成的。非交换收入的初始确认应以流入资源的公允价值进行计量。非交换收入应以流入资源（确认为资产）的金额减去支付的代价（对价）的余额计量。① 国际会计准则（IAS）的五大会计要素包括资产、负债、权益、收益（含利得）、费用（含损失）。其中 IAS 收益和我国政府会计的收入相对应，IAS 收益的范围比收入的范围更广，IAS 的收益包括形成的利得。② 美国曾有财政官员表明政府收入的产生会引起净资产的数额的上升，但是不包括以前退还的支出或者通过权益转让所得。

根据《政府会计准则第 9 号——财务报表编制与列报》和《政府会计制度》，政府会计收入设置的科目为：财政拨款收入、事业收入、上级补助收入、附属单位上缴收入、经营收入、非同级财政拨款收入、投资收益、捐赠收入、利息收入、租金收入、其他收入。这些科目的设置主要反映了政府收入的来源和性质情况。③ 经营收入和事业收入的区分主要是因为性质不同。同时，政府的收入也进行了专项收入与非专项收入的区分，对于专项收入需要单独报账。通过上述分析发现，政府会计收入的划分更加具体，反映了政府会计各种收入的组成情况。根据重要性原则，政府会计把一些金额较大的收入也进行了列支，比如租金收入、捐赠收入等。

---

① 张国生．政府收入的确认与计量研究［J］．财会通讯，2004（22）．

② 齐友发，陈子颖．关于收入确认和计量的思考［J］．财会月刊，2007（24）：8－10．

③ 董娅．预算外收入纳入政府收入分类体系现实约束分析［J］．财经论丛，2007（2）．

2. 收入的分类比较

政府的收入可以分为两大类：交换收入和非交换收入。交换收入类似于企业经营活动产生的收入，包括交换商品、提供劳务、股息等。交易双方在交易时是以牺牲某种代价而获取的等值回报。政府交换收入与企业的收入区别在于，企业的收入是日常产生的经济流入，而政府还包括非日常活动形成的利得，如汇兑利得、金融资产账面价值变动等。

政府的交换收入的计量方法与企业相似，但是企业从事生产经营活动，企业向顾客提供商品或者服务常常会获得相应的等值回报。政府在提供公共服务时可能会收取相应的费用作为交换收入。非交换收入则不是在交易中取得的收入，主要分为两种：第一种是强制性收入；第二种是其他非强制收入。强制性收入是政府凭借政治权利取得的收入，比如国家的税收收入。其他强制性收入还包括罚款、扣押收入等。而企业是没有相关科目的。其他非强制收入包括拨款、补助、捐赠等。强制性收入如国家税收是保障政府公共服务能力的来源与保障，凭借政治权利取得。罚款、扣押收入是为了维护公共秩序、保障公共安全所取得的收入。企业的收入主要来源于交换收入，政府会计的收入主要来源于非交换收入。

（二）费用

1. 费用的确认与计量

“费用”是权责发生制下的概念，而在收付实现制下称为“支出”。《政府会计准则——基本准则》规定，政府费用是指报告期内导致政府会计主体净资产减少的、含有服务潜力或者经济利益的经济资源的流出。政府具有公共服务性质，政府的费用还包括含有服务潜力的经济资源的流出。

政府会计主要根据费用的性质进行分类，并且考虑了重要性原则。政府会计将固定资产折旧费用、无形资产摊销费用、公共基础设施折旧（摊销）费用、保障性住房折旧费用单独列示。《政府会计准则第 5 号——公共基础设施》注明，政府会计主体应当对公共基础设施计提折旧，但政府会计主体持续进行良好的维护，使得其性能得到永久维持的公共基础设施和确认为公共基础设施的单独计价入账的土地使用权除外。政府会计主体一般应当采用年限平均法或工作量法计提公共基础设施折旧，澳大利亚新南威尔士州则采用多样化的折旧方法。[①] 而企业的折旧方法也具有多样性，可以根据需求采用双倍余额递减法、年数总和法等。政府会计将折旧费用单独列示，可以更加清

① 张国生．政府收入的确认与计量研究［J］．财会通讯，2004（22）．

楚地反映政府的折旧摊销状况，保障性住房根据重要性原则需要单独列示。

通过上述分析可以发现，企业会计对费用的分类主要是依据与业务之间的关系，便于计算毛利率等财务指标，而政府列支的费用比较全面，主要展现各项重要性的支出情况，以及公共资产的消耗情况等，主要为合理进行支出、提高办公效率等。企业的费用通常是能够得到收入补偿的，但是政府会计的大多数费用项目不一定能够得到相应的收入补偿。

2. 费用的分类比较

政府会计费用存在与企业会计交叉重合的部分，但也有不同，存在差异的部分主要有以下几项：

（1）养老金。养老金是对职工离职后的福利保障，最终由政府发放。而企业会对在职员工承担养老保险费用，但是对于养老金的实际发放却不再承担义务。养老金尚未支付时是属于政府的一项负债，在实际发放阶段就会计入政府会计的一项费用。

（2）所得税费用。对于企业而言，净利润为正的企业就会产生所得税费用，国家企业所得税规定，事业单位、社会团体和民办非企业单位取得的生产、经营所得和其他所得，应当缴纳企业所得税。所以企业所得税费用的范围和政府会计是有区别的，企业群体全范围拥有缴纳所得税的义务，而政府部门只有少数有盈利的需要缴纳所得税。

（3）政府转移支出。政府转移支出具有无偿性和非营利性，企业的支出具有有偿性。政府转移支出包括对某些新兴企业的扶持补助、捐献和捐助，政府机构内部的转移，如对附属单位补助费用。虽然企业由于社会责任的承担会发生公益捐赠支出，但企业会计对企业的公益捐赠支出并没有相关的强制规定。①

（4）科目设置。由于政府主要为公共服务机构，企业主要为营利机构，所以在科目设置上也存在差异。比如政府机构的服务性质使得其未设置销售费用科目，也未设置主营业务成本科目，因为商品生产企业会产生商品成本，而事业单位在专业业务活动及其辅助活动之外开展非独立核算经营活动发生的各项费用主要通用经营费用进行核算。

3. 成本与费用的关系

《行政事业单位成本核算基本指引（征求意见稿）》定义的成本为“单位特定的成本核算对象所发生的各项资源耗费”，成本核算的意义在于三点：控

① 陈胜群，高宁，郭彤．政府会计收入与费用确认与计量问题研究［J］．预算管理与会计，2002（11）：27－28.

制行政成本、公共服务或产品定价，完善预算绩效评价和有效配置资源。

成本项目中，工资福利费用、商品和服务费用、对个人和家庭的补助费用、对企业补助费用、固定资产折旧费、无形资产摊销费、计提专用基金一般计入单位各类业务活动的成本。根据《行政事业单位成本核算基本指引（征求意见稿）》，政府成本科目的设置可以以经济用途作为依据。政府成本是单位特定的成本核算对象所发生的资源耗费，成本是建立在费用基础性上的，但是成本具有对象性和目的性。[①] 政府成本将各成本核算对象和成本项目所耗费的资源进行归集、分配，具有目的性，但并非所有的费用都可以归集到成本。

第四节　政府财务会计信息披露

一、政府财务会计披露的内涵

（一）政府财务会计信息披露的概念界定

政府财务报表是财务会计确认和计量的最终成果体现。政府财务会计信息披露是指在对政府财务信息进行会计的确认、计量、记录的基础上，以政府财务报告的形式，向相关信息的使用者和利益主体披露政府财务状营运业绩、现金流量等信息的行为。政府财务会计信息披露的质量取决于披露信息的内容是否真实可靠、是否充分及时以及披露的对象之间是否体现公平性。政府财务会计信息是政府综合财务信息的重要组成部分，可以作为部分在政府财务报告整体中进行披露，也可以形成独立的政府财务报告加以披露。我国政府财务会计信息的披露主要包括下级政府对上级政府的报告披露、政府对立法机关的报告披露和政府向社会公众披露政府财务情况。

（二）政府财务会计信息需求

根据政府会计准则制度的规定，政府财务会计信息使用者可分为三类：一是政府的外部信息使用者（其他利益相关者），分为普通国民和其他信息使用者，普通国民购买者的信息获取能力很有限，信息甄别能力差，依赖政府公开信息的程度极高；其他信息使用者主要指其他政府、国际组织或机构。二是政府的准内部信息使用者，即立法及监督机构，包括各级人民代表大会

---

① 王健栋．如何区分成本与费用［J］．大同职业技术学院学报，2006（2）：30－31.

及常务委员会、统计部门、审计机关，作为我国广大公众的代表，是政府财务会计信息的主要使用者。其期望政府会计信息披露能够提供有关的信息，以帮助其评价政府对资源的管理情况、政府遵守法律和其他授权的情况、政府的财政状况以及政府的业绩。三是政府的内部信息使用者，即政府内部管理人员及上级政府。虽然内部使用者具有最强的信息获取能力，能够通过内部报告或直接观测的方式，了解代理机构或雇员授权事项的履行情况，但是系统的政府会计披露，可以让其更好地了解政府管理工作的绩效性。①

二、西方政府财务会计披露模式

陈（Chan，2001）将西方国家的政府财务会计划分为三类，即英国模式——以英国、新西兰和澳大利亚为代表；美国模式——以美国为代表；德法模式——以德国和法国为代表。这三类国家在政府财务会计信息披露方面采取了不同的战略，其政府财务会计信息披露的内容和侧重点也不同，对我国政府财务信息披露方式改进有极大的借鉴价值。

（一）美国模式

美国地方政府财务会计信息披露侧重于政府公共受托责任的履行和报告，而不是预算与实际的比较。美国联邦政府的内阁部门各自编制发布财务报表，然后财政部将其汇总整理为一份政府层面的合并报表。在 GASB 第 34 号公告中，财务报告结构由原来的金字塔模型改变为双重视角报告模型，即从政府整体视角和主要基金及其他基金双重视角进行报告，要求列报政府整体财务报表和基金财务报表。

（二）英国模式

英国政府信息披露是通过“资源会计与预算”（Resource Accounting and Budgeting，RAB）制度的建立体现的。英国政府要求各个部门应遵循的会计准则与会计惯例，都应以英国公认会计准则（United Kingdom Generally Accepted Accounting Principle，GAAP）为基础确定。特别是要符合经过调整、适用于中央政府与国会控制的 1985 年《公司法》（Companies Act）中关于核算与披露的要求（这些要求原本适用于私人部门中的公司），以及各项会计原则等，其目的在于，确保在会计实务方面实现公共部门与私人部门之间广泛的一致性。

① 黄小芳．政府会计信息披露系统设计［J］．财会通讯，2011，（19）：53－54.

（三）德法模式

德法模式是大部分欧洲大陆国家采用的政府财务会计，该模式的政府财务会计主要体现政府财务会计的预算功能。比如德国的政府财务报告是由财政部向议会报告的上一财政年度的收支情况和资产负债情况，资产负债表只包括货币资产和负债，仅仅是年度报告的一项不完整的辅助。其会计报告包括：按预算项目报告的收入和支出，含预算数和实际数的差异；收入支出汇总表，列示现金结余或赤字；现金结余和赤字，及结转到下一个财政年度的未收到和未支付的预算数汇总表；金融资产和负债汇总表。由此可见，德法政府财务会计模式财务报告主要是向议会报告财政收支情况，这跟我国现有的政府财务会计报告有相似之处。

通过比较其他国家、组织对政府财务会计披露的要求可见，作为政府财务会计信息披露的承载体财务报告体系，一般都包括表内披露和表外披露。以信息需求为导向，通过对不同信息的披露，达到财政透明化的效果。

三、政府财务会计披露方式及内容

（一）披露方式

结合国外文献研究，政府财务会计信息披露的方式可分为解释与阐述方式和量化报告方式。张琦（2007）认为，量化报告用数据说明实况，具有独立性，能够排出外界因素的干扰，所提供的信息真实可信。按法律法规规定要求可分为强制性披露和自愿性披露，根据《中华人民共和国政府信息公开条例》第二十条，公开披露财政预算、决算信息。对于不强制要求的信息，政府部门可自行决定披露与否。对于需求方来说，政府财务信息是依托财务报告这一书面文件形式反映出来的，虽然我国目前处在权责发生制政府综合财务报告制度改革期间，政府财务报告尚未成型，但是在现实生活中公众了解财务情况不仅来源于此，媒体的全面报道、网络的丰富资讯都成为公众获取政府财务信息的畅通渠道。

（二）表内披露内容

财政部在2018年新修订的《政府综合财务报告编制指南》中第二条指出，政府综合财务报告以权责发生制为基础，主要反映政府整体财务状况、运行情况和财政中长期可持续性等信息，内容包括财务报表、政府财政经济分析和政府财政财务管理情况。《政府会计准则第9号——财务报表编制与列报》规定，财务报表至少包括资产负债表、收入费用表、报表附注。

1. 资产负债表

资产负债表反映政府整体年末财务状况。依据《政府会计准则第9号——财务报表编制与列报》规定，资产负债表应当按照资产、负债和净资产分类分项列示。资产类项目包括：货币资金；短期投资；财政应返还额度；应收票据；应收账款净额；预付账款；应收股利；应收利息；其他应收款净额；存货；待摊费用；一年内到期的非流动资产；长期股权投资；长期债券投资；固定资产净值；工程物资；在建工程；无形资产净值；研发支出；公共基础设施净值；政府储备物资；文化文物资产；保障性住房净值；长期待摊费用；待处理财产损溢；受托代理资产。负债类项目包括：短期借款；应交增值税；其他应交税费；应缴财政款；应付职工薪酬；应付票据；应付账款；应付政府补贴款；应付利息；预收款项；其他应付款；预提费用；一年内到期的非流动负债；长期借款；长期应付款；预计负债；受托代理负债。净资产类项目包括：累计盈余，专用基金，权益法调整。

2. 收入费用表

收入费用表反映政府整体年度运行情况。依据《政府会计准则第9号——财务报表编制与列报》规定，收入费用表应当按照收入、费用和盈余分类分项列示。收入类项目包括：财政拨款收入；事业收入；经营收入；非同级财政拨款收入；投资收益；捐赠收入；利息收入；租金收入。费用类项目包括：工资福利费用；商品和服务费用；对个人和家庭补助费用；对企事业单位补贴费用；固定资产折旧费用；无形资产摊销费用；公共基础设施折旧（摊销）费用；保障性住房折旧费用；计提专用基金；所得税费用；资产处置费用。

需要指出的是，财务报表中的资产项目和负债项目的金额、收入项目和费用项目的金额不得相互抵销，但其他政府会计准则制度另有规定的除外。资产或负债项目按扣除备抵项目后的净额列示，不属于抵销。

3. 报表附注

报表附注重点是对会计报表涵盖的主体范围、重要会计政策和会计估计、会计报表中的重要项目、或有和承诺事项及未在报表中列示的重大项目等做进一步的解释说明。

（三）表外披露内容

政府财务信息的表外披露可以认为是指在财务会计报表以外，通过财务状况说明书、其他政府财务政策执行专项报告、补充资料、政府年度报告、政府对相关政策的讨论与分析等方式来表述财务或非财务信息。需要进行表外披露的内容包括：

1. 政府工作效率和效益的信息

政府工作效率与效益的信息是指政府部门提供服务的努力程度等方面的信息。例如成本业绩信息、社会公众和立法机构等信息需求者还特别需要有关政府的服务努力程度、提供服务花费的成本和提供该服务产生的效益信息。利用这些信息，可以有助于信息使用者对政府绩效进行经济性、效率性和效益性的客观评价，而且为社会公众在选举时或投资人等信息需求者进行筹资决策时提供依据。

2. 政府遵守法规的信息

政府部门守法和管理的信息主要是指资源信托层面的信息，除了法定预算和基金控制方法的法规之外，还有其他控制政府行为的法规。披露这方面信息以便评价政府是否按照法定预算法律法规或合约。如拨款、财务限制条款、取得和使用资源，以及评价政府对资源的保护和维护等方面的管理情况。

3. 绩效信息

绩效信息不是独立存在的，它需要与计划、行业、历史以及经验标准比较。主要包括经济性（最低的成本获得某一公共服务或产品）、效率性（投入产出关系、单位产出成本、完成类似任务的比较）、有效性（计划实施后达到预期目标或效果的程度）。绩效信息的反映，便于公众对政府的管理水平和行政效率做出客观的评价。

4. 风险信息

包括债务风险，例如国债转贷、地方财政债务形成的风险，社会保障资金缺口所形成的债务风险，由政府公开承诺、担保而形成的债务风险；收入支出风险，集中体现为财政收支不平衡，出现严重的财政赤字，其内在意义是财政经常性预算平衡难度大；金融风险，面临全球经济危机承担的风险。公众通过了解政府风险信息从而做出合理的决策。①

① 张嘉琪．政府财务信息披露内容及方式研究［J］．财会探索，2012，(33)：75－75.

第五章

政府成本会计理论

第一节　政府成本会计理论概述

一、政府成本会计的概念界定

1. 政府成本会计的含义

中共十八大提出："深化行政体制改革，通过机构整合，推动大部门体制，减少行政层次，降低运行成本。"中共十八届三中全会颁布《中央关于全面深化改革若干重大问题的决定》，要求建立权责发生制下的政府综合财务报告制度，而政府综合财务报告制度的最终目的是评价政府绩效和政府成本运行情况。因此，政府成本会计理论研究与实践越来越受到学术界和实务界的广泛关注。2019 年 7 月 22 日，财政部发布《行政事业单位成本核算基本指引（征求意见稿）》，这是我国政府会计改革的又一重大举措。因此，政府成本会计作为现代政府会计体系的重要组成部分，政府成本会计理论探索与实践具有重要的现实意义。

对于政府成本会计的含义，主要有以下几种不同的代表观点：

（1）周镇宏和何翔舟（2001）认为，政府成本是政府及其行政过程中发生的各种费用和开支，以及由其所引发的现在和未来一段时间的间接性负担。

（2）王华新（2004）认为，政府成本是政府开支的总和，包括行政事业单位与国有企业在内的政府管理开支、投资性支出。

（3）江月（2011）认为，政府成本会计是政府微观运营层面的会计。是以修正的权责发生制为基础的财务会计，能够提供投入和产出信息，反映了政府的运营成果。

（4）赵西卜、王建英和王彦（2016）认为，政府行政成本和业务活动成本是反映政府对经济资源受托责任履行和政府运行效率的重要指标。要考核政府对经济资源的使用及其绩效，成本信息必不可少。

从以上几种观点对比可以看出，都明确了政府成本会计的内容（政府成本是各种费用和开支的总和）、政府成本会计的目的（反映政府经济资源的绩效及经营成果）。国内多数学者认为政府成本是政府这个庞大组织的运行成本，特指其行政管理成本。综上，我们认为，政府成本会计应该不仅仅包括政府的最终消费支出，还要包含政府决策和政府行为引起的生态与经济方面的成本，即我们一般所说的机会成本加上政府财务成本。

2. 政府成本会计的构成要素

根据政府成本会计概念的界定，我们认为政府成本会计的构成要素主要包括以下两个方面：

（1）管理成本

管理成本主要指政府部门管理和组织内部事务发生的各种费用，主要包括：人员薪酬、单位福利、内部管理活动运作资金及各办公活动的基本支出。管理成本可以划分为人员成本、办公设施成本和办公运转成本。其中人员成本是指支付给单位领导成员以及各处室公务人员的工资福利以及对办公人员和家庭的补助支出。工资福利支出包括基本工资、津贴补贴、奖金、社会保障缴费、绩效工资以及其他工资福利支出：对个人和家庭的补助支出则包括离休费、退休费、退职（役）费、抚恤金、生活补助（支付给相关办公人员）、医疗费、住房公积金、提租补贴、购房补贴，以及其他对个人及家庭的补助支出。办公设施成本是指保证单位全部工作人员的基本工作条件所发生的费用，具体有房屋及其建筑物所折旧、办公设备材料折旧、办公交通工具折旧（除办公车辆以外的交通工具）、办公信息系统摊销、办公租赁支出、办公科研支出、办公修缮维护支出，以及其他办公设施成本等。即反映单位所属的房屋建筑物、办公设备、办公材料、办公交通工具、办公信息系统等各类设施在运行成本归集期间所发生的折旧或摊销额和为获得设施及其使用权所发生的科研支出和租赁支出，以及与设施相关的修缮维修支出等。

（2）履职成本

履职成本是指政府部门在对社会公众的监管以及提供公共服务的过程中产生的各项费用。主要包括业务运转成本、业务设施成本以及业务运转支出。履职成本可以划分为业务设施成本、业务运转成本和转移支付成本。业务设施支出是指保证单位业务属性部门的相关人员因执行业务活动需要所进行的设备设施购置、租赁、维修维护以及与业务类科研和工程建设管理等相关的支出。具体有工程建设管理支出、业务设备材料折旧、业务信息系统摊销、业务交通工具折旧、业务科研支出、业务租赁支出、业务修缮维护支出以及其他业务设施支出。

胡景涛（2019）认为，将履职成本按资金使用要求分为两类：一类是任务执行成本，另一类是业务开展成本。其中，任务执行成本指政府对事业单位和社会组织等方面的投入，政府部门对这部分的资金没有自主使用权力，实质上只是完成资金转拨任务。而业务展开成本是根据部门履行职能的需要，在财政预算范围内自主开展业务相关活动发生的费用。

二、政府成本会计理论基础

（一）新公共管理理论与政府成本会计

新公共管理模式使我国政府会计改革面临崭新挑战，绩效与成本这两个元因素之间如何加以制衡，俨然成为政府会计改革首要面临的问题。纵观这场席卷世界的新公共管理运动变革，最终还是要落脚于调整政府职能、将民众看作是政府的“顾客”，政府行政治理的关键节点就是要让“顾客”满意。这就使得我国原有的政府会计体系略显陈旧，已不能很好地适应政府转变职能的需求，由政府预算会计和政府财务会计二元共同架构的政府会计体系，已很难完整表达政府治理绩效高低，而具有方便于量度政府受托责任的政府成本会计体系择机架构就成为历史发展的必然抉择。无论是发展相对成熟的英国公共服务承诺制，或是美国的绩效管理体制等众多政府会计体系，其推行进程中都不可避免地涉及如何管控政府治理运行中的财政成本控制问题、怎样对政府成本予以合理核算等问题，这就使政府成本会计的推行纵深程度成为制约对政府绩效进行管理、建立绩效型政府的屏障之一，为破解难题，我国应时提出在 2018 ~2020 年期间研究推行政府成本会计，这既是时代更迭的召唤，也是成功、循序渐进推行我国政府会计改革的重大举措。

（二）经济转轨需求理论与政府成本会计

现阶段，由于政府治理信息披露的透明度日益增高，导致民众参政议政的热情不断高涨，社会公众对政府会计信息的需求量逐渐增大，不仅涵盖政府预算会计和政府财务会计信息领域，也包括政府治理成本会计信息的需求、评价政府治理行为有效性绩效的需求等众多领域，这就促使在政府综合财务报告体系中要突出披露政府预算会计、财务会计信息的同时，还需要恰当披露整个政府治理成本会计信息，从而对我国政府成本会计能够提供的政府成本会计信息的准确性、及时性和完整性提出了更高层面的要求。姜宏青、宫燕燕（2016）认为，处于经济转型新阶段的我国，政府业务项目随改革的深入势必日益增加，涉及更多更宽泛的领域，加之社会公众对服务型政府的期盼越来越高，缺乏对公共产品成本核算的政府会计体系则越来越难以适应新时代的飞速发展。如何有效地针对政府运行过程来进行及时确认、计量、核算出政府成本，成为我国政府是否具备绩效预算基础的必要条件。因此，经济转型使政府成本会计迎来了新的推行机遇，我国政府会计由政府预算会计、政府财务会计二元框架混融向择机渗入政府成本会计、政府管理会计的四元体系转型升级已箭在弦上。

（三）“电子政府”创立理论与政府成本会计

目前，我国正致力于以政府信息化建设来推动社会信息化建设的“电子政府”构建，在为社会公众及社会提供优质服务平台的同时，也为我国政府成本会计信息披露拓展了另外一条公开阐明的路径。我国政府成本会计体系的构建，就要充分利用好“电子政府”这一政府管理方式重大变革平台，设计出具有中国特色、彰显世界先进水平的政府成本会计软件，通过其强大的计算机网络以开放政府行政成本数据资源，并及时发布完整的政府成本会计信息报告。我们认为，科学的政府成本会计信息系统架构是政府会计甚至“电子政府”能够顺利推进的关键因素之一，民众意识的觉醒成为政府成本核算的原生动力，政府预算会计、财务会计、成本会计、管理会计共享的信息化体系建设及披露成为民众对政府治理成本知情权的重要载体，也使“电子政府”的通畅运行成为民众对政府治理绩效有效评价的桥梁。可见，“电子政府”的建立对政府成本会计的推行起到促进与制约作用，“电子政府”的全方位运转可以加快提速政府成本会计的推行进程。

三、政府成本会计理论研究的重要性

（一）有助于我国政府会计体系的构建

伴随着我国政府治理现代化建设脚步的提速，徐玉德、宋帅（2018）认为，我国政府会计改革先构建政府预算会计和政府财务会计“双轨制”，再发展政府成本会计以“三车并驱”，最后建立政府管理会计在内的“四元系统”框架，已是我国政府会计改革推行的宏图目标，而处于“中坚力量”的政府成本会计的成功建构则更显关键。

在政府会计建设的进程中，我国可以拓展政府成本会计建构研究方法的多样化，通过建构中国元素的政府成本会计理论与实践案例框架，构建起我国全面的政府成本会计体系基础，同时要加快建构我国政府成本会计职业能力框架，建立起政府成本会计终身教育体系，充实健全我国政府成本会计系统。而这些愿景的顺利实现，仰仗于政府成本会计框架体系在我国的有序建立，当然这需要时间与过程，我国政府成本会计的成熟推行还需时日。

（二）有助于我国政府部门的绩效评价

政府绩效评价是政府会计改革的重要动因和目标，而政府成本核算是绩效评价的关键。因此，加快以核算政府治理成本、有效进行政府绩效评价为主的政府成本会计的推行，避免出现政府财政危机，便于政府解脱财政受托责任，是我国政府职能转变的关键举措，也是政府会计体系深化纵伸的理想归宿。政府成本会计理论研究就是要制定一套以绩效评价为导向的政府成本会计核算体系。

（三）有助于提升我国政府治理水平

伴随着我国政府会计体系的深化纵伸，一方面，是为解决我国政府会计发展明显滞后于外界经济和政治环境的变迁的需求，通过深化突显我国政府的“公共服务”属性，因而我国必须在政府财务会计和政府预算会计成熟建构的基础上积极推进政府成本会计探索与实践；另一方面，为削弱既有政府财务会计和政府预算会计表现出来的偏重反映职能、对决策功能欠缺的缺陷，就需及早建立起我国现代财政制度，在政府财政受托责任日益强化的前提下，来提高政府控制债务风险的能力，从这一层面的需求角度来讲也更应进行政府成本会计改革。

第二节　中西方政府成本会计发展概况

一、国内政府成本会计发展情况

在我国政府会计框架中，政府预算会计、政府财务会计、政府成本会计“三驾马车”是否协同发展，是我国政府会计改革前期成功与否的关键。现阶段，我国学术界对政府成本会计的实施及如何予以实施已进行了相关的尝试性研究探讨，贝洪俊、施建华（2010）提出，专家学者及业界精英比较认同政府成本会计实施的关键在于，政府绩效管理与政府成本管理应如何予以交融，以及怎样才能促使打造节约型社会这一目标的有效实现。剖析并梳理我国当前政府成本会计推行现状的目的，是为了有利于我国政府成本会计有的放矢的制定推行措施以完成顺利推进。

（一）总体角度简述

（1）当政府会计改革迈入政府成本会计阶段，预示着我国政府会计的改革推行业已进入“深水区”。无论从理论框架的架构，还是实践案例的搜集入库，我国政府成本会计都面临着极度匮乏的局面。在学术界，我国政府成本会计学术研究相对薄弱，研究方法略显单一，理论与实践的基础很差，改革构建的进程亟须推进，建立起立足于中国国情的成熟的政府成本会计理论研究体系，政府成本会计实践案例库也有待在改革进程中予以开发建设，我国政府成本会计改革所需的时间和将动用的财力或超过预期。

（2）从宏观层面上看，我国近年来政府会计的改革取得了一定成果，但由于我国政府会计改革起步较晚，现在还处于政府会计改革的初级阶段。政府财务会计和政府预算会计“双轨制”系统运转时间尚短，且成熟还待时日，这使得政府成本会计推行发展底子很薄，加上我国政府成本会计制度的建立明显滞后于政府绩效体系改革的进程，即使存在些许政府成本会计理念，也只是停留在一定领域、一定部门、较浅层面，政府成本会计推行基本面临“一穷二白”的局面。

（3）推行我国政府成本会计的意义，不仅有利于提高我国政府治理效率，也有利于加快我国向绩效型、服务型政府职能转变的历程。由于面临我国政府成本会计的核算基础权责发生制尚不成熟、地方政府领导及财务人员对成本会计体系架构观念比较淡薄、成熟的政府成本会计信息系统有待建构、政府成本的监督体系还不健全、政府成本会计相关法律法规还需及时制定颁布等等问题，终致我国政府成本会计要想顺利完善实施还有很长的路要走。

（二）报告层面情形

（1）现有政府财务报告体系实施时间较短，且仍未与预算会计报告体系较好衔接，造成政府成本报告融入的难度加大。我国政府会计体系目前采取的是“双报告”模式，引入的财务报告体系不够完善和成熟，还不能比较完整地真实反映政府的综合财务状况。因而在政府会计改革进程中需进一步完善政府财务报告体系，促使政府财务报告的完整性及系统性得以提高。只有在“双报告”体系相对成熟的基础上，再建构融入政府成本会计报告的“三报告”综合财务报告框架，才能给政府成本会计的推行带来事半功倍的功效。

（2）我国政府成本会计信息质量不佳，制约着政府成本报告的生成过程。只有真实可靠的政府成本会计信息汇集，才能反映出政府完成的受托责任，才有助于政府成本会计信息使用者做出正确的决策，质量不佳的政府成本会计信息是对社会公众获取知情权不负责任的表现。现阶段我国政府成本会计信息存在失实的情况，在一定层面上扰乱了整个政府经济工作的秩序，阻滞着我国现代化建设的进程，干扰了国家宏观层面的调控，可见质量欠佳的政府成本会计信息披露难以发挥在市场经济中优化配置资源的作用，进而影响我国经济的快速发展。

我国政府成本会计信息质量存在的主要问题归结起来主要表现在以下两个方面：一是外部的监管略显乏力，现存的审计制度并没有很好地发挥其应有作用，缺乏独立性，甚至存在违规操作等现象。二是预算会计体系自身呈现的弊端，财政总预算会计不能很好地整合行政单位会计和事业单位会计信息，造成了三者之间各唱各调、互不融合的现象，大大降低了政府会计信息之间的相关性，也极易造成人为故意的“暗箱操作”、会计信息弄虚作假等现象。这些都在很大程度上影响着我国政府成本会计的信息质量，直接阻碍着我国政府成本会计的推行进程。

（3）政府成本会计报告透明度的不足使政府成本会计推进速度放缓。良好的政府成本会计信息公开透明度是督促政府更好地履行公共受托责任、赢得社会公众信任的有效方式，这本就应该成为政府的一项法律义务。随着社会公众纳税人参政议政、管理民主意识的提高，社会公众对公共资源政府是如何配置和使用的，以及使用的效率效果会更加关注，他们不仅对政府治理的绩效层次提出了更高要求，同时也对政府信息公开与透明的呼声愈来愈强。

由于我国目前政府成本会计报告尚未成熟建构，其透明度肯定不能满足社会公众的需求，这种现象的存在对政府会计信息使用者造成了很大的影响，导致他们的决策失误，对经济发展造成伤害。虽然中国政府的会计信息公开远没有对中国企业会计信息披露要求那么高，但是对政府成本会计信息也亟须在中国经济转型过程中提高其披露透明度。由于政府成本会计信息的透明度主要取决于国家政府成本会计推行的成熟水准和相关法律的完善程度，因此，在政府会计改革中，完善政府成本会计体系的相关法律法规和基本原则体系就显得甚为重要。

学术界也提出了政府成本会计报告及披露的建议。郝东洋、张冉（2016）认为，政府成本会计的报告方式可采用面向公众的全面报告方式。在报告内容设计上，可借鉴企业成本会计通过成本计划执行情况、费用情况、生产经营情况三类报表相结合的做法提供成本信息。赵西卜（2017）认为，成本报告与分析是对政府成本会计的运用，是建立在多维的核算体系之上的，也是成本会计最后的落脚点。

二、国外政府成本会计发展情况

（一）美国推行进程简论

纵观诸多西方主要国家政府成本会计的发展历程，美国的政府成本会计发展相对比较成熟并极具有代表性。作为最早颁布并实施政府成本会计的美国，其政府成本会计理论框架业已相对健全，得益于其高层早就达成共识，要想完善政府绩效考核，必须建构成熟的政府成本会计体系。既然政府绩效考核推行是历史发展的唯一选择，那么在推进进程中，美国率先采取了架构中既着眼财务指标的成本信息，又重视非财务指标的成本信息的“双结合”方法。另外，美国为提速国内政府成本会计的推行，还先后颁布了《首席财务官法案》等五部法案及《国家绩效评价》《管理成本会计的系统要求》等诸多文件，要求政府首席财务官必须及时提供报告以公开政府成本信息，并从1999年起要求政府每年定期报告其绩效目标的实际完成情况，在推进进程中择机补充颁布了《管理成本会计执行指引》，来完善已有政府会计体系的全面建构。

我国学者赵西卜（2016）认为，西方国家为了有效推行绩效预算，在政府会计改革进程中适时引入了权责发生制，从而使费用这一会计要素的地位在政府会计体系中突显关键作用，也为政府成本会计的建构奠定了坚实的基础根基，政府成本会计的推行是基于政府预算会计和政府财务会计融合渗透下的必要充实，其三者之间既相互补充，又彼此约束。邓九生（2018）认为，美国在其政府成本会计体系中已经基本具备政府成本会计的目标、概念、方法及原则等相关理论和实务处理的规范，这受益于绩效管理的美国政府成本会计为其提供了必要的技术支持和数据保障。在具体实施政府成本核算过程的方法选择中，美国多采用作业成本法来对政府成本进行核算。作业成本法在政府成本会计核算体系中可以有效规避传统的成本计算中存在的诸多问题，从而使政府治理者在对政府业务活动中进行成本核算时变得更加从容便利。

（二）西方其他国家剖析

除美国以外，其他西方国家在推行政府成本会计的过程中，有些国家特别强调在实施过程中要注意政府成本会计运作中的成本效益问题，例如像机构的重组与整合、政府成本会计信息系统的开发成本等，邓九生（2012）提到，这其中以法国为代表。法国早在2001年就颁布了《财政法》，在赋予计划和任务补充层面下将项目作为成本对象来实施核算，并对政府成本施以有针对性的控制，他们采取的主要操作规程是在每个部门制定相应“项目”的同时，来建立与之彼此对应的政府成本会计系统，以确定对应的实施目标，从而利于对项目的绩效考评。从其总的推行历程来看，法国政府成本会计改革的项目预算之推行已从根本上解决了由会计目标、原则、概念、对象、技术方法、假设和职能组成的政府成本会计概念框架的有序建构问题。

西方还有一些国家也先后进行了独具各自特色的政府成本会计推行尝试，例如，谢莉莉（2013）提到，德国政府在推行其政府成本会计体系一系列改革中制定了“标准化成本和绩效会计系统”，以提供权责发生制投入系统和额外的产出信息，并仅在合适主体中予以引入；新西兰政府将当期政府执政期间全部活动进行了定价服务约束，涵盖的范围包括政府部门间的出售、转移等，对普通民众全部免费，并强调具体实施过程中对所有的产出都需估算成本等；英国的资源会计报告体系按照政府部门在以权责发生制为基础编制财务报表的基础上，再编制以政府整体为主体、权责发生制为基础的合并财务报表。

三、我国推行政府成本会计的共识与经验借鉴

通过对国内外政府成本会计的推行以及理论研究，国内学界及业界对推行我国政府成本会计已初步达成以下共识：

（一）由收付实现制向权责发生制转变是政府成本会计推行的必要前提

受世界经济一体化的大背景影响，政府会计逐渐趋同乃大势所趋，政府成本会计的恰当时机融入是时代更替的必然与政府善治的需要。在政府预算会计和政府财务会计框架建构相对成熟以后，加快政府成本会计体系整体架构的推行步伐，是顺应时代潮流的应时而为。刘玉廷、武威、任少波（2018）认为，我国决定在2018～2020年研究推行政府成本会计，并在其推行成熟的基础上再研究政府管理会计的择机融入，以使我国的四元系统政府会计体系架构早日完善，并具中国特色。

（二）构建完备的法律法规体系是政府成本会计推行的关键举措

出台相关法律法规来规范约束改革是各国推行政府成本会计的必要手段。只有有法可依、依法而推，推行的进程才会少走弯路或不走弯路。在颁布政府成本会计推行相应法律法规的过程中，要注意法律法规的延续性和延展性，这些法律法规，既要为政府成本会计循序渐进融入奠定坚实基础，也要保证推行进程中后续改革的顺利实施。应给政府管理会计的融入留出空间或可以直接兼容共用的缝隙，以利于将来政府管理会计“四元系统”在法律约束范畴下的有效顺利对接。

（三）改进信息处理方法是政府成本会计推行的技术支撑

采用权责发生制下的兼容政府预算会计、政府财务会计、政府成本会计系统所需的信息技术系统，比收付实现制政府会计系统所需要的信息技术系统复杂很多，及早建立一套与权责发生制相适应的信息系统，这是事

关政府成本会计改革成功的技术支撑。我国应及早着手建立新的政府成本会计信息系统，以增强会计软件处理信息的能力，为政府会计的深化改革清除障碍。随着信息化的发展和经济业务的日益复杂化，与之相匹配的政府成本会计信息系统能否成熟构建就显得甚为关键。因而我国应高度重视且不能有丝毫疏忽，要将以前收付实现制为主的政府预算会计信息系统合理化地转化为权责发生制基础的政府会计“三位一体”协调推进的信息化系统。

（四）高素质政府成本会计人才是政府成本会计推行的人力保障

通过大范围的宣传和培训，为政府部门输送大量的有能力承担改革实施任务的专业化强和业务精湛的会计骨干人员，以达到使政府成本会计改革事半功倍的效果。要让相关各方都深入理解权责发生制会计的优点，以利于获取全面完整的政府成本会计信息。利用宣传和培训的目的，是让权责发生制政府成本会计理念深入人心，在保障政府成本会计改革顺利推进的前提下，兼而普及政府成本会计知识、提高全民素质、增强社会公众解读政府成本会计信息能力的功效。要强化对政府成本会计师的培养，并积极将现有会计人员予以角色转变。权责发生制对政府会计部门会计从业人员提出较高要求，会计原理有些复杂，同时改革推行又涉及绩效成本的核算，因此，需要对政府现有会计人员进行更加系统、全面的培训。由于现有政府会计成功转化又是政府成本会计解决专业人才的常用途径，因此必须做实做好。如果没有相当数量具备专业知识的合格政府成本会计人员为源头，改革推行取得预期成功也只能停留在纸面上。

（五）突出实务导向是我国政府成本会计推行的根本原则

突出实务导向是当前我国政府成本会计发展的最佳选择。要改变我国重理论轻实践的倾向，就要坚持案例导向，把政府成本会计的实用性放在历史的较高高度。目前，我国几乎没有政府成本会计的实践，尽管我国政府成本会计理论研究相对于实践略显强势，但由于理论的表现特征为在对实践指导的同时又源于实践，因而指导政府成本会计的理论体系同样需要政府成本会计的实践来予以推动，所以及早建立我国政府成本会计案例库是改革的重中之重。如果不能从实践之中归集出理论精华，也就不能再去反哺指导实践，从实践中来，又回到实践中去，这是我国政府成本会计改革必须始终遵循的主要原则。另外，突出实务导向并不是不搞或少搞理论研究，我们绝不可走进另外一个极端，突出实务导向究其本质是强调要把实务放在一个重要的位置，这并不代表要忽略或降低政府成本会计理论研究的重要性。我们要正确理解并处理好二者之间的关系，充分把握高层前瞻性决策的深刻内涵，以便有序健康地推行我国政府成本会计建设。

第三节　政府成本会计理论框架的建构与实施

一、政府成本会计目标、对象和功能

（一）政府成本会计目标

政府成本会计目标是向信息使用者提供政府或政府组织成本会计信息情况，并作为评价政府绩效的成本管理信息系统。王雍君（2017）认为，政府成本会计既要实现成本信息的计量与报告等的初级目标，也要满足政府财务管理的要求。而我们可以将政府成本会计的目标具体分为：通过成本费用报告、统计数据及专题报告等形式，为内外部相关部门提供政府成本会计信息，以评价政府绩效提供重要依据和支撑。

（二）政府成本会计对象

我国政府成本会计对象主要由政府公共管理和服务及各种项目中的公务成本、人工成本、设备运行成本等构成。公务成本即我国政府在其行政运行管理过程中所发生的直接支出或相关费用，主要包括支付政府工作人员的工资、购买基础设施所需要的费用和办公所需有关经费等。人工成本包括政府公务员及编制内事业单位人员的招聘、岗前及岗中培训、上岗后的福利保障等一系列开支付出。设备运行成本是指政府内部机器设备在工作运行过程中所消耗的燃气煤气费、电水费以及其他关于维持设备运行维修、保养等所需的人工成本等。

在核算项目成本和公共管理及服务成本的过程中，既要做好政府真实成本的核算，也要对政府运作的理想成本进行核算。对这两种成本同时核算，目的有两个：一是内部“诊断”作用。核算出政府真实成本和理想成本，可以使政府治理者从内部找出二者之间的偏差，在做好自我诊断的同时，尝试针对理想成本适度降低真实成本，以起到从内部控制履职成本的成效。二是外部“纠偏”功能。引导公众对政府理想成本和真实成本进行监督，并就最大限度降低治理成本提出合理建议，促使政府成本控制在适当范畴之内。

（三）政府成本会计功能

剖析政府成本会计的功能，并根据其自身就其推行目标衍生出的主要功

能概括为反映、监督、评绩、控险四项功能。具体详解为：政府成本会计通过其对政府成本信息的全面收集进而完成对政府治理成本的计量、报告与披露，从而利于政府实现对政府成本的合理控制，此过程也同时完成了对政府治理进行监督的目的，进而促使政府得以在最低运行成本前提下合理解脱受托责任。另外，社会民众通过政府成本会计完成的政府成本报告所披露信息的了解，来完成对政府的绩效评价，通过反馈输送给政府治理者，从而达到帮助政府治理者控制政府治理风险的初衷，在这其中表现出的政府成本会计的桥梁作用使控制政府治理风险功能落在了实处。

二、政府成本会计确认标准及计量

（一）政府成本会计确认标准

姜宏青、徐晶（2017）认为，我国政府成本的确认是指我国政府依照一定的标准辨别有关数据是否能够输入、何时可以给予输入政府成本信息系统的准入体系。在政府预算会计、政府财务会计体系建构的基础上，当我国政府治理发生经济事项并确认政府成本时必须遵照以下基本标准：

1. 可定义性

必须对我国政府成本的定义给出精确具体、清晰的定性描述，主要包括政府成本的成因和目的，以及政府在为社会提供一系列公共服务等活动中所耗费的人、财、物所有资源的总和。

2. 相关性

我国政府成本核算的目的是在反映政府受托责任履行情况的同时实现对政府治理的绩效评价，是政府成本报告使用者了解政府成本管理情况，以及政府内部存在的风险并做出预测和决策的依据。因此，我国政府成本确认的信息和内容必须符合其核算目的，要具有很强的相关性。

3. 可靠性

政府成本的反映要以实际发生的与政府活动有关的事项为依据，政府成本会计人员在记录和确认政府成本事项时必须保持客观上的独立，不能使事实和信息发生些许扭曲和变形，要始终在保持政府成本信息真实性的基础上提高其成本信息的可靠性。

4. 可计量性

我国政府成本的内涵和产生动因决定了其必须是可计量的，我国予以确认的政府成本项目要能够以某种计量属性可靠的进行计量。

（二）政府成本会计计量

政府成本会计计量的主要障碍就是政府运营等成本能否得到客观计量的问题。周蜜（2007）认为，在政府成本会计实务中，引入权责发生制作为计量基础，完成对政府成本的计量与披露。之后，邓九生（2013）提出，我们首先应该明确政府成本和价值的计算对象，界定清晰后，我们才可确定对“什么”进行成本核算和价值计量。

考虑到政府绩效评估的连续性特征，因而在对当期政府成本及治理进行评估评价时要对往届政府的成本进行恰当预估，以使对当期政府的绩效评价具有全面性、整体性、合理性、延展性。政府成本会计计量任务艰巨，我国政府成本会计构建进程中宜及早出台相应的计量方法细则指南，以能够及时地针对政府成本会计核算进行具体的实务指导。对于通过计量方法选择已经可计量的政府成本，要建立动态管理机制实行治理前预算、治理中控制、后期评价反馈与调整，以及时减少政府治理运行等成本资源的浪费。

三、政府成本会计报告

（一）政府成本会计报告的含义

我国政府成本会计报告的构建，权责发生制是其体系中枢，由于现阶段我国政府预算会计和政府财务会计业已交融，权责发生制政府会计体系发展至今相对比较完备，这为政府成本会计报告框架有序架构提供了先决条件。政府成本会计报告适时的信息公开，彰显出政府会计改革已侧重管理化倾向，其成熟的程度制约着政府管理会计报告将来的择机渗透，因而，政府成本会计报告建设是政府会计体系深化改革能否取得成功的关键。权责发生制下的政府成本会计报告，要着重关注或有负债与隐性负债等内容的完整公开，报告中除了对政府直接运营成本的涉猎以外，还要对政府项目的间接成本予以披露，通过信息公开与反馈来促使政府成本会计报告决策有用功效能帮助政府减轻运营成本偏高的压力，让政府成本真正成为政府支出的衡量标尺，以利于政府合理的配置财政资源。

（二）政府会计报告的主要内容

政府成本报告的主要内容以向报告使用者公开相关政府运行成本和公共服务支出等相关信息为主。政府成本报告由政府成本报表为构成要件，关于政府成本会计报表的建构，我们建议政府成本会计报表应涵盖政府成本会计报告主表、政府成本会计报告附表、政府政务绩效分析三项。

我国政府成本会计报告主表，我们认为应以时间为轴设计政府成本会计报告中的报告主表为佳，因其利于对当期政府治理成本的及时梳理。政府成本会计报告附表是对整个政府综合财务报告体系中政府成本报告起补充和说明作用的报表，对于一些计量难度较大的政府治理成本可以在附表中予以说明。政府政务绩效分析是我国政府成本会计以报表为依据、就国家治理下历史及当前经济态势中的政府财政、财务、运营状况给予的文字说明，以及政府成本会计通过定量分析对政府绩效做出的内部评价，反馈给治理者以促其改进工作来提升绩效指数；同时在政府政务绩效分析中可结合可持续信息描绘出国家未来整体的发展愿景，以利于政府治理者根据现实状况和远景展望调整其治理政策和措施，来强化政府财政抗风险能力。

四、我国政府成本会计实施的应对策略

目前国内学者关于政府业务成本控制的政府成本会计理论研究相对于政府财务会计研究的文献数量较少，相关研究成果大多以描述为主，且部分仍然滞留在政府成本会计引入必然性的研究范畴，不能从实践抽离“提炼进而形成理论”，再予以推广指导改革的案例精华。由于缺乏本土政府成本会计实施与研究经验可以参照，导致研究群体波动性变化较大，着重研究政府成本会计的专家学者相对稀少；再加上出现我国政府成本会计与政府预算会计、政府财务会计的边界相对模糊的局面，缺失政府成本会计标准化模式建设的统一指引，也使研究难以在短期内大面积推开。针对当前的现实状况，我国政府成本会计的实施推行应重点做好以下几方面工作：

（一）编制披露政府成本报告是完善政府综合财务报告的重要环节

我国已有会计报告仅能够反映政府预算收支状况，对于政府拥有的资源、政府运行成本和费用以及对政府财务能力的分析评价等都无法披露。因而，急需一个涵盖政府财务、预算、成本信息的综合财务报告系统来全面地反映政府的受托责任情况。我国政府综合财务报告制度的推行，不仅要反映政府的预算情况，也要反映相关的财务信息以及用于公共服务的成本支出，同时也需处理好政府预算会计报告与财务会计报告的衔接工作，逐步对政府成本进行核算和信息披露。《财政部关于全面推进管理会计体系建设的指导意见》和《行政事业单位成本核算指引》的颁布，为我国政府成本会计改革指明了方向。政府综合财务报告所披露的信息中，决算报告以政府预算执行情况等有关的信息为主，财务报告以政府财务运行状况、现金流量等信息为主，成本报告以向报告使用者公开相关政府运行成本和公共服务支出等信息为主。

三者既相互独立，具有各自不同披露的目标，又有彼此相关性的属性，在相互渗透的同时都以顺畅融入政府综合财务报告体系为最终归宿。在公开过程中，绝不可弱化任何一方，要有“三位一体”理念，始终以更好地反映政府财务成本预算信息状况为协调终极目标。

（二）政府成本会计推行过程中收付实现制和权责发生制两者应理性融合

为了克服收付实现制一枝独存的弊端，我国在政府会计改革中及时引入了权责发生制财务会计，并择机进行政府成本会计的构建。虽然现行的收付实现制存在一定缺陷，但引入权责发生制的本意并不意味着要完全废除收付实现制，收付实现制仍然适用于政府的部分业务。在收付实现制下，实际入库的预算资金是会计确认数，这样便于安排预算支出的进度和预算拨款，并能够如实反映预算收支结果。在予以评价政府对经济的影响时，便利的现金指标不仅能提供现实的信息，还能够让控制具有明确针对性。这实际上肯定了收付实现制的存在意义，因而这次改革我们亟需做好的是在收付实现制的基础上引入权责发生制，并将这二者很好地融合，政府成本会计的渗透也是在二者融合的前提下予以推行。绝不能完全否定收付实现制在我国政府会计体系中的地位，对部分不适合使用权责发生制的特殊业务仍然要采取收付实现制。这样既可以发挥二者各自的优势，也规避了收付实现制的弊端对政府财政造成的风险，会使政府成本会计的推行更加流畅。

（三）政府成本会计推行进程要采取循序渐进式

我国目前的政府会计目标、会计准则和制度都与权责发生制不符，所以在引入权责发生制的同时要逐渐地对我国政府会计体系进行调整。绝对不能搞一刀切，要使其成为一个系统性的改革，宜采用渐进式，绝不能在进程中操之过急，这才是适合我国政府会计的现状和未来发展的改革态势。建立内含政府预算会计、政府财务会计、政府成本会计、政府管理会计框架、完备有效的政府会计“四元系统”，只宜作为政府会计改革的长远目标，目前我们还是应全力以赴先做好政府成本会计与财务会计、预算会计的融合发展。只有在双系统比较完善的基础上再将政府成本会计融入我国政府会计体系中，才能完成全面的政府综合财务报告，有利于实施好成本核算以及绩效管理在整个政府系统的推广。至于在具体实施过程中如何处理好投入成本与产出效果之间、效果对社会影响的滞后性等关系，这有待在政府中重点推行成本会计时结合实践再予以具体解决完善。

（四）宜在夯实政府成本会计的基础上摆正其在政府会计体系中的核心位置

由于我国执政体系的特点，自上而下推动政府成本会计改革的动力会更加强劲，所以我国政府高层已从宏观上绘好政府成本会计推行的蓝图，并决心锐意推进。政府成本会计在会计体系中倚仗收集成本信息的基础来利于决策，彰显出在政府会计体系内的特殊位置，其理应位于政府会计组织的中心，立于财务和成本管理的相交枢纽。政府成本会计将政府可计量成本和不可计量成本通过合适的计量方法形成政府成本报告整合给政府决策者，可以帮助政府决策者评估其是否按照公众的委托，在最大限度降低成本的治理基础上很好地履行了公共受托责任。在公共资源的优化配置、对政府绩效评估等领域，都彰显出政府成本会计介入的积极意义。计算成本的目的是便于决策，以提高政府治理绩效，而决策始终离不开政府成本信息的归集，政府预算会计、政府财务会计已然不能替代政府成本会计的功效。只有认清政府成本会计在政府会计体系中的角色地位，夯实好改革推进的基础，才有利于政府成本会计改革的有序进行。

（五）需及早建立我国政府成本会计师职业能力框架体系

在成熟完备的政府财务会计和政府预算会计基础上，怎样让我国政府会计人员尽快适应政府成本会计推行的需求，努力提高政府财会人员的理论素养、观念素养、业务素养等水平，迅速成长为适应我国政府成本会计改革的政府成本会计师，乃当前急切需要解决的问题。人才是推进的基础，事关推进的成败。我国在政府成本会计人才培养上要做到高屋建瓴，对政府成本会计应具备哪些能力、应具有什么样的素养要及早做出具体明确的规定。借鉴国内外对会计师能力的界定方法，我们认为我国政府成本会计师应采用达成共识的通用会计师职业能力范畴，即从职业知识、职业技能、职业价值观三方面进行建构。黄益雄、胡伟（2015）认为，在职业知识方面，政府成本会计师的职业知识包括政府成本会计领域专业知识和其他领域成本会计相关知识。既要对政府成本业务相当熟悉，还要兼有多学科背景，以及掌握国际先进国家政府成本会计相关领域的常识，对政府预算和财务领域也要渗透熟练。在职业技能方面，政府成本会计师的职业技能包括借助大数据归集整合数据能力、利用数据综合政府成本报告的能力、分析政府成本存在问题并提出解决政府成本存在问题的能力等。在职业价值观方面，我国政府成本会计师的职业价值观是指，政府成本会计师在工作中要遵守法律法规，严守职业道德。在处理我国政府成本会计信息的过程中，政府成本会计师必须遵纪守法，在政府成本会计信息处理行为中牢记伦理道德。

（六）应建立完善的政府成本会计推行的相关制度

目前，我国政府成本会计相关制度建立与完善明显滞后于政府绩效体系建设。制度是框架体系建构实施的指向标，及时制定相关政府成本会计制度，可以保障我国政府成本会计在规范体系下健康的推行。推行的进程绝不能本末倒置，推行的进程也必须制度建设先行。及时制定具有本土化特征的我国政府成本会计制度并予以颁布，以规范政府成本的记录与报告，对保障政府成本会计推行成功意义深远。关于我国政府成本会计先期推行应首要建立完善的相关制度包括以下两方面：

1. 颁布政府成本会计基本指引

我国已发布《行政事业单位成本核算基本指引（征求意见稿）》为政府成本核算指引方向。制定与颁布过程中，要坚持以我国政府财务会计相关成熟理论体系为制定的理论基础，所研究制定的指引既要汲取我国政府财务会计框架体系建构之精髓，又要融进西方政府会计及我国企业管理会计基本指引之先进理论，具体内容要着重倾斜于理解透对政府工作绩效管理目标体系建构的尺度，把握好与我国整体政府会计框架搭建适宜性原则，择机推出我国的《政府成本会计基本指引》。行业不同，成本的需求必然不同。我国需根据不同行业的业务特征和成本特点，在我国《政府成本会计基本指引》中可在总引之下再细化为分引，也就是可采取分行业进行成本指引的方法。首先，要先划分出分类对象和所适范畴；其次，制定出分类规则和分类办法；最后，设计好分类流程。要结合各行业特点，以便于成本核算为核心、以利于对政府进行绩效考核为主线，有序推进政府分行业指引建构工作。在进行分行业指引制定具体核算方法时，可以仿照我国营利企业成功的核算方法予以构筑。

2. 健全政府成本会计内部控制机制

《财政部关于全面推行行政事业单位内部控制建设指导意见》的全覆盖、多渠道实施，既加快了我国政府内部控制规范体系建构完善的进程，也管控防范了由于我国各项改革快速推进而带来的政府运营风险。政府成本会计系统是内部控制体系不可或缺的部分，将政府运营成本应用各种方式予以降低，对改变我国政府内控环节相对薄弱的局面作用斐然。我国要充分利用将政府成本会计信息系统融入数字经济大潮之中的契机，完成将政府成本内控机制完善的使命，将成本核算与成本会计软件完全融合在一起，籍建立起来的大数据来加快建成电子政府系统；同时要以做好内控建设技术保障工作为前提，利用现代技术实现数据共享来突破遇到的推行瓶颈，确实无法全部融合的，可采取适度分离予以建构。

（七）拓宽政府成本会计优质人力资源的引进渠道

优质的政府成本会计人才是快速推进政府成本会计成熟发展的基础，其技术性强和低替代性使得政府成本会计人才一将难求，为规避其全部由政府内部会计人员转化为政府成本会计，所造成的人才结构老化、履职能力不足、专业知识更新速度迟缓等弊端，建议外延人才本源，可利用紧缺人才引进、优秀毕业生招考、专业型公务员分类考试等形式，开拓人才来源路径的多渠道通途，强化政府会计框架中政府成本会计人才的储备力度，优化政府成本会计人才梯队结构，引进较易进入角色的政府成本会计后备人才，提速他们熟悉业务、投入业务、精湛业务的进程，在节约人才培养的成本支出的同时，也从人力资本积累层面保证了我国政府成本会计推行目标的实现。除了健全高层次政府成本会计招聘、辞退、培训等制度以外，还要对录用的政府成本会计人才开通晋升“绿色通道”，使他们自身的专业素养提高不受职业向上发展的羁绊，充分发挥其在政府成本会计岗位上的职业素养，以开拓政府成本会计人力资源的专业化管理新局面，使专才的价值得以最大程度的显现。

借鉴其他系列的改革经验，我们应该清醒地认识到，政府成本会计体系的构建有时可能不会按照既定路线自我完成，适时给予外力侧推尤为关键。要大力营造我国政府成本会计的良好外部环境，以政府治理者和政府成本会计全员参与、全员重视的氛围投入推行其中，才能保证避免在构建过程出现弯路。作为政府成本会计实施核心的政府成本会计报告在全面构建的过程中，我国应首先公布编制办法和操作指南，然后在部分省区市先进行政府成本会计报告编制试点，在对试点经验加以总结并充分征求意见且予以修正以后，再进行全国大面积的实施推动。这不仅符合循序渐进式政府成本会计改革的整体思路要求，也能保证政府成本会计报告构建实施的效果，虽付出一定时间代价，但推行成效倍增，对政府成本会计体系的通畅建构大有裨益。展望未来，相信通过我国各界人士的共同努力，将最终形成一个具有受托责任观与决策有用观并存、政府会计准则与二元结构政府会计要素同在、综合会计计量模式和综合财务报告的现代政府会计体系的实现指日可待。

第四节 政府成本会计信息披露

一、政府成本会计信息披露所面临的障碍

（一）对政府成本会计信息披露意义的认知仍显不足

梅敏（2016）认为，从我国政府成本会计的发展来看，目前政府成本会计信息披露理论只是在一小部分领域内得到不成熟的应用，还有相当一部分政府会计对政府成本会计信息披露理论了解不足，甚至知之甚少。对披露的意义认识不够，不能从自身积极参与成本信息披露前期工作中。还有部分政府决策者受政府预算会计、政府财务会计体系影响深厚，并不关注政府治理成本及政府成本会计信息的披露，仍然居于改革进程的等待观望状态之中。这些现象的长期存在造成政府成本会计信息的披露在政府治理过程中的发展受到很大限制，也导致无法尽快形成我国有效完整的政府成本会计体系，从而制约了我国政府成本会计的普遍应用，以及利用我国政府成本会计信息披露提高政府治理绩效这一目标的实现。

（二）现有政府成本会计水准与信息披露所需存在差距

由于政府会计在很长一段时间内都是以收付实现制为会计基础，只在很少的情况下采取权责发生制。我国已颁布实施的《政府会计准则——基本准则》中强调同时实行收付实现制和权责发生制，这与政府会计人员的原有处理认知存在不同，带来了政策理解上的难度，政府会计工作人员是否能够很好掌握基本准则精髓，与时俱进的转变思想有点难以确定。再加上政府会计改革采取的是循序渐进式，随着改革历程的深入，延展至政府成本会计阶段，对政府成本会计人才的要求则越来越高。尤其是政府会计的终极改革目标是政府预算会计、财务会计、成本会计和管理会计四元系统的有机融合，对于政府成本会计人员的素质水平带来了前所未有的挑战，落脚于政府成本会计信息披露，面临的问题是开放性的，而且需要用到大量的现代数学方法，比如线性代数的具体应用等方法，对政府成本会计具有的素养要求更高。随着政府成本会计改革的深入，政府成本会计信息化也对政府成本会计人员的知识水平提出了新的要求，我国政府工作人员是否能在改革浪潮中适应多种信息高度融合的政府成本会计信息化要求，这在推行中还需要长时间予以观察。

（三）当前政府会计信息化系统升级改造缓慢，阻滞披露原始数据更新

科学完善的政府信息化系统建设是政府成本会计信息披露能够顺利推进并且实施的关键因素之一。由于我国会计信息系统现已确立了“双体系”“双基础”“双报告”，财务会计与预算会计适度分离又相互衔接的政府会计核算模式，但同时也面临一个崭新的问题，即政府会计的核算系统如何有效实现升级、政府成本会计信息化系统如何高效率融入。也就是说，在同一个政府会计信息系统之中要如何通过“预算收入、预算支出、预算结余”三要素进行预算会计以形成预算报告，同时又可以通过“资产、负债、净资产、收入和费用”五大要素来形成财务报告，最后通过新建政府成本会计系统核算政府成本形成政府成本报告。由于我国政府会计现有系统的改造升级基础较差，底子较薄，核算系统存在诸多兼容较难的问题，这都大大阻碍了我国政府成本会计推进的顺利进行。因而，我国当前推行中应着力研究如何去解决政府成本会计信息化过程不同软件之间数据的无缝对接、不同软件相互通行的标准、大数据化时代数据的相关整合等问题，政府成本会计信息化的推进使我国现行的政府会计信息化系统面临较大的挑战，改组已刻不容缓，这其中如何升级改造成为攻坚的关键。由此可见，解决好政府成本会计信息披露基础数据更新问题，乃是提高信息披露质量重中之重。

（四）我国政府成本会计信息披露质量尚待进一步提高

当前社会已迈入信息爆炸时代，海量的政府成本会计信息如何高质量地对外披露，是政府成本会计信息披露透明度是否明显改善的要件。要提高政府成本会计信息披露质量，首先，要注重成本本身信息的收集、分析、报告归成的质量，政府成本会计报告对政府成本信息披露分析的全面性、合理性、及时性等方面直接制约着对外披露信息的质量。其次，要强化对外披露的质量，尽量减少各种披露过程中产生的公开成本、审计成本等，从而由内到外保证政府成本会计披露信息的质量，以利于绩效政府的流畅建立。同时，建议将“权力清单”内涵嵌入政府成本会计信息披露体系，以提高政府成本会计信息披露质量。因权力清单制度不仅是我国依法全面履行政府职能的重要举措，更是我国加快法治政府建设的重要内容，所以将权力清单制度嵌入政府成本会计信息披露体系，是我国政府成本会计信息披露体系建设推进的又一关键要件。我国政府成本会计信息披露必须受权力清单制度制约，披露的政府行政成本信息不能逾越政府权力和部门权力清单范畴。因而要确保政府成本会计信息披露在职责和权限之内运行，始终坚持以转变政府职能为核心，基于权力清单制度，合理建构我国政府成本会计信息披露框架。

二、政府成本会计信息披露的目标与内容

社会公众是真正的国家资源所有者，他们与政府的关系是财产托管关系，社会公众有权从政府成本会计信息披露中知晓其所托管全部资源的运转情况、是否存在严重超标成本运行的状态。我国政府成本会计信息披露的内容主要包含行政管理成本信息和公共成本信息两部分，其涵盖政府日常运行的各种支出、公共资产维护及计提折旧等众多项目内容。

（一）披露的目标

政府成本会计信息的披露影响着对政府治理绩效评价的准确程度，就我国政府成本会计信息披露的目标制定，我们建议应该定义为：既能向社会民众反映政府财政受托责任，又能兼顾对政府治理者决策有用。具体实施过程中，政府成本会计归集出政府成本信息，然后汇成政府成本报告，将其融入政府综合财务报告后对内、对外公布，将社会民众对政府的绩效评价信息反馈给政府治理者，以帮助政府治理者在社会民众参政议政的监督下尽可能地降低政府治理成本，以促使政府成本会计信息披露“双目标”的顺利实现。

（二）披露的内容

鉴于我国政府提供服务的多样性和公共产品的外延范畴广泛，建议将政府成本会计信息披露内容按照计量与不可计量分成两种予以归类公开：

1. 可计量政府成本会计信息的披露

对于政府成本会计披露体系中的可计量成本信息，因其具有可计量性，只需采用相应的搜集及核算方法予以核算，归集于成本会计报告之中，直接对外公开即可。易进行成本和费用核算的政府成本基本可以归为三类：第一类为会计主体类成本，诸如保洁服务等服务成本、公务成本等，其归类特征以会计主体行为计量为标准；第二类为职能类成本，像医疗成本、教育成本等，是政府涉及不同专业范畴耗费之诸多成本的总和；第三类为部门项目类成本，诸如保障房等项目成本、部门运行成本等，主要是政府所辖部门运行及政府所行具体项目的成本。

2. 不可计量政府成本会计信息的披露

要确保政府成本会计信息公开的充足性与全面性，对不可计量的政府成本会计信息进行披露是改革之瓶颈所在。因其不可计量性给披露带来了很大

的难度，建议仿照可计量成本标准制定一个普遍认可的披露大致衡量尺度，采取参考信息的形式予以披露。也可将信息后缀于成本报告之后，后缀信息要克服随意性太大的惯性，因为这些后缀信息的多寡、信息量的宽泛与狭窄，都在一定程度上制约着政府成本会计信息公开透明的程度。如国防、安保、公共咨询等不可计量的政府成本信息的披露。

三、完善政府成本会计信息披露体系的相关机制

（一）披露的制度

我国政府会计体系要建立起完善的政府成本会计信息披露制度，以对政府运营成本等众多成本进行有效控制，从而大幅提高政府治理效率。同时，还要出台相应的因完成政府成本会计信息披露而衍生的像审计成本等披露成本约束制度，使得我国政府成本会计信息的披露有法可依，有章可循，要克服信息披露的随意性，对披露的流程要细化和规范，在政府成本会计信息披露制度中，主要应包含政府成本信息生成制度、政府成本信息审核制度、政府成本信息公开制度、衍生政府披露成本管控制度等，要改变单一的信息公布方法为多渠道披露并举，特别是利用好网络公开，不但可以提升政府成本会计信息的使用效率，还可以降低政府成本会计信息披露过程中衍生的公开成本。

（二）披露的途径与方式

要实现我国政府成本会计信息全面披露与提高政府治理效率的有机融合，在政府成本会计信息披露过程中避免出现信息壁垒，就要重视政府成本会计信息披露多元化途径探索与公开方式的多样化建设，以使我国政府成本会计信息披露从数量的充沛到质量层次都有很大程度提高。要拓宽披露的途径和方式，我国政府成本会计信息披露宜采用多平台化，不仅在政府综合财务报告中有对政府成本会计信息的详尽描述，还要将政府成本报告披露做到普及化，充分利用电视、网络、微信、公众号关注等路径向社会民众公开，公开过程中尤其要注意信息语言的转化，尽量使报告的主体和语言平民化，便于普通民众读懂看懂，以最大程度地激发社会公众参政议政的热情，在获得知情权的同时，对政府治理予以监督、评价、反馈，促使治理者通过反馈的绩效评价信息改进自己的治理行为，以达到提高政府治理绩效的目的。

（三）披露的事前审计

在我国政府成本会计信息对外披露前，为确保政府成本会计信息披露的

质量，我们建议要充分做好政府成本报告披露的事前审计。对政府成本会计信息的审计的方式宜采用“双向式”，即先将报告交由政府机关内部的注册会计师“内审”，再将报告采用政府购买服务的方式交由第三方中介机构，对政府成本报告予以“外审”，在双向审计过程中，还要强调审计的“双重性”，即既对政府的财务进行审计，也对政府的绩效进行审计，这样经过了“双向性”和“双重性”反复审计的政府成本报告，再对外进行公开，就可以很好地保证政府成本报告的准确性、真实性以及可靠性。

第六章

政府管理会计理论

第一节　政府管理会计理论概述

一、政府管理会计概念界定

（一）政府管理会计的含义

政府管理会计是管理会计的主要分支，是现代政府会计体系的组成部分，也是政府治理的重要工具。本书中“政府管理会计”中的“政府”主要有两层含义，一是管理会计的主体是广义的公共部门，包括中央和地方政府，政府部门和公立非营利组织；二是管理会计的对象是广义公共部门为了履行行政职能而掌握和使用的公共资源。政府管理会计不能仅定义为一级政府，而把政府部门和公立非营利组织撇开。政府只是一个笼统的概念，它要由政府组成部门或单位即公共部门具体实施，所以政府部门单位的行为就代表政府的行为。政府是一种权力集中的官僚组织，该组织绝大多数收支活动都和纳税人的利益密切相关，而纳税人在很大程度上对政府的官僚行为没有足够的约束力，作为一种非营利组织，它在许多领域和在很大程度上不需接受市场机制的约束和检验。政府的这些特征说明政府管理会计与企业管理会计的异同，相同之处是都要计算成本和衡量绩效，不同之处是政府有更多的政治和社会考虑。也正是由于政府自身的这些特点，导致了现实生活中各种滥用职权、腐败、低效等丑恶现象。如何避免、铲除这些丑恶现象，这是个全球性的问题。我国正处于大变革的时代，依法行政、从严治政，建立廉洁、勤政、务实、高效的政府是我国政府建设的基本目标。为实现这个目标，从会计角度看，需要建立、健全超然独立的政府会计体系。而政府与企业的这些异同说明政府管理会计既可以借鉴企业管理会计，又区别于企业管理会计。因此，政府管理会计是指管理会计在政府部门和公立非营利组织等公共部门的运用，其对象是公共部门为履行行政职能并使用的公共资源，为政府经济与管理活动全过程的预测、决策、规划、控制、责任考核评价等提供会计信息服务的信息收集和处理系统。

（二）政府管理会计的本质

管理会计的本质是管理会计本身固有的，决定管理会计性质、面貌和发展的最基本特点，是决定管理会计发展的基本规定性。管理会计的目标决定管理会计的本质。政府管理会计的目标是协助政府管理者为实现政府目标做出合理决策提供有用信息，保证政府各项资源得到最合理、最优化配置和使用，获取组织最佳经济效益和社会效益。管理会计目标决定管理会计本质是会计与管理相互融合形成的边缘学科，利用会计信息系统及其他相关数据服务于政府管理各层面，目的是给政府管理者提供决策有用信息。因此，管理会计本质是管理信息系统，即管理会计既提供信息，又利用信息进行管理，二者相互联系。管理者利用该系统能帮助其更好地做出决策。

二、政府管理会计的理论基础

政府管理会计研究也有其理论基础。我们认为，新公共管理理论（NPM）是政府管理会计的理论基础，现就基于新公共管理理论下分别从公共受托责任、权变理论和新制度经济学角度，对政府管理会计进行进一步的探析。

（一）新公共管理下政府管理会计的公共受托责任观

政府受托责任指政府从事各项行政和事业活动的义务，或者是对资源和活动从公众那里转移到政府当局而应负责任的一种转换。政府受托责任就是接受公众委托、管理公共资源的政府、机构和人员所负有的履行社会公共事务管理职能并向公众提交报告，以说明其责任履行情况的义务。

公共受托责任与政府管理会计之间关系密切。首先，公共受托责任是政府管理会计的动因，政府管理会计的兴起和发展与公共受托责任的发展紧密联系。一是政府管理会计的产生、发展与兴起和各利益相关者越来越关注受托责任有关。二是政府管理会计的发展是导致公共受托责任内涵变化的客观要求。当公共财务受托责任转变为公共管理受托责任时，需要有审计、会计等一系列制度做支撑。三是政府管理会计的具体理论和方法，与公共受托责任的范围、内容的发展密切相关。如战略观公共受托责任促进了政府战略管理会计的发展。其次，公共受托责任是政府管理会计的基本内容。政府管理会计的基本内容是衡量公共受托管理责任的履行情况。公共受托管理责任要求政府必须对其行动和决策的过程和结果负责，政府管理会计实际上就是对政府履行受托责任的行为，以及为履行此活动而发生的相关行为的过程及其结果进行衡量。衡量时，要将政府受托责任具体分割为不同方面，并采取相应的管理会计技术来衡量，并将这些管理会计技术及其实施结果组合起来，形成对公共受托责任的综合评价。最后，管理会计有助于强化政府内部受托责任。政府管理会计的实质是检查公共受托责任的履行情况。对政府的业绩进行监督，对未恪尽职守的情况予以问责，对受托方形成有效约束，是促使受托人更好地履行公共受托责任的重要工具。政府管理会计能向内部授权人提供信息，帮助他们检查政府是否像预期那样履行责任。这有助于政府加强内部控制和管理，有助于政府管理层分析、指导和控制公共服务的提供过程与结果。

（二）新公共管理下政府管理会计的权变理论观

政府管理会计环境的变化是政府管理会计变革的动因，并且能有效评价政府管理会计变革的可行性。学者们主要通过问卷和案例，不仅考虑独立因素对政府管理会计的影响，而且考虑各种环境因素对政府管理会计变革的协同作用。

我们以产出预算、绩效预算和基准为例，说明新公共管理环境对政府管理会计技术变革的影响。绩效衡量、引入产出预算和基准密切相关。事实上，绩效衡量是一个基本概念，它在引入所有会计技术变革中起着重要作用。它与会计和会计变革的技术紧密相连，将改变组织管理的其他方面：人力资源管理和组织文化，也评估和控制管理者的活动。有些政府管理者反对绩效衡量，但大多数管理者认为绩效衡量很重要。基准提供了一个相对绩效标准，很多政府管理者担心政府绩效衡量的恰当性，这确实不是新技术能完全解决的。虽然存在这些问题，但基准能逐步提供更有效的可比性绩效信息。基准能提供计划和控制信息，并提供一个相对绩效。从这个角度说，它有助于提高组织活动和绩效的透明度。政治家更需要关注绩效信息，因为他们要直接面对公众和媒介评论。由于不确定性的增加，很多政府越来越关注绩效和绩效基础人力资源管理。基准使绩效信息逐步在控制政府组织和提供更透明的信息给外部利益相关者中起到越来越重要的作用。引入产出预算也有助于政府实行绩效导向的文化。很多政府开始关注信息的透明度、绩效和绩效信息，将工资水平与绩效评估相连。这不仅出现在组织高层，也出现在组织基层。新的和现存的绩效信息将变得更加重要。改进和正视这些信息将增加它们的使用，将促进更绩效导向的组织文化发展。而更绩效导向的组织文化，通过增强人力资源管理，也会促进绩效信息的使用。

（三）新公共管理下政府管理会计的新制度经济学观

制度观认为财务困境、正式规则、预期组织环境的改变可能导致管理变革。这些变革不仅使组织更加企业化和增加经济效率及效益，而且在面对新的内外需求时更加敏感。另外，制度理论关注各种要素的相互关系，例如，一旦引入新会计系统，它不仅影响组织效率，而且影响内外预期、组织和个体的利益与习惯。根据制度理论，惯例持续表现为日常经验和发展结果的轻微改变，但它们植根于组织的价值和传统。通常，惯例如习惯和日常工作方法表现为一个渐进的发展过程，而不是剧烈的大改变。经过一段时间，惯例能够制度化，因为它们变成了制度的一部分。

变革不仅由于预算削减和新规则所致，外部社会和政治压力也会导致变革，如生产率下降、更多市民批评等。由于社会和政治因素，政府不仅需要引入新规则，而且要在相当程度上改变他们的惯例。在某种程度上，这些变革是对各种压力的合理反映。很多政府变革过程表现为既保持稳定使用传统工作方法，又进行改变增加绩效导向。改变过程可能需要很长时间，尤其当管理者认为改革不是很紧迫时。除了经济因素，其他内外制度对政府也很重要，这可能是由于政府公共和公开的特征。社会结构如制度在引入会计变革中起到重要作用，而组织个人，以及他们的偏好、特征、职位和背景也很重要，他们可能受各种规则、惯例和制度的影响。

政府管理会计人员对管理会计变革效果的反映从严格的会计角度看，变革不是很成功。虽然组织存在差异，新的可用管理会计信息并不具有充分的质量，通常这些信息在日常决策制定和控制中没有起到重要角色的作用。但从长期看，效果还是可见的。这些效果如增加透明度、增加产出导向、绩效导向和顾客导向更能改变人们的思想，而不仅仅获得一些技术经历。从制度理论看，制度理论关注导致变革的不同因素组织间的异同、相互改变的过程和逐步改变的效果，为了充分理解政府管理会计变革，个人和组织的角色，对各种压力的合理反映，以及外部制度的角色，制度理论受到关注。

三、政府管理会计理论研究文献综述

（一）国内研究文献

我国学者早在20世纪80年代就开始对政府管理会计的进行相关研究。但在2005年以前，关于“政府管理会计”的文章还是很少的，2005年之后随着政府公共财政改革的不断深入，引发政府会计变革，对政府管理会计的研究也相对丰富起来。

1. 政府管理会计

路军伟（2005）根据新公共管理的内容和特征，分别从管理会计产生和发展的历史演进，以及新公共管理赋予政府会计目标新的内涵两个角度论证了政府管理会计产生的必然性，并对开展政府管理会计研究的若干基本方面提出了基本设想。罗辉（2006）从市场经济条件下新公共管理理论与实践方面，通过分析私人部门经济学、管理学和会计学在公共部门中的应用和发展，阐述了建立公共部门管理会计的重要意义，并提出了公共部门管理会计的基本框架。张钢（2008）提出以和谐公共财政的理念为指导，建立政府管理会计，加强对公共财政监督管理和绩效反映，能有效改进政府会计体系，体现了和谐公共财政制度安排的要求。其他学者也在相关研究中提到了政府管理会计。张增莲（2011）提出在 NPM 背景下，同企业会计类似，政府会计也必将分为面向内部使用者的政府管理会计和面向外部使用者的政府财务会计。范君、李定清（2017）指出，伴随着我国政府职能向服务型、绩效型政府的转变，以强化绩效管理作为职能之一的政府管理会计建设就显得尤为重要。能够建构起我国本土气息的政府管理会计体系，成为我国政府完成职能转变的主要标志。

2. 行政事业单位管理会计

郑丹（2005）研究了管理会计在改制后的事业单位应用的必要性。周军（2006）分析了管理会计在我国企事业单位应用中存在的主要问题及其原因，并提出了相应的改进措施。张瑞琛（2006）分析了管理会计在事业单位应用的必要性。杨琦（2007）认为，管理会计的理论与方法在我国事业单位中尚未得到广泛的应用。她在论述管理会计在事业单位中应用的若干限制因素的基础上，提出了推广管理会计应用的措施。付晓燕（2008）认为，管理会计在我国事业单位中的应用正处于一个关键时期，必须寻求加速管理会计在事业单位推广应用的有效途径。陈辉（2008）从管理会计视角研究了事业单位的内部成本核算制度。李艳丽（2017）指出，科学的管理会计体系能够为事业单位管理层提供各种有利于决策的财务与管理信息，为强化单位内部经营管理、提高经济效益服务，因此管理会计体系的构建对于事业单位的发展是至关重要的。宋靖（2019）指出，行政事业单位的现代化发展，对财务管理提出了更高要求。作为会计管理体系的重要分支，管理会计建设还需进一步完善，应当采取合理措施，切实调整内控建设滞后与管理会计方法单一等管理会计建设现状，推动行政事业单位健康发展。

3. 非营利组织管理会计

时侠术（2002）认为，非营利组织因其资源的稀缺性与排他胜，也需要进行资源营运效率的管理。在管理理念与方法上可采用作业基础成本管理的作业管理法，运用价值链进行价值与成本管理。在组织绩效评估中可采用平衡记分卡，对组织从财务、顾客、内部执行、学习与成长等四个方面进行评估。何建国（2004）结合管理会计在我国非营利组织中的应用情况，就提高管理会计在我国非营利组织的地位与作用提出了一些设想。戴月娥（2006）论述了非营利组织运用管理会计的必要性，结合其经营管理特点，对非营利组织管理会计的理念与方法进行了分析。田五星（2014）指出，管理会计作为会计学的一个重要分支，已成为财务会计的必要补充，其相关理论和工具对非营利组织财务管理的改善和提高作用显著。郑红（2016）指出，为解决民间非营利组织" 专业性" 信息需求日益强烈与财务会计信息供给缺失的矛盾，民间非营利组织应逐步建立起以预算绩效评价为形式，以管理会计指标为内容的“专业性”信息披露体系。

（二）国外文献研究

西方国家关于政府管理会计研究相比我国起步较早，尤其从20世纪中后期以来，相关的研究成果也颇为丰富。

（1）20世纪70年代之前，政府管理会计处于起步阶段，强调预算控制。政府管理会计这一概念最早由美国学者罗布森（1953）提出，该研究涉及了政府管理会计相关的概念，并提出将政府管理会计应用到非营利部门来进行成本管理、强化绩效管理等。埃尔斯沃思（1967）表示，能够及时、真实地提供成本和其他有用的财务信息会计系统中，管理会计是相对有效的。此后也有一些关于这方面专著的论述，然而20世纪70年代之前，各国政府部门尚未开展系统的管理会计研究，并未得到社会公众广泛的认知。

（2）20世纪70~90年代，此时政府管理会计处于发展阶段，强调经济、效率和效益（即“3E”）。1970~1990年，政府管理会计方面的研究逐渐增多。研究方法也呈现出多元化的态势，包含问卷调查研究、访谈、描述性分析、案例研究等。构建一套系统的政府管理会计体系是此时政府管理会计所要应对的首要问题。美国学者约翰·劳伦斯（1975）了解了联邦政府建设基金的历史和政府管理会计的文献资料，归纳了政府管理会计在该基金的预算和控制系统等领域的应用。凯恩斯·佩奇（1985）提出，管理会计实践并没有在政府部门中充分运用。他通过访谈和问卷调查来找到管理会计在政府及非营利组织应用比较匮乏的领域，结果正如所料，说明了非营利组织管理者使用政府管理会计的动机。莫里斯·彭德尔伯里（1989）利用9个案例来阐述英国公共部门管理会计的发展状况，在这一期间公共部门管理会计得以全面发展。但是事实上，多数公共服务的产出计量标准有所欠缺，致使管理会计的重要性被忽视，以至于管理会计严重局限在预算编制和控制上。

（3）政府管理会计的快速发展（20 世纪 90 年代至今），强调经济、效率、效益、环保和公平（即“5E”）。自从 20 世纪 90 年代以公共受托责任为导向的新公共管理的引入，导致政府与非营利组织的管理方法及形式出现了深刻的变化。根据西方政府部门与公共管理部门构成特点，研究可划分为“中央、地方政府管理会计研究”和“公共管理部门政府管理会计研究”。安德烈·里尔曼（1994）讲述了中央政府管理会计相关内容及其实践的起源，并关注管理会计的成因。埃文·拉普斯利（1998）展望了政府管理会计未来研究方向：透彻揣摩应计制对预决算和财务报告中的影响；强调公共管理；扩展会计研究范畴，使其更合理有效地进行绩效衡量等。木下照岳（2000）等介绍了日本政府及非营利组织管理会计三个方面的问题，政府与非营利组织展望政府管理会计的基本问题与技术自治体、大学和医院的管理会计问题。扬·范海登（G. Jan Van Helden，2005）综述了世纪之交发表在 FAM、MAR 和 EAR 上的政府管理会计文献，建议未来政府管理会计的研究方向应更关注数量研究，研究对政府管理会计的影响，将 NPM 和管理会计结合起来。斯文·莫德尔和克里·雅各布斯（Sven Modell and Kerry Jacobs，2007）认为，目前瑞典中央政府改革已经从传统产出导向公共治理和控制转变为市民导向和结果导向的绩效衡量，这种新管理理念和管理会计实践有助于政府更好地提供服务。

（三）国内外文献述评

纵观国内政府管理会计文献，它们都处于概念原理和实务方法的定性探讨阶段，主要是对政府管理会计理论的初步探讨和对某一管理会计技术在政府应用的介绍，研究很不深入，也不系统。随着 NPM 逐步推进，我国政府管理会计实践有很大进展，但相关理论研究却很缺乏，这引发了我们反思政府管理会计在我国应用乏力的深层诱因。

国外政府管理会计研究相对成熟和深入。从国别上看，涉及很多西方发达国家，既有单个国家的深入研究，也有国家之间的比较研究；从研究方法上看，主要采用问卷调查和案例研究进行实证分析，分析时运用了大量的统计方法，使研究结论更具有可靠性；从理论基础上看，国外文献将大量其他领域的先进理论运用到政府管理会计中，以解释政府管理会计变革的原因等，主要用于解决政府管理会计理论和实践遇到的问题；从内容上看，主要是用各种理论和方法分析公共部门使用各种管理会计技术的环境、影响因素、原因、程度等，使我们了解哪些管理会计技术能运用到公共部门中；从主体上看，国外文献主要研究各级政府、政府部门和公立非营利组织。总之，国外对政府管理会计的研究较为深入，其研究主题包括政府管理会计的基本理论和实践操作与运用。在研究方法上，既有规范研究，也有经验研究和案例研究。然而这些研究大多立足于西方发达国家的背景，而这些国家的政治与法律制度、经济发展水平与我国有很大的差别，其政府管理会计的理论基础和理论体系与我国也有所不同，这决定了国外相关研究的结论未必适合于我国。

政府管理会计的演进表明，其发展与所处的环境及政府职能的演变密切相关，正是在对公共治理环境和政府职能的深化认识下，才促进了政府管理会计的深层理论探讨和实践推广应用。但就政府管理会计的发展现状而言，仍存在一些值得进一步探讨的问题。现阶段，我国政府管理会计的研究多集中于基础概念和理论探索，纯理论性趋势明显，理论与实践的结合相对较弱；大多以叙述为主，造成理论与实践严重脱节，导致实践中遇到的难题也不能从理论中得到指导并解决。

第二节　政府管理会计理论结构

一、政府管理会计理论体系概述

（一）政府管理会计理论体系的含义与原则

政府管理会计理论体系是人们从政府管理会计实践中概括出来的各种理论，及其理论基础按一定逻辑关系有机结合而成的用于指导会计实践的一个完整的概念、原则、方法和程序等构成的有机知识体系。它可以用来解释、预测、指导和改进会计实务。科学的政府管理会计理论体系有利于规范政府管理会计行为，有利于对政府管理会计各个要素做出科学界定和定位，促进管理会计理论研究规范化，推动政府管理会计理论深入发展和观念更新。

构建政府管理会计理论体系应遵循以下原则：一是总体性原则。即从总体上确立管理会计理论体系应包括哪些要素、应划分为哪些层次，逻辑起点是什么，各层次之间关系如何，要使所构建的管理会计理论体系具有科学性、逻辑性和完整性。二是超前性和务实性相结合。理论来源于实践，但理论与实践并不同步。理论体系的构建必须以实践为基础。管理会计具有超前性并不能否认其具有务实性。管理会计理论来源于实践经验的科学总结。理论的意义不仅在于解释和说明过去、现在的经济过程和结果，更重要的是它能预测未来经济事项和经济活动的规律性。三是历史性和动态性相结合。管理会计处于一个多样性和层次性的复杂社会经济环境中，其理论方法体系是历史的、动态的。随着人们对会计实践活动及其所处社会经济环境的认识发展，理论体系的内容也将发生变化，但其内容调整不是主观臆断，它要受到社会经济历史条件限制。四是逻辑性原则。它规定了理论体系必须保持逻辑思维的一致性和体系内部的逻辑组织和推演能力。

（二）政府管理会计理论体系的逻辑起点与构建

管理会计理论体系是管理会计理论诸要素及其相互联系的组合，其本身就是一个逻辑系统，它是由多种理论范畴按一定逻辑关系有机结合而形成的一个多层次、浑然一体的理论体系。逻辑起点是管理会计理论体系得以存在的突破口。对逻辑起点的选择，目前国内主要有四种观点。一是本质起点论，从管理会计本质开始，在明确了管理会计是什么的基础上，再确定管理会计的其他理论问题。二是对象起点论，应先明确管理会计的研究对象是什么，只有明确了对象，才能使管理会计与其他学科相区别，进而才能研究其他理论问题。三是成本性态论，成本性态是成本变动同业务量变动之间的内在联系，其特性决定了它是现代管理会计的逻辑起点。四是目标起点论，管理会计理论体系必须首先明确管理会计目标，管理会计目标决定了理论体系的其他要素。我们认为，以政府管理会计目标为逻辑起点，以协助政府管理者为实现政府目标做出合理决策提供有用信息，保证各项有限资源得到最合理、最优化的配置和使用，从而获得最佳的经济效益和社会效益。

二、政府管理会计的目标

（一）政府管理会计目标的含义

管理会计的目标是衡量管理会计系统是否先进、科学的基本标准。只有从管理会计目标出发，才能把其他管理会计理论要素有机统一起来，从而构成一个具有逻辑性的管理会计理论体系。政府活动分为作业活动和管理活动两个部分。政府直接通过作业活动来达到政府目的，但政府为了确保这一基本过程有效进行，还需要开展管理活动。

政府管理活动以政府目标为依据，政府目标是政府管理活动的出发点。政府目标也是效率评价和成果考核的基本标准，是一切管理活动所指向的重点。管理目标与政府目标连接在一起，管理就是要促进组织有效利用资源而达成的组织目标。政府的初级目标是产出目标。它是从产出目标角度对政府将资源转化为成果的活动过程水平的一种衡量。政府要开展活动，需要人、财、物和信息资源，这些资源构成了政府的投入。对资源和投入的运用可以产生政府的成果。成果是政府活动过程的最终结果，即产出，具体表现为公共产品和服务。政府的中级目标是效率和效果。政府的绩效目标是对政府所取得的成果和所运用的资源之间转化关系的一种更全面的衡量。政府的绩效高低，表现在效率和效果两方面。效率是投入与产出的比值。有效的政府管理者应该指出怎样做才能使政府保持高效率、做什么才能取得好效果，这样组织才具有最大有效性。政府的终极目标是满足社会利益和履行社会责任，其实现依赖于一些定性和相对主观的指标来衡量。

（二）政府管理会计目标的层次内容

按照一般观点，政府会计目标包括以下三个层次：基本目标是检查、防范舞弊和贪污，以保护公共财政资金安全；中级目标是促进健全的财务管理；最高层次目标是帮助政府履行公共受托责任。政府管理会计从事管理决策和反映绩效等较高层次活动，其目标应该是实现政府会计的中级目标和高层次目标，在新公共管理运动思潮影响下，实现绩效导向的受托责任。

从各级政府的角度可以将政府管理会计的目标分为全面目标、基本目标和具体目标三个层级。

1. 全面目标

本层面的政府是指全面履行某地区乃至全国公共事务管理职责的一级政府。它全面、综合、完整的反映一级政府的财务收支情况及结果，以及履行广泛的受托责任作为政府管理会计的全面目标。全面目标和其他目标分属于不同目标层级，全面目标可分解为确定政府履行广泛的公共受托责任制定经济、社会和政治决策评价政府业绩。

2. 基本目标

本层面的政府是指负责履行某一方面职能的政府单位。它以政府单位为主体，将政府单位的所有报告按照一定方法汇总编制成单位主体报告，反映单位主体的财务收支情况及结果，以履行政府的基本受托责任为基本目标，具体包括促进政府健全的财务管理机制，帮助信息使用者评价政府的受托责任和确定政府单位提供服务的水准。

3. 具体目标

政府会计通常以基金来界定会计空间，每一个基金都是按特定的目的或活动来设置，为了明确各自的财务活动情况和结果，明确各自的受托责任，每一个基金都必须单独编制和报送财务报告。

政府管理会计目标的三个层级，分别反映了不同层面的财务收支情况及受托责任。全面目标属于高层次目标，其余目标是为了完成全面目标的需要而建立的。全面目标是整个目标层级的起点，只有在全面目标的统驭下，才能根据信息使用者的基本需要和具体需要，提出基本目标和具体目标。

三、政府管理会计的职能、对象与要素

（一）政府管理会计的职能

管理会计职能是体现管理会计本质属性的内在功能，也反映其目标演变。管理会计的职能包括预测经济前景、参与经济决策、规划经济活动、控制经济过程、分析经济效益、考核经济责任、反馈经济信息和参与组织协调等。具体包括以下几个方面。

1. 预算职能

预算就是要达到的目标并事先确定目标所需的正确行动。预算活动包括分析目前环境、预测未来、确定目标、决策组织行动类型、选择政府战略并确定实现目标所需资源。管理会计的预算职能就是对政府未来的活动进行规划，它是以历史资料为基础，运用预测、决策方法对未来进行规划。

2. 决策职能

政府管理会计的首要任务是为管理决策提供服务。作为服务于政府管理决策需要的政府管理会计信息，必须与之可能采用的决策分析方法相适应，采用相关的管理决策分析方法。

3. 控制职能

它主要应用系统理论和行为科学的基本原理并结合政府的实际情况，设计和制定合理有效的政府责任会计制度和程序，以便对政府的有限资源进行有效配置和使用，同时又对政府的经济活动按预算要求进行监督和调整。

4. 评价职能

管理会计人员还要对计划的执行情况与计划进行对比和分析，用来考核和评价各责任单位履行责任的情况，以保证经济责任制的贯彻执行。评价职能主要是在事后，根据各责任单位的业绩报告，把实际数同预算数进行比较，分析差异原因，用来评价和考核各责任单位履行经管责任的情况。

5. 报告职能

管理会计的报告职能就是将管理会计的执行结果以文字、报表和图示等形式，向政府管理者提交报告。报告是信息反馈的重要内容，目的是使管理者能进行有效控制。

（二）政府管理会计的对象

政府管理会计的对象不应局限于资金运动，而是以实物流、信息流和资金流形成的集合体为载体的价值增值活动，将管理对象由一维变为多维，拓展会计管理的范围，增加用于决策的会计信息含量。实物流、信息流和资金流一体化能否顺畅流动，将直接影响到政府管理目标能否实现。对它们的流动过程进行实时管理和控制是政府管理会计的核心职能之一。政府耗费公共资源是为了履行受托责任，提供公共产品和公共服务，政府管理的对象应为政府所从事的公共管理、公共服务，如社会治安、教育等。在分析政府管理会计对象时应区分两个层次：一是以政府部门、政府单位作为管理会计对象，核算政府部门、单位履行的职能或功能的成本效益；二是以活动或项目作为管理会计对象，核算政府部门、单位开展的活动或具体项目。

从公共受托责任角度看，管理会计的对象是受托管理责任。受托管理责任标准是受托人的期望，重点是组织各个个体的业绩及产生业绩的原因——管理活动。对于管理业绩，不仅包括财务报表，而且包括财务报表以外的其他管理报告和统计报告；不仅集中分析某一个管理部门的业绩，而且要从战略高度，协助整个政府的业绩。对于管理活动，不仅包括重要业务的决策过程，也包括决策人和执行人及其组织。管理会计的对象是管理会计的客体，受到社会经济环境和人们认识水平的制约。内部管理会计对象的扩展是由于受托责任内容深化与范围扩大导致的。最早的管理会计以资金运动为对象，之后逐渐演变为价值运动等。政府管理会计应当以公共管理和公共服务的真实成本为基础，客观评价公共管理和公共服务的成本耗费情况，为衡量和考核政府绩效提供真实可靠的管理会计信息。

（三）政府管理会计的要素

管理会计要素是管理会计对象的明确化和具体化，由于政府管理会计的对象是政府运营活动的各个方面，是政府运营活动中的资金运动，主要研究如何根据组织目标的要求和社会需要，合理配置组织的各种资源，最大限度地调动各方面的积极性，并使组织的内部环境与其外部环境相适应，给政府管理当局提供决策有用的信息，从而取得组织的最佳经济效益和社会效益。

1. 资产和负债要素

管理会计是为内部决策设计的，基本目标是帮助管理当局为有限资源的合理运用提供决策有用的信息。管理会计中的资产要素除了在报表中反映的资产外，还应包括诸如顾客资产、信息资产和资源性资产等。资产和负债作为政府所运用的物力资源的一部分，收集、整理和运用这类会计信息，全面反映和评价政府财务状况，对加强和改善政府管理具有重要意义。

2. 预算要素

预算是一种计划工具，是一种将资源分配给特定活动的数字性计划，是以货币数量表示的关于完成组成目标和计划所需资金额来源和用途的书面说明。预算的重要性体现在它对已经选定的各个决策方案，统一以货币形式进行综合和概括，借以总括反映政府总体在一定期间内所应实现的目标和完成的任务。

3. 成本与作业要素

管理会计以财务会计，特别是成本会计提供的财务成本为基础，对成本概念不同角度、不同层面加以展开，并运用于政府的运营活动。而作业是指政府为提供一定量的产品或劳务所耗费的人力、技术、原材料、方法和环境等的集合体。作业是产品成本计算及持续改善的基石。近年来，作业开始成为重要的成本对象。

4. 收入与支出要素

关于财政或财务收入预测，这是现行政府财务会计不太涉及的问题。但从提高公共管理的质量和水平的角度讲，这是一项重要的工作。政府管理会计关于收入和支出分析，旨在通过对政府财务会计中反映的收入和支出信息进行相应的整合，并做出综合分析，为管理决策或追踪决策提出意见和建议，以提高政府的绩效。

5. 项目管理与责任会计要素

财政部关于部门预算编制的相关要求政府预算支出包括基本支出和项目支出。部门预算管理的核心问题相对集中在项目预算上。从项目预算的源头——项目选择开始，到项目确定后的全过程管理，围绕项目核算，实施责任会计制度很有必要。

6. 人力资源要素

人力、物力和信息是政府管理的三大资源。但在政府财务会计中，往往只重视物力资源，更准确地说是物力资源中的资金会计信息。履行公共权力、从事公共事务、追求公共利益，改善与提高政府绩效，都离不开人力资源的开发、利用与管理，进而需要政府人力资源会计提供相关的信息。

7. 绩效要素

政府不以利润最大化为目标，但提高和考核政府的绩效仍然很重要，近年来，政府绩效管理逐步推行。政府绩效报告的要素由投入、产出、成果、效率和效果等五类绩效指标和某些解释性信息组成。

这些管理会计要素的确认，基本上是从管理会计所进行的计划、控制和决策应考虑的基本单元为出发点来认定的。会计要素是根据会计目标的要求，对会计信息提供的形式做出的规定。而会计对象则从会计的连续性、系统性和完整性角度，规定一个会计主体应予以确认、计量、记录和报告的信息，并定义为一个主体在经营或业务活动中的资金运动或价值运动。会计假设、会计目标和会计对象共同决定会计要素的设置。会计要素既体现会计对象的具体化，同时又必须反映会计目标的要求，受会计假设的制约。

四、政府管理会计报告

（一）政府管理会计报告的目标

政府部门通过向管理信息使用者提供政府管理会计报告，供内部工作人员制定政府预算、政府绩效考评使用，它是政府部门基于对公共产品和公共活动过程进行确认水平之上，依据准则的要求反映政府管理会计相关的财务报告，是政府管理会计的终极产品。其报告本质上是将政府日常管理会计核算所形成的零散信息进行周详分析、分类的过程。由于政府的公共性质和非营利性等特征，导致政府管理会计报告不仅对外报告，而且对内报告。政府管理会计报告的核心是汇报报告实体的管理运营成果，即它需要相关、真实、充分和可理解的信息，帮助利益相关者评估报告实体提供了多少有价值的商品或服务、使用了多少财政资源、取得了什么效果、资源运用在哪里等。

政府受社会公众的委托，担负着一定的受托责任，大众作为委托方有权利要求政府提供他们所需要的信息，而政府作为受托方有义务向公众报告受托责任实施状况，委托方得以评价他们受托责任的履行状况。因为政府受托责任的报告和计量较为烦琐，同时使用经济性、定量指标和考虑非经济性和定性指标。从公共受托责任的视角来讲，从管理控制开始的受托责任的建立，是为了能确保受托人工作质量满足委托人的要求，需要确定委托标准。受托责任的履行，管理会计要对受托责任的履行进行核算和控制，控制受托责任的履行过程，约束受托偏离受托责任行为。

（二）政府管理会计报告的期间

政府管理会计报告在报告期间越是及时的信息，其价值也就越大，所以政府管理会计经常选择中期报告。中期报告一般指不足财政年度或会计年度内编制的报告，根据现行的预算管理制度的要求，政府的中期财务报告可分为月报、半年报、旬报和季报等，其报送时限和提供的信息也不一样。中期报告是上级主管或政府行政管理当局为了分析政府预算运行概况，以及公共受托责任履行情况，更有效地对预算收支进行控制，便于采取新的改革措施或对有关政策进行调整，往往要求预算执行单位必须定期及时提供预算收支情况。这类报告一般只是一种对内服务报告，纯粹属于内部管理需要，不对外报告，其特点是除了报告有关预算收支的一般情况外，还需要对收支执行过程中存在的问题进行全面深入的分析说明，并提出改进意见。财务报表和附表来源于政府财务会计账户和相关记录。中期报表的涵盖期间应少于一年，主要是为政府内部管理的目的编制。

（三）政府管理会计报告与政府财务报告的关系

政府管理会计既关心业绩的效率与效果，也关心组织的效率与效果。政府管理会计报告与政府财务会计报告的差异大致体现在六个方面：一是政府管理会计报告不需要遵循描述性会计格式，政府管理报告给信息使用者提供有用的信息，管理会计报告包括提供财务信息和非财务信息。二是两者定位不同。政府管理会计定位于给内部使用者提供会计信息，而财务报告定位于给外部使用者提供会计信息。三是政府财务报告不具有预见性，仅仅反映过去发生了什么，提供的是历史会计信息，而政府管理报告主要面向未来，其目的是帮助预测未来的决策制定。四是政府管理会计报告时间和格式较灵活，不像财务会计按年或按季报告，可以在他们需要时报告。五是政府管理报告信息比财务报告提供的信息优越。例如，管理会计报告能够分析未来成本趋势，分析与标准成本的差异等。六是与财务报告加总的组织信息不同，政府管理会计报告包括详细的和明确的组织子单位的信息。

第三节　国外政府管理会计实践

以英国、法国、德国、日本为代表的西方国家开展的政府管理会计实践取得了显著成绩，并对各国政府管理会计实践起到了巨大的推动作用。国外政府管理会计实践的演进脉络和规律，为促进中国政府管理会计实践的发展提供了可资借鉴的基础。现将各国的政府管理会计实践总结为三种模式，分别介绍英美模式，以法国、德国为代表的欧洲模式和亚洲模式。

一、英美国家政府管理会计实践

（一）英国政府管理会计实践

英国是 NPM 的发源地。1979 年撒切尔夫人上台后，英国保守党政府推行了西欧最激进的政府改革计划，开始了以注重商业管理技术、引入竞争机制和顾客导向的新公共管理改革。商业管理技术在英国公共部门的引入始于1979年，以雷纳评审委员会的成立为标志。1987年，《改变政府管理：下一步行动方案》报告提倡采用更多的商业管理手段来改善执行机构，提高公共服务的效率。而引入市场竞争机制则明显体现在1979年以来英国公共公司和公共机构的私有化浪潮中，也反映在1992年梅杰政府"为质量而竞争"的政策文件上。一个强有力的促进管理会计角色的是富尔顿报告：现代管理会计技术增加了高层政策制定和管理的需要。富尔顿声称会计人员"不再仅仅是一个账簿记录员，而是在更广的意义上进行财务管理"。

英国1982年颁布了财务管理改革方案。该方案明确和量化考核指标，改革行政管理体制，分解职能，划分责任和成本中心等。同时，英国开展政府管理会计是根据议会公共账目委员会的要求而做出的一种响应，该委员会要求政府会计不应只限于提供政府财务会计信息。该项改革措施的制定和实施，强化了部门的经济责任，为英国政府会计改革和公共管理创造了条件。对英国而言，20世纪80年代兴起的政府管理会计本身就是NPM和受托管理责任发展的一种产物，在90年代得到了进一步发展，英国是当今国际上开展政府管理会计水平较高、较成熟的国家之一。

（二）美国政府管理会计实践

美国的新公共管理可以从1978年卡特政府的"文官制度改革法案"的实施算起，它带有明显的管理主义倾向。里根政府大规模地削减了政府机构，收缩了公共服务的范围，当时负责推行改革的格鲁斯委员会的基本职责是将私人部门成功的改革方法"最好的实践"引入公共部门管理领域中，以提高政府效率。1993年克林顿开始大规模的"重塑政府运动"，其目标是创造一个少花钱、多办事的政府，并坚持顾客导向、结果控制、简化程序和削减到底原则。改革的基本内容是精简机构、裁减雇员、放松管制、引入竞争以及推行绩效管理。这场改革的一个纲领性文件是《从过程到结果：创造一个少花钱多办事的政府》，即戈尔报告，它提出政府改革的四项基本原则：消除繁文缛节，由注重过程的系统转变为注重结果的系统；把顾客放在首位；授权雇员以取得成果；一削到底，创造一个少花钱多办事的政府。从胡佛委员会成立以来，政府财务行政引进诸多企业化方法，包括目标管理与成本效益分析。美国颁布了很多政府财务方面的法案，通过这些法案，可以看出美国政府管理会计的发展历程。

二、法德政府管理会计实践

（一）法国政府管理会计实践

《财政法 2001》重新规定了编制、审议和执行年度财政法和中央政府预算的方式，它从 2006 年预算开始实施。该法案是法国预算和会计改革的法律保障，标志着法国朝 NPM 方向发展。它有两大目标，以项目和目标为基础，更好地管理公共支出，从而引进预算的全新方法，充分实施应计制，不仅在中央政府整体层面上，而且在各部委和各司局都要全面实施。新预算框架下，预算执行是以项目和目标为基础，进行公共支出管理并做出绩效评价。《财政法解释条例 2001》的主要目的是提高中央政府的透明度和绩效水平，引进应计制会计是其整个体系中的重要组成部分，并要求中央政府要建立预算会计、财务会计和成本会计三套会计系统。从总体上说，该法案改变了先前法令的很多规定，对中央政府会计实务产生了深远影响。为了成功建立这三套会计系统，法国财政部成立了一个中央政府会计准则委员会。该委员会在 2002 年 5 月举行了第一次会议，只发出了 3 份征求意见稿。新法案没有对三套会计系统提供多少信息或建议，大量工作留给会计人员去完成，但该系统对每年解释与项目成本有关的目标、绩效和指标是必要的。前两种会计已经开始在政府会计领域使用，公共会计总局使用这两种方法对国家的每一笔收入和支出进行跟踪。而管理会计由于项目成本核算方法相对复杂以及牵涉面广，先需在一些部门进行试点，全面使用还需要大量的基础性工作。

（二）德国政府管理会计实践

德国三级政府的所有预算和会计系统受法律管理，而不受任何政府外部的准则制定机构管辖。20 世纪 70～90 年代，行政改革采取了非连续性渐进主义模式，改革内容为调整公共事业、给国家减肥、削减公共服务人员、缩减公共人事开支、转变公共组织结构等。预算和会计改革动因的存在和主导的改革假说，使人认为改革国家的预算和会计趋同于一种统一的新公共财政管理。为了满足一个关注效率的政府信息，以及立法者和公众的信息和受托责任要求，绩效产出和资源应计制预算和会计系统更合适。德国公共部门财政管理系统变革基本上是改革公共部门的直接结果。这次改革的方法是私有化、公司化、分权、下放权力、竞争和以产出为导向。为避免风险，德国公共部门财政管理变革相当缓慢和谨慎。变革首先在地方政府展开，随后到州政府和联邦政府，而且注重预算和管理会计，以技术推动变革。由于不同程度的财政压力，德国的财政管理改革从地方政府开始进行，德国地方政府改革进程缓慢。一方面，产出的衡量方式存在问题，具有两重性；另一方面，地方政府没有统一的地方政府预算。产出结构、业绩指标和业绩的非数量没有描述细节，也缺乏执行计划。

三、日本、马来西亚政府管理会计实践

（一）日本政府管理会计实践

日本行政改革具有四个潮流：传统的行政改革；重建财政；按缓和规则调整经济结构；从重视生存、重视国际化的角度推动行政改革。日本采取了四项行政改革的举措：市场化（产业政策的重新审视）；民营化（政府与企业关系的调整）；自由化（政府与市场关系的调整）；自治化（中央与地方关系的调整）。这些行政改革具有三个特点：行政改革的内容涉及范围广；行政改革坚持不懈；实行《总定员法》，对公务员管理实行总量控制。行政改革成功的经验为：坚持行政改革的持续性，以常小动换不大动的稳定政治局面；行政改革必须突破传统观念，与经济、政治改革相结合；加强预算约束强调各界参与行政改革要有法律保障。早期中央和地方政府没有新的财务管理技术，很少讨论 NPM。20 世纪 90 年代，日本政府财务压力加大，传统官僚主义弊端显现出来，其原因是该系统不能应对市民变化的需要；地方政府财政压力不断扩大；财政丑闻和官僚主义腐败在很多地方政府发生。这些内外压力影响了地方政府的会计系统。从外部压力看，市场压力需要成本数据，导致财务会计和管理会计用应计制衡量项目成本。但其压力主要限制在财务会计，因为比较数据如基准要求采用应计制。受托责任要求透明度，影响财务会计和审计。日本的一般民众不关注财务报告，但需要审计改革。绩效压力需要货币价值影响管理会计和审计。但日本公共部门的审计局限在财务审计，所以压力主要是对管理会计。当内外压力同时作用时，每一个子会计系统更可能转变，如市场压力和资本市场改革一起作用导致了财务会计改革。绩效压力和分权或管理改革政策导致了管理会计变革。受托责任压力和审计系统改革同时作用于审计。

（二）马来西亚政府管理会计实践

马来西亚进行的公共部门改革包括实施整体的质量管理、质量控制体系、私有化和推行电子化政府。1968 年以前，马来西亚采用的是分项预算，关注的重点是投入。1968 年公共部门财务管理改革引入了项目绩效预算制度。1969 年开始实施项目绩效预算制度，该制度旨在“帮助政府管理者根据项目的目标思考问题和安排计划，找到最高效、最经济的途径来实现目标，并在

竞争的项目中确定预算安排的优先顺序”。由于缺乏具备相关技能的人员，会计和预算制度之间缺乏相关性，管理权限以及决策结构、绩效度量也存在困难，项目绩效预算制度的成效受到了限制。20 世纪 80 年代，由于项目绩效预算制度存在问题，尤其是绩效度量的实施和项目进展方面的问题，一种修正的预算制度（MAS）产生了，主要目标是提高政府财务管理效率，尤其是增强对官员、项目以及管理者行为的控制，1990 年开始试点，1990～1995 年分五个阶段在联邦政府的所有机构中开始实施。1992 年开始引入管理会计制度，这种制度与作业成本法相似，补充了 MAS 制度下收付实现制会计体系提供的信息。

四、各国政府管理会计的实践启示

（一）各国政府管理会计实践分类

目前各国的政府管理会计实践大体分为四类。第一类是英美模式，其根源于英国传统，目前英国、美国、新西兰、澳大利亚等国都采用该模式。英美模式的政府管理会计实践走在世界前沿，这些国家最早进行新公共管理，运用大量的管理会计技术进行政府改革，以提高政府的财务管理水平。第二类是以法国为代表的欧洲大陆模式，即法国、意大利、西班牙等采用的“拉丁”版本，它强调行政对议会的受托责任是必要和充分的。第三类是以德国为代表的欧洲大陆模式，即德国、瑞士、荷兰等国家的“日尔曼”版本，它强调政府包括行政和立法对公众的受托责任。第四类是亚洲模式，包括日本和马来西亚等国。当然，在各国实践中，并不存在一个单一的模式。政府管理会计实践能在国家之间进行流动，但要注意各国的具体国情和制度背景。如果不顾国情，盲目移植，可能导致移植失败。因此，我国可以借鉴各国的政府管理会计实践经验，但要根据我国国情进行适当调整。

（二）各国政府管理会计实践经验总结

1. 应计制政府会计基础是推行政府管理会计的关键

政府管理会计需要核算成本，评价绩效，这是传统的现金制政府会计无能为力的。因此，各国需要逐步进行应计制政府会计改革，从现金制到修正现金制、修正应计制，最后过渡到完全应计制。

2. 成功的政府管理会计实践需要相关法律制度保障

一方面，政府财务管理方面的法案为政府管理会计实践提供了良好的外部环境。比如美国各种管理会计技术的引入就伴随着各种政府财务管理法规的颁布。另一方面，专门的政府管理成本会计准则为政府管理会计实践提供了行动指南。

3. 政府管理会计技术主要来自企业的管理会计技术，并根据政府的“非营利”特征进行适当调整

在新公共管理背景下，各国为了应对自身财务危机和公众要求改革的呼声，逐步引入商业管理技术、引入竞争和顾客导向。因此，原来运用于企业的全面预算管理、作业成本法、标准成本法、平衡计分卡、基准和数据包络法等管理会计技术，都开始在政府运用和推广。

4. 政府管理会计技术的成功推行，需要政府高层的大力支持和政府会计人员素质的提高

政府管理会计改革首先需要各级政府高层的支持，为其提供良好的氛围和必要的人力、物力和财力支持。另外，政府管理会计技术对政府会计人员的素质要求较高，这需要对现有会计人员进行培训。

5. 政府管理会计需要与政府会计其他子系统信息整合

由最初的预算会计，到现代政府会计体系的构建，政府管理会计成为政府会计体系的重要组成部分。现代政府会计体系由政府预算会计、政府财务会计、政府成本会计和政府管理会计四个子系统构成。政府会计体系四个子系统分别满足不同信息使用者的需求，但这四个子系统的数据相互联系，需要对其进行整合，实现资源的共享。这也需要政府部门具有一定的信息技术能力，以及为提高管理效率而提供必要的信息。

6. 政府管理会计系统需要能力、判断与详细检查

政府管理会计比政府财务会计复杂，它要求相对精确的各种判断。因此，要在应计制政府财务会计运行一段时间后才能更好地实施政府管理会计。而由于管理会计系统需要各种判断，需要配备一套制度，确保其独立和详细检查。

7. 政府管理会计推行需要持之以恒

政府管理会计的引进是一项长期的事业。除非对新系统的引进形成了普遍的认同和接受，否则会因风险太大而放弃。比如美国加强政府管理会计建设是一个循序渐进的过程，其推进政府管理会计建设已经将近半个世纪，一方面摸索了很多好做法、好经验，另一方面仍然在进一步探索和完善之中。

8. 政府管理会计需融入管理会计与报告程序机制

由于政府管理会计的引入过程是一种由管理会计实务与政府环境共同驱动的动态过程，所以变革必须确保将改革措施融入管理会计与报告程序机制。

总之，薄弱的政府管理会计，尤其是政府管理会计执行乏力，是困扰政府管理会计的重要原因，其中既有技术方面的原因，更有人的因素。尽管有

所曲折甚至反复，但加强政府管理会计是大势所趋，时至今日，各国政府管理会计已大大加强，涉及范围也十分广泛，这有利于我们借鉴各国经验。

第四节　我国政府管理会计模式及其运用

政府管理会计不应只关注如何设计和实施，更关键的是如何将政府管理会计的结果运用于政府管理和未来改进的决策之中。政府管理会计本身只是工具，而不是目的。它是一个信息系统，应给公共管理提供决策有用的信息。当然，政府管理会计结果运用的前提是高质量的政府管理会计执行。为了使管理会计结果得到有效合理的应用，应当制定政府管理会计结果运用办法，使得政府管理会计实践由一个从立项、实施、评价、建议到结果运用各环节立体的、规范的管理体系和操作流程。

一、我国政府管理会计实践的现状

（一）管理会计指引体系已初具规模

近年来，财政部先后印发了一系列关于管理会计的文件：2014 年 10 月印发了《财政部关于全面推进管理会计体系建设的指导意见》，正式拉开了我国发展管理会计的大幕；2016 年 6 月印发了《管理会计基本指引》，迈出了建立我国管理会计指引体系的重要一步；2016 年出台了《会计改革与发展“十三五”规划纲要》，指出要加强管理会计指引体系建设，推进管理会计广泛应用，提升会计工作管理效能；2017 年 10 月印发了《管理会计应用指引 100 号——战略管理》等 22 项管理会计应用指引；随着这一系列文件的印发，我国以管理会计基本指引为统领、以管理会计应用指引为具体指导、以管理会计案例示范为补充的管理会计指引体系已初具规模。

（二）管理会计开始在政府、高校中应用

2018 年 6 月，财政部出台《管理会计应用指引第 803 号——行政事业单位（征求意见稿）》，具体从预算管理、成本管理、绩效管理等方面搭建起了行政事业单位的管理会计实施框架，为我国政府管理会计的实施提供了基本思路。随着政府财务管理的不断深入，管理会计在进一步加强政府财务管理、大力改善和不断提高资金使用效益等方面将发挥越来越重要的作用。随着 NPM、建立节约型政府的推进，我国开始了很多政府管理会计实践：比如预算方面的绩效预算、中期预算作业成本法、标准成本法等成本管理方法也在

一些政府部门开始试点，绩效管理在我国更是受到重视，各地均开始进行绩效评价，有些政府部门开始运用平衡计分卡、基准等方法进行绩效管理，政府人力资源会计也得到了一定的发展，由于政府加大公共投资，各种公共投融资管理的技术、方法也不断涌现。同时，在近年来，一些教育部直属高校通过学习财政部印发的管理会计系列文件，学习、了解和掌握各种管理会计工作方法，将其应用于财务管理实践，取得了较为明显的成效。

（三）政府管理会计仍缺乏完整体系

管理会计在我国运用的时间并不长，各级政府部门从实践经验出发，逐渐摸索出一套加强财务管理、提高资金使用效益的方法，但缺乏系统、科学的决策控制理论指导。政府部门主要运用责任会计，即以核算为主的会计，对全面预算、风险分析、差量分析、长期投资决策方法、业绩评价等用之甚少，会计人员也缺乏管理会计的基本概念，更谈不上应用这些方法参与决策，管理会计的作用被简单的财务会计观念代替。因此，运用科学的管理方法提高政府财务管理整体水平，将给政府财务管理带入一个新的发展阶段。但关于政府管理会计体系如何构建，现阶段我国在理论和实践方面尚未得到统一方法，我国缺乏一个完整的政府管理会计理论体系来指导实践，政府管理会计处于自发状态，这将严重影响我国政府管理会计的发展速度。

二、我国政府管理会计实践推广的阻碍

（一）政府管理会计自身的局限性

1. 政府管理会计的对象难以确定和计量

通常有四个方面的计量难题：缺乏数据、质量难题、缺乏审计绩效标准和分配间接费用到责任中心的难题。很多政府管理会计技术的成功运用在很大程度上依赖于提供数量化的产出数据，而在项目刚开始时，获取量化数据是一个难题。

2. 管理科学本身的局限性

任何一门学科是否具有完整、系统的理论体系，是该学科能否独立成科并不断发展走向成熟的重要标志，也是该学科能否在实践中得到推广应用的关键。从目前管理会计的发展看，它缺乏规范化的理论体系指导，这将严重影响其推广应用。

3. 管理与会计的结合存在脱节

管理会计并不是管理与会计的简单结合，而是两者的有机结合。管理与会计的结合还涉及会计环境问题，管理会计执行必须要有一个完善的经济体

制环境。当前，我国虽然建立了社会主义市场经济体制，但还不够完善，计划经济观念依然存在，这些都使得单位决策者在进行决策时更重视一些行政因素和社会影响因素，而不能重视管理会计所提供的信息，造成管理会计在政府中不能普遍应用；同时，我国现阶段的金融、价格体制还不够完善，使得管理会计在实际运用中不能充分发挥作用。

4. 财务会计与管理会计联系不够协调

管理会计的许多信息来自财务会计的有关报告，管理会计就是利用这些会计资料对经济效益进行预测、决策。而这种预测、决策是否正确，最后还是要通过财务会计进行检验，因而管理会计不能离开财务会计单独存在，财务会计与管理会计联系不够协调，直接影响了管理会计在政府实务中的广泛应用。

（二）政府组织相关特征对政府管理会计的阻碍

组织特征影响管理会计的采用。一是城市规模。它是革新采用的一个重要因素。政府管理的人口规模反映其提供各种服务的范围和复杂性。大规模政府更需要可靠的信息来分析，以持续有效地履行他们的职责。二是政府的形式。政府运营的政治环境是影响其有效使用某种管理革新的一个重要因素。更重要的是，政治环境影响了计划和控制的决策过程。三是社会经济状况。社会经济特征指地方政府的财富和财务资源。单位资本收益是收入能力的一个重要指标，用来衡量地方政府社会经济状况。组织规模和财富是最影响革新的指标。四是高层管理者的支持对革新的成功起到重要作用。这种支持不仅是赞同，而是承诺提供一个积极的环境来培育革新。

（三）政府公务员个人特征对政府管理会计的阻碍

个人特征是影响管理会计使用的重要变量，政府公务人员由于受到传统做法和习惯势力的影响，管理意识较为薄弱。一些会计人员和决策者认为，会计就是算账、报账，至于管理、决策是领导的事情。目前在许多地方，既没有建立管理会计组织，也没有培训相应的管理会计人员，会计人员本身也没有应用管理会计的机会与积极性。政府管理层和会计人员的错误认识也会阻碍政府管理会计的推行。具体包括以下几个方面：一是认为预算会计是为宏观管理服务的，而不是为公众服务的。政府公共部门不是逐利的，不需要计算成本、确定盈亏，政府管理会计可有可无。二是认钱不认物。政府应以公共利益最大化为目标，但是根据公共选择理论，官僚是理性经济人，寻求个人利益、效用最大化，而非公共利益最大化。在垄断环境下，垄断导致信息封锁和信息不对称，官僚利用其信息优势，使预算最大化，支配资源最大化，任意支配资源，不考虑供求关系，预算结余时就突击花钱，导致官僚部门运行效率低下。三是混淆公共财务管理、公共财政管理和企业财务管理。按公共财政的方式管理公共财务，就会养成不计成本、不讲效益、不顾风险的恶习，造成公共资源浪费、公共资金使用效益低下、公共财务风险加大；若按照企业的方式管理公共财务，就会迷失非营利的组织目标和财务方向。

（四）政府制度环境对政府管理会计的阻碍

根据公共选择理论，政府官员为有限理性经济人，追求部门预算规模最大化，同时不必考虑公共产品的成本绩效，这可能造成对政府资源的浪费。财政预算制度如果设计不当，不能约束官员的预算最大化倾向，也会造成资源浪费。所以政府管理会计的实施要考虑如何与预算制度结合。由于官员无法从追求效率中获得效用满足，因此缺乏改进效率的内在动力。不同于私人部门“每个人都要变成一个计算器”，政府在提供公共产品和服务时，合同的改变和竞争文化使得在新环境中设计财务和管理会计系统的责任重大。这些任务包括相对熟悉的定价到更复杂的合同签订、合同遵守和绩效衡量。但最大的挑战可能是资金的有效筹集和分配。政策制定层面的复杂性将阻碍管理会计的执行。

总之，制约管理会计开展的关键因素为缺乏客观的计量标准来评价管理业绩；缺乏合格的政府管理会计人员来履行和报告；管理会计未能清晰界定政府管理会计的范围。因此，要消除制约因素，既要政府管理会计人员提高自身素质，又要不断改善政府管理会计实施的内外环境。

三、加强我国政府管理会计实践的措施

在我国，学术界和政府主管部门对在政府会计中引入政府管理会计已形成共识，但究竟在多大程度上引入政府管理会计的问题上却持不同观点。我们认为，政府会计引入政府管理会计分支的改革应当充分考虑我国的具体国情，充分考虑与政府会计改革相关的公共财政改革的进程，不能急于求成，应当采用循序渐进的改革策略，逐步建立既有我国特色，又有较强操作性的政府管理会计。为了在我国成功引入政府管理会计，有必要形成一个完整的引入政府管理会计的框架，包括条件创造阶段、核心改革阶段和其他配套措施。

（一）条件创造阶段

1. 加快政府管理会计的相关立法工作，提供法律保障，创造一个健全的法制环境

一方面，要加强政府责任的相关法律法规的立法，明确政府部门的权力

和责任，为强化对政府部门绩效监督提供具有法定意义的依据，把衡量政府活动的有效性和效率性的标准以法定的形式加以明确；另一方面，要研究制定我国的政府管理会计制度，确立政府管理会计的应用范围，使改革的实施过程规范化、科学化和合法化。

2. 改变政府人员观念，进行政府流程再造。在政府治理理念方面，政府人员应树立廉洁政府、责任政府的理念

政府在运行过程中节省劳动耗费、降低成本就能有效地利用有限的资源，在资源消耗定额前提下，为公众提供更多更好的服务。在改变政府人员观念的同时，可模仿商业流程再造方式对政府流程进行再造。

3. 培养政府决策者的管理会计意识，取得政府领导支持并成立政府管理会计指导委员会

管理会计行为是对政府的管理行为，而不是对政府的核算行为，既是对管理者价值观的一种挑战，也是对管理者管理意识的检测。NPM 要求各级管理者不仅要懂得运营，更要懂得管理，其中包括会计和财务管理。因此，提高管理会计的应用水平，政府领导已经成为最关键因素。应该建立一定的社会约束机制，促使政府领导层重视管理会计的应用。

4. 进一步加强管理会计基础教育，提高会计人员素质，提高对管理会计的认识

管理会计的运用最终要通过会计人员加以实施，具体运用到日常经营中去。因此，会计人员的素质对于管理会计的实际运用起着重要的作用。我国现阶段会计人员的总体素质不高，由于会计人员素质跟不上，使他们没有能力去实践管理会计。建立管理会计组织，培训相应的管理会计人员，并通过日常工作中的业务学习，提高应用管理会计的机会和积极性。

（二）核心改革阶段

1. 构建政府管理会计制度

一是政府管理会计指引的制定。财政部应该在充分借鉴我国企业管理会计与国外政府管理会计实践经验的基础上，加快制定出台我国政府管理会计指引体系。二是政府管理会计与政府财务会计、政府成本会计与政府预算会计系统的融合。这四个子系统在管理和履行政府的受托责任上相互补充，四个子系统相融合，能节省实施成本，提高运行效率。三是政府管理会计技术的采用。目前企业管理会计的很多技术已受到很多国家政府部门的重视，并逐步引入借鉴到政府管理会计中。四是政府管理会计报告模式的选择。由于我国政府管理会计主要以提高内部财务管理水平为主，政府采用的是中央集

权的政治体制，我国的政府管理会计报告的内容和形式与其他国家相比应有所不同。我国的政府管理会计报告可采用一种全面的管理会计报告模式。即政府管理会计报告不仅报告政府层面的信息，还应包括不同部门、不同项目的信息。

2. 进行部门试点

由于部门之间的差别，个别部门可先行实施政府管理会计系统，重点示范，再把管理会计系统推广到所有部门。这些个别部门可先行进行政府管理会计试点，以提供满足当务之急的管理会计信息，等条件成熟后再建立完整的管理会计系统，逐步对系统进行扩展。在进行部门试点时，可结合我国的部门预算改革，选择一些部门作为政府管理会计试点，并推行绩效预算。一方面，利用部门的基本情况编制汇报表，确认政府成本费用，提供成本数据；另一方面，制定一系列绩效指标，在一些部门推行绩效预算，对部门控制、使用政府资源的状况进行考核，强化部门责任。在部门试点之后，各部门应总结试点过程中的经验教训，对本部门的管理会计系统进行改进，并把此系统推广到更多的部门。

3. 改变会计职能

目前，会计的主要职能已由信息支持向管理决策转移，财务部门被赋予决策权，而且对工作结果负有不可推托的责任。相应地，财会人员由管理系统中的专业信息支持人员转变为决策者与合作伙伴，新的职责与角色要求财会人员更多地了解政府部门各个方面，以制定正确的战略计划。会计人员的工作精力将更多地用于计划与分析，并且将更加广泛地参与政府部门的各项活动，在管理决策中发挥更大的作用。

4. 加强对外部信息的重视

传统的管理会计只注重财务会计信息，加强内部成本控制。现代的管理会计要求着眼于政府的整体发展，通过衡量各部门的业绩，提供满足管理者决策所需信息。同时为未来发展进行预测，以尚未发生的事项为处理对象，筹划单位经营活动，预测未来经济效益。单纯依靠政府内部的信息很难做出正确的评价和决策。特别是要运用大数据平台，为政府管理会计决策提供支撑。

（三）其他配套措施

1. 开发和运用政府管理会计软件

会计软件是会计信息系统的核心。运用会计软件可以加快信息交流和分析、降低成本、强化资金管理与财务管理。管理会计软件在企业已经运用很普遍，政府管理会计软件和企业总体来说比较类似。由于政府管理会计与财务会计、成本会计和预算会计的特殊关系，政府管理会计软件在安装时需要考虑是作为一个独立的软件系统，还是嵌入财务系统抑或整个系统，还需进行多方面考虑，计算机网络化建设是实现政府科学化管理的必然趋势。只有尽快开发出新的管理会计软件，才能使计算机快速正确地处理大量的会计数据，从而使其为政府发展及管理者决策提供服务。

2. 深化政府管理体制改革，为政府管理会计的建立和实施创造外部条件

现代市场经济国家的经济职能包括资源配置、收入分配和稳定经济。而公共财政框架下的财政职能已经落后于现代国家的经济职能。因此，积极转变政府职能，为社会经济的长期健康发展提供政策支持调节和引导经济发展，为经济发展创造良好的环境。首先要政务公开。政务公开的一个主要内容就是政府成本、绩效数据的公开，这将促进政府对管理会计的重视。其次要引入竞争机制，强化政府绩效管理。在政府管理中引入竞争机制可以解决由政府垄断而造成的成本控制机制匮乏和服务效率、品质低下的问题。引入竞争机制后，政府在公共产品的生产中引入成本效益分析，进而提高公共产品的质量。

3. 学术界积极开展政府管理会计研究

学术界可以开展探讨政府管理会计、政府财务会计、政府成本会计与政府预算会计的融合。解决我国预算会计问题，不能孤立地看，而应综合考虑通过建立管理会计，进行有效的成本控制、绩效评价，以发挥四个子系统的协同作用。借鉴企业管理会计与国外政府管理会计实践经验，充分考虑实际情况，建立我国特色的政府管理会计体系。新型的管理会计应定位在以社会主义市场经济为基础，促进政府财务管理发展，密切结合政府实际，加强对现有理论体系的重新评价，探索建立包括政府管理会计的基本原则、多层次政府管理会计目标、具体管理会计内容、适用于政府运营的管理会计工具等框架体系，使其能够基本适应各级政府、部门单位的管理目标、管理要求、管理条件和管理流程，具有较强的指导性、针对性和科学性。

第七章

政府财务报告理论

第一节　政府财务报告理论概述

一、政府财务报告概念与边界定位

（一）政府财务报告的含义

政府财务报告是政府财务会计系统运行的结果，它是一种公共产品，为了满足公众对财政透明度的要求。程晓佳（2004）认为，政府财务报告的根本目的就是为报表使用者评价政府受托责任的履行提供基础，从而解脱政府受托责任，同时也是实现财政透明度的主要渠道。因此，政府财务报告应当全面反映政府及政府单位财务业绩和财务受托责任的相关、可靠的财务及非财务信息。以报告主体范围为标准，政府财务报告划分为单位财务报告、部门综合财务报告和政府综合财务报告。政府会计改革的总目标就是编制权责发生制的政府综合财务报告。政府财务报告采用财务报表、财务报表附注、财务报告文字说明的形式，其中财务报表又包括资产负债表、收入费用表、净资产变动表和现金流量表。有学者认为，政府财务报告还应包括政府的声明、政府的讨论与分析、审计人员的鉴证意见书、政府依法行政情况及各类反映政府受托责任的统计资料等。政府财务报告的编制主要以权责发生制为基础，以政府财务会计核算系统数据生成政府财务报告。

（二）政府财务报告边界定位

张琦（2007）认为，“政府会计边界”期望将政府会计系统的功能定位于特定范围内。政府会计的功能不应扩展至该范围以外，否则就是高成本且低效益的，范围外的功能可由其他信息系统予以实现。而在该范围内，政府会计应该充分发挥比较优势，并进行一定的功能优化，最大限度地服务于公共受托责任中的信息披露要求。“政府会计边界”应该是一个动态概念，各国政府会计的决策者可以结合本国实际情况以及改革实施成本，决定该国政府会计功能选择的范围。但政府会计无论是扩展边界以增加功能，还是紧缩边界以节约成本，都需引入成本效益分析机制，按照系统设计的原则确定其限度。

1. 政府财务报告扩展的上限：整体性原则的约束

系统都具有整体的特性，包含整体的结构、行为、功能等。但系统的整体功能并不一定等于它各个组成部分功能的总和，它具有各个组成部分在孤立状态中所没有的整体特性。系统设计的整体性原则，就是从系统的整体特性出发，研究系统中各要素相互联系和相互制约的规律。它要求系统中各要素在根据成本效益原则明确各自作用边界（即边际效益大于或等于边际成本的那个临界点）的基础上，相互协调，以达到整体的最优化。

从系统设计的整体性原则出发来分析公共受托责任信息披露系统，我们可以知道：一方面，公共受托责任信息披露系统的各要素应该明确各自的作用边界，如果过度地扩展其中某一要素（如政府财务报告系统）的边界，可能会涵盖本应由其他要素实现的功能，造成要素间的边界重叠；另一方面，公共受托责任信息披露系统的各要素应该相互补充，相互配合，各自发挥其优势功能，这样整个系统的功能才有可能最大化。这就意味着政府财务报告系统边界的上限应该是信息披露的边际效益大于或等于边际成本的临界点，超过该临界点过度地扩展政府财务报告系统的边界将是低效益且高成本的。具体来说，政府财务报告系统应着重关注外部信息使用者的信息需求，主要提供可以货币化的定量授权事项的相关信息（这些功能对于政府财务报告系统而言，往往是高效益且低成本的），将满足内部信息使用者的需求，提供非货币量化信息的任务（政府财务报告系统的劣势功能）交由擅长该功能的其他信息系统去完成。比如，可将向内部信息使用者披露与政府预算收支完成情况有关的预算信息交由财政预算系统去完成，而将提供非货币的其他量化信息（如国土面积、人口数量等）交由国民社会经济统计系统去实现。

2. 政府财务报告扩展的下限：目的性原则的需要

系统是有总体目标的。系统设计的目的性原则是指，系统各要素在运转中，要不断地调节和控制各自的行为，发挥协同作用，以逐渐趋近系统的总体目标。这就要求系统中的各要素应明确系统的总体目标，并采取相应的手段去努力实现该目标。公共受托责任信息披露系统的总体目标应该是公共受托责任信息的全面披露。政府财务报告系统作为其中的一个组成要素，就要服务于该总体目标的实现，应尽可能采取合适的手段为评价政府公共受托责任提供定量信息的支持。

因此，政府财务报告系统的下限应该是以满足反映和评价公共受托责任履行情况所需的定量信息为前提。这就要求在设计政府财务报告系统时要进行功能的优化，以满足这种评价需求。例如，政府财务报告系统不能因为信息成本较高放弃使用权责发生制基础，而采用收付实现制基础。收付实现制基础的政府财务报告系统无法提供项目的产出成本、政府资源存量以及政府绩效等信息，不符合系统论目的性原则的要求（无法满足绩效信息披露系统的总体目标），它低于政府财务报告系统下限。所以，政府财务报告系统的下限要求政府财务报告系统按照权责发生制对其功能进行优化。

3. 政府财务报告扩展的边界限定：动态性原则的结果

各类系统的动态特性或进化特性普遍存在。系统的动态性原则是指现实系统都是有序的、变化发展的，一般都由低级有序状态向高级有序状态发展，人们应当在动态中协调系统中各要素的关系，使系统达到最优化。系统的动态性原则意味着公共受托责任信息披露系统是一个动态、不断发展的系统，各国政府的决策者可以结合本国实际情况以及改革实施成本，决定该国公共受托责任信息披露系统各要素选择的范围。这就意味着，随着各国公共治理的不断成熟，政府财务报告功能的不断完善，政府财务报告系统的边界可以不断扩展，甚至可以替代公共受托责任信息披露系统中其他要素的部分功能。①

综上所述，从系统论的视角分析政府财务报告边界能否扩展，至少可以得到两个结论：一是各国政府会计的决策者只有将政府财务报告系统的边界定位于特定范围内（即政府财务报告系统应着重关注外部信息使用者的信息需求，提供可以货币化的定量信息），才是低成本高效益的。二是政府财务报告系统的边界应该是一个动态概念，从长远来看，可以按照系统设计的动态性原则扩展政府财务报告的边界来增加其功能，以有效应对公共受托责任不断拓展的信息需求。

二、政府综合财务报告的含义及特征

（一）政府综合财务报告的含义

编制以权责发生制为基础的政府综合财务报告是我国政府会计总体改革的目标和重要内容。政府综合财务报告是政府财务报告的重要组成部分，它

① 毛寿龙，李梅，陈幽泓．西方政府的治道变革［M］．北京：中国人民大学出版社，1998：300.

在政府部门财务报告的基础上合并编制而成，反映政府整体的财务状况和运行情况，以及政府整体的财政中长期可持续性的综合性财务报告。根据中共十八届三中全会提出的“要建立权责发生制的政府综合财务报告制度”的要求，2010年财政部启动了政府综合财务报告试编工作，2013年将试编权责发生制政府综合财务报告扩大到全国所有的省区市。2014年8月，全国人大常委会在新的《预算法》中加入第九十七条：“各级财政部门应当按年度编制以权责发生制为基础的政府综合财务报告，报告政府整体财务状况、运行情况和财政中长期持续性，报本级人民大会常委会备案”。2014年12月，国务院批转的财政部《权责发生制政府综合财务报告制度改革方案》正式公布，对全面推进权责发生制政府综合财务报告制度改革做出部署，标志着我国政府会计重大改革正式启动。2015年12月，财政部国库司印发《政府财务报告编制办法（试行）》《政府综合财务报告编制操作指南（试行）》等制度，以规范权责发生制政府综合财务报告制度改革试点期间的政府财务报告编制问题。2018年12月，财政部颁布《政府会计准则第9号——政府财务报表编制与列报》。由此说明，编制权责发生制政府综合财务报告是我国政府会计改革的突破口和基石。

政府综合财务报告是反映政府会计作为一个信息系统的“最终结果”。因此，政府综合财务报告的编制必须以政府会计准则制度标准构建为核心的政府财务会计核算信息为基础，通过专门的会计方法和程序，合并形成真实、完整、准确的权责发生制政府综合财务报告。伴随着我国市场经济的逐步完善，我国融入经济全球化的进程也进一步加快，社会需要一个服务型的政府来提供公共产品，保障相应的公共服务；公众需要对政府进行绩效监督，从而对政府会计信息的需求也就越来越大。纵观国际流行的政府会计改革的一贯做法，解决此问题的较好途径是引入权责发生制，并建立相应的政府财务会计制度，核算政府所有的资产及负债情况，在此基础之上编制好政府年度综合财务报告，以向政府治理者和公众公开政府的受托责任以及受托责任的履行情况。为做好我国政府会计与国际接轨的推行工作，基于我国国情以及当前经济状态，中共十八届三中全会提出“建立权责发生制的政府综合财务报告制度”，从高层确立了推进政府会计改革和完成新一轮财政改革的目标要求。

（二）政府综合财务报告的特征

新《预算法》明确要求，各级政府财政部门应当按年度编制以权责发生制为基础的政府综合财务报告。《改革方案》规定，各单位应在政府会计准则体系和政府财务报告制度框架体系内，按时编制以资产负债表、收入费用表等财务报表为主要内容的财务报告。各部门应合并本部门所属单位的财务报表，编制部门财务报告。各级政府财政部门应合并各部门和其他纳入合并范围主体的财务报表，编制以资产负债表、收入费用表等财务报表为主要内容的本级政府综合财务报告。县级以上政府财政部门要合并汇总本级政府综合财务报告和下级政府综合财务报告，编制本行政区政府综合财务报告。因此，迫切需要通过列报准则来规范政府会计主体个别财务报表和合并财务报表的编制和列报，为权责发生制政府综合财务报告制度奠定基础。

1. 政府综合财务报告编报内容复杂

我国政府综合财务报告由政府财政部门负责编制，遵循《政府综合财务报告编制操作指南（试行）》中的具体方法和实施步骤予以进行，依法依规做好3张主表和16张附表的详细编写工作。我国政府综合财务报告所含内容丰富，涉猎范畴较宽，含义广泛：一是政府综合财务报告涵盖政府整体层面财务和运营情况，是对政府会计信息全方位的反映；二是政府综合财务报告是对政府运营及公共管理透明信息的及时披露，是对政府会计信息的高质量反映；三是政府综合财务报告是当期政府期间所实现的收入和为实现收入所应负担费用的合理归集，是对当期政府财政的最真实反映。

2. 政府综合财务报告以权责发生制为基础

我国政府综合财务报告以权责发生制为编制基础，按照年度为编制单位进行编制，其主要表现特征如下：一是政府综合财务报告在编制过程中已兼顾决算报告和财务报告，彰显出当期政府提高财政资金在使用过程中效益水平真实反映的多途径特征；二是政府综合财务报告已由原来分散的、相互脱节的报告制度迈向同一架构下综合体系转变趋势，凸显出对加强财政抗风险能力的多维倾向特征；三是政府综合财务报告已注重报告目标着眼，不仅体现出向上级财政和人大问责的趋势，也表象横向对公众和部门管理者问责的趋势，并通过建立完备的审计制度来推动问责机制及绩效管理的大面积铺开，在报告目标体系方面具有多元化特征。

三、政府综合财务报告理论研究现状

“建立权责发生制的政府综合报告制度”这一概念先后在2013年中共十八届三中全会通过的《中共中央关于全面深化改革若干重点问题的决定》和2014年修订的新的《中华人民共和国预算法》中被提出，为我国政府会计制度改革奠定了基础。2014年12月，国务院批转的财政部《权责发生制政府综合财务报告制度改革方案》（以下简称《改革方案》）提出了建立健全政府会计核算体系、政府财务报告体系、政府财务报告审计和公开机制、政府财务报告分析应用体系等改革的四大任务，从“过程管理、结果管理、监督管理、决策管理”四大视角，提出了政府会计制度改革的总体路线。而《财政部关于修订印发〈政府部门财务报告编制操作指南（试行）〉的通知》《财政部关于修订印发〈政府综合财务报告编制操作指南（试行）〉的通知》《政府会计制度——行政事业单位会计科目和报表》，则为政府财务报告体系的构建提供了基本方法的指导和规范。目前学术界对权责发生制下政府财务报告的研究大体从这几个方面展开，但研究角度不同，观点不一。

（一）基于政府会计改革和财务报告制度建立的视角

1. 基于国家治理视角的研究

李建发和张国清（2015）提出我国构建权责发生制政府综合财务报告制度，必须以国家治理为导向。荆新（2015）和张曾莲（2017）分别从理论和实证角度进行了分析。张曾莲（2017）以实施政府会计改革比较早，成熟度比较高的 OECD 国家作为研究样本，从财政透明度、财政风险水平以及政府绩效等方面，分析了政府财务报告制度改革的积极意义。除此之外，荆新（2015）认为，对政府信用评级和资产负债管理等也有积极作用。以上学者的研究表明，不管是在国家治理情境下开展政府会计改革，还是从政府会计改革对国家治理的影响来看，二者都是相互影响、不可分割的。

2. 基于信息需求视角的研究

肖鹏和冉梦雅（2015）将信息需求者分为立法及监督机构、资源提供者、其他政府和国际组织或机构、中介机构和财务分析师、内部管理者五类，并阐述了需求方所关注的信息需求及质量标准。路军伟（2015）基于我国国情，将政府信息使用者分为内部管理者、上级主管部门、上级政府、广大人民群众、各级人民代表大会及其代表、地方政府债券的投资人、信贷提供者、新闻媒体、评估机构、倡议者组织、经济/财务分析师等。

3. 基于国际比较分析借鉴视角的研究

潘琰和吴修瑶（2015）以选用不同程度权责发生制的欧盟成员国为研究对象，翟悦（2016）和宁美军（2016）等分析了以英国、美国和法国为代表的政府会计模式，戚艳霞和王成（2015）以澳大利亚的政府会计改革为研究对象。学者们在分析国外应用经验的基础上，对我国将权责发生制这一核算基础引入政府综合财务报告，构建具有符合我国国情和制度背景的政府会计核算模式提出了思考和建议。从比较研究的成果来看，国外先行国家的政府会计改革也大体经历了从收付实现制到权责发生制的过渡，不同国家权责发生制实施的范围和程度不同。英国、美国、法国、澳大利亚是进行政府会计改革比较早、实施比较成熟的国家。

（二）基于政府会计准则体系构建的视角

李建发等（2017）针对我国当前的国情，提出了政府会计准则执行机制框架要以制度理论为基础，并就如何有效执行提出了政策建议。有些学者就政府会计核算的具体问题进行了分析，如应唯、张娟和杨海峰（2016）认为当前政府会计准则构建中的重难点主要集中在确定政府资产核算范围、确认与核算特殊项目、编制合并政府财务报表、政府会计信息化建设以及政府会计人才培养等方面，提出要处理好会计核算与报表编制的关系。还有一些学者以国外先行国家的经验为借鉴，进行了比较分析，提出了适合我国国情的政府会计准则体系。如马蔡琛和李宛姝（2016）对中美两国的政府会计体系进行比较分析，从预算会计体系的改进、专项财政资金的披露与绩效预算改革的互补等方面提出建议。戚艳霞、张娟和赵建勇（2010）将美国联邦政府、美国州和地方政府、国际公共部门、英国政府和法国政府等的会计准则体系进行了对比，分析了我国政府会计改革的内外因素，提出了对我国政府会计准则体系构建的启示以及构建的路径和具体问题。李倩云和吴杰（2017）从政府会计基本准则的要素出发，将中国政府会计基本准则与美国联邦政府和国际公共部门的会计概念框架进行了比较，发现三套体系在核算基础、目标和会计要素等方面存在不同，提出了在借鉴基础上完善我国政府会计基本准则的建议。

（三）基于政府综合财务报告的编制视角

黄志雄（2017）从政府财务报告试编现状的角度出发，对 2011～2016 年政府财务报告试编阶段存在的问题进行分析，发现试编中存在的问题主要体现在：资产和负债的真实、完整与可靠性无法保证；编制人员会计技能匮乏；财政分析决策缺乏科学性；没有配套的考核评价方法。李建发和赵军营（2016）、李建发（2016）、戚艳霞（2015）等主要针对试编工作中权责发生制的运用范围、运用程度以及有效衔接、报告主体合并范围和标准的界定、合并方法的选择、内部交易的抵消处理、报表附注披露的完善、政府合并财务报表（CFS）与政府财政统计（GFS）的协调及衔接、政府综合财务报告与审计报告之间关系等问题进行了探讨。就当前的研究现状来看，关于建立健全政府会计核算体系和政府财务报告体系的研究，大体从权责发生制选择的必要性以及实施的重难点等方面展开，囊括了报告编制的基础、编制的依据、报告展现的具体形式以及编制中的问题等多个角度。研究视角很多，但大都是基于理论层面的探讨和指导。

第二节　政府综合财务报告理论结构

一、政府综合财务报告的主体

（一）政府综合财务报告主体的实质

政府综合财务报告的主体涉及纳入政府综合财务报告的范围、组成结构及其原因解释。所谓纳入政府综合财务报告内容的范围，是指哪些内容应当纳入政府综合财务报告，哪些内容不应当纳入政府综合财务报告。它决定着进入政府综合财务报告内容的界限。所谓纳入政府综合财务报告内容的组成结构，是指政府综合财务报告的各内容之间应当有一个怎样的结构关系，如果是核心内容，应当详细报告；若是次核心内容，可以合并报告；若是附带内容，只需要注释说明。因此，明确政府综合财务报告的主体是编制政府综合财务报告的基础和前提。

政府综合财务报告主体的界定，必须首先要明确政府会计主体的含义及内容。从理论上讲，政府会计主体是政府会计概念框架中需要明确界定的一个重要问题，它是解决政府会计为谁记账和为谁报账的问题。会计主体是会计假设的核心，用以界定会计核算与报告的空间范围。由于政府或政府单位是一个对外承担受托责任的整体，它必须对外报告所有财务收支情况及结果，所以政府及政府单位具有组织主体和基金主体的双重性。组织主体是假设政府或政府单位以“组织”界定会计的空间，按对外承担受托责任的组织整体的财务收支作为会计核算和报告的对象。通常政府会计主体分为记账主体和报告主体，政府综合财务报告主体的实质是报告主体，而非记账主体，核心是提供一套政府合并报表。即政府综合财务报告是依据政府部门财务报告为基础合并而编制的综合性财务报告，政府综合财务报告主体就是确定合并政府部门或政府单位的范围和内容。

（二）政府综合财务报告主体的界定标准

在国际上，美国联邦政府综合财务报告主体的界定标准需满足以下三个方面条件：一是能够担负公共资源使用和管理的受托责任；二是能够定期对外披露和提供真实有效的财务信息；三是能够拥有潜在的报告信息使用者。

法国政府综合财务报告的主体界定包括：预算法中授权的总统、参议院、国民议会和宪法委员会等运营和管理公共资源的非独立法人实体部门与机构。英国政府综合财务报告主体需满足以下五个方面条件：一是具有资产负债的所有权；二是受托责任范围清晰；三是非宪法中规定的独立机构；四是非自治运营方式的部门机构；五是资金来源明晰。在各国政府会计改革实践中，通常采用“控制基础”和“受托责任”两大标准。依据我国国情和政府治理的要求，应该兼顾“控制基础”和“受托责任”两大标准来确定政府财务报告主体。即政府财务报告主体具有层次性的特征。

政府会计应以政府活动为本核算范围内，凡是政府活动引起的资金运动，就应该纳入政府会计的核算范围，也就是传统意义上的财政总预算会计和行政单位预算会计，由政府拨款的事业单位也应归入政府会计的核算范围，此外，国有资本金也应纳入政府会计的核算范围。根据我国政府会计基本准则的规定，政府会计主体包括各级政府、各部门和各单位。因此，借鉴国际通行做法和我国政府会计准则规定，我国政府综合财务报告主体可以划分为三个层次：第一层次是中央政府（国家）和各级地方政府（地方）；第二层次是政府部门（部门）和政府所属单位（单位）；第三层次是政府部门所属单位。各级地方政府和中央政府所属部门和单位是中央政府的分部报告主体，各中央政府所属部门的所属单位是中央政府所属部门的分部报告主体，地方政府所属部门及其所属单位是地方政府的分部报告主体。

二、政府财务报告的构成

（一）政府综合财务报告的本质

政府综合财务报告一词来源于国外，而我国财政部给出的定义为：政府综合财务报告是以政府财务信息为主要内容，以财务报表及相关文字说明为主要形式，以权责发生制为基础，全面反映一级政府整体财务状况、运行成果和受托责任履行等情况的综合性年度报告。

政府综合财务报告概念里面的“综合”是指：一是包括各级各类政府主体，既包括政府整体，也包括纳入部门决算管理范围的行政单位、事业单位、社会团体，同时，公益性国有企业等也是政府综合财务报告的主体；二是包括政府的各个层级，即中央政府和省、市、区（县）各级地方政府；三是包括政府控制的各类资源和承担的各类债务，如自然资源和经济资源、显性债务和隐性债务；四是包括反映政府财务运行环境和财务运行结果的各种定量指标和定性分析等信息。

（二）西方国家政府财务报告的构成

西方各国政府综合财务报告通常由文字说明、财务报表、财务报表附注等部分组成。其中，文字说明对当期政府整体财政财务状况、运营情况进行阐述，并适度结合经济运行状况，分析出基于当前状况下的政府财政财务情况的未来走势；政府财务报表包括资产负债表和收入费用表，有些国家还包含现金流量表等有关报表；报表附注就是对报表所包含的主体范围、会计政策、报表项目明细以及没有在报表中反映的一些重要事项等加以阐释。

西方各国根据其政府会计改革的实践和政府财务报告的目标，设计了不同的政府综合财务报告体系。国际公共部门会计准则理事会（IPSASB）认为，“一套完整的财务报表应该包括财务状况表、财务业绩表、净资产权益变动表、现金流量表，以及包括重要会计政策概述和解释性注释的财务报表附注。”美国政府会计准则委员会（GASB）认为，美国州和地方政府综合年度财务报告分为三部分：概括部分、财务部分和统计图表。其中，财务部分包括审计报告、基本财务报表、基金财务报表以及必要的补充信息。基本财务报表又包括资产负债表、运营活动表、现金流量表、净资产变动表及财务报表附注等；统计图表部分提供某些非财务信息，提供有关政府主体的经济和社会信息。法国政府财务报告主要由资产负债表、损益表、现金流量表和报表附注构成。

（三）我国政府财务报告的构成

我国政府会计《基本准则》将政府会计分为政府预算会计和政府财务会计两大系统，要求政府财务会计采用权责发生制。因此，政府财务会计系统是编制权责发生制政府综合财务报告的基础。同时规定，我国政府综合财务报告由财务报表和附注组成。财务报表至少应当包括资产负债表、收入费用表和现金流量表。政府会计主体应当根据相关规定编制合并财务报表。附注是对在资产负债表、收入费用表、现金流量表等报表中列示项目所做的进一步说明，以及对未能在这些报表中列示项目的说明。

借鉴西方国家政府会计改革经验，遵循我国预算管理、财务管理、绩效管理和风险预警需求为改革目标，我国政府综合财务报告体系由概况部分、财务报表和统计图表构成。其中：概况部分主要介绍政府会计主体的基本情况，包括对政府总体的预算执行情况、宏观经济和宏观调控政策对政府财政资金的重大影响以及资产负债的总体情况进行说明，并对重大建设项目形成的资产、负债情况以及财政可持续性相关信息进行报告，为使使用者理解和使用会计信息提供依据。财务报表包括审计报告、基本财务报表和报表附注。

基本财务报表包括资产负债表、收入费用表、现金流量表和净资产权益变动表，根据发展需要增加政府运行成本报表和财政可持续性报表，从而形成完整反映政府运营活动的存量、增量和流量的政府财务报表体系。统计图表部分，主要采用政府综合财务报告分析应用体系，重点分析政府财务状况、政府运行情况和财政中长期可持续性情况，有助于财务报告使用者理解和运用其所提供的财务信息和非财务信息，正确评价政府的受托责任和未来发展的趋势。

在汲取国外经验的前提下，我国政府综合财务报告主要内容如下：

1. 会计报表

政府综合财务报告中的财务报表主要由资产负债表、收入费用表和当期结余差异表组成。考虑到以收付实现制为基础的预算会计报表，已经能够基本能反映出政府现金流量情况，所以，财政部对编制现金流量表暂不要求。

2. 报表附注

报表附注主要是对会计报表的进一步解释和说明，含有报表编制时所依赖的基础、编制时应遵循的政府会计准则和会计制度、报表应涵盖的主体范畴、报表中重要项目及与政府履职和财务状况密切相关的业务或其他事项的说明等。其内部含有对政府财务状况有重大影响的事项，以帮助报告使用者更好地理解财务报告内容。

3. 政府财政经济情况

政府财政经济分析主要内容是在充分利用财务报表及附注的有关信息，结合我国国民经济发展形势以及相关政策的要求对政府财务状况予以分析的同时，对我国政府运行情况以及财政中长期可持续发展予以展开分析，以分析更好地为领导决策服务。

4. 政府财政财务管理情况反映

主要反映的内容涵盖政府财务管理政策要求、应采取的主要措施以及这其中已经取得的成效等，帮助报告使用者了解政府财政财务管理情况。

政府综合财务报告的主要内容如图 7 - 1 所示：

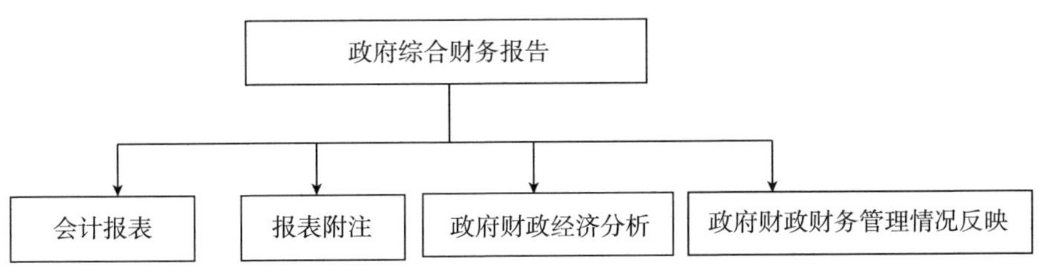

图 7 - 1 政府综合财务报告的主要内容

三、政府综合财务报告的目标

（一）政府综合财务报告目标的理论内涵

政府综合财务报告的目标，是指编制政府综合财务报告的目的。对报告目标的定位是整个财务报告概念框架的逻辑起点，对整个财务报告体系的构建起着导向作用。关于政府财务报告目标的研究，不同学者基于不同的理论提出了不同的观点，但大多数是基于会计的受托责任观和决策有用观提出的。国际会计准则委员会和英国会计原则委员会认为，财务报告的目标应同时满足两方面的需求：提供对决策有用的信息；反映管理当局受托责任的履行情况。美国政府会计准则委员会将政府财务报告目标概括为："政府财务报告应当提供信息，以帮助使用者评价受托责任和做出经济的社会的和政治的决策。"由此表明，政府财务报告目标是决策有用观和受托责任观并存的双重目标，具有多重性。我国《政府会计准则——基本准则》明确规定，"政府财务报告的目标是向财务报告使用者提供与政府的财务状况、运行情况和现金流量等有关的信息，反映政府会计主体公共受托责任履行情况，有助于财务报告使用者做出决策或者进行监督和管理。"这也表明我国政府财务报告目标体现了"受托责任观"和"决策有用观"并重的"双重目标"观。

（二）政府综合财务报告目标层次结构

政府的公共受托责任是政府综合财务报告的基础。政府综合财务报告的目标是向使用者提供全面的财务信息，以帮助其评价政府的受托责任，并做出相关的决策。因此，政府综合财务报告目标的确立应当以使用者对信息的需求为导向，即要明确"谁是财务信息的使用者""使用者需要什么样的信息"，以及"财务报告能够提供什么信息"。按照政府会计准则的规定，政府综合财务报告信息使用者主要包括以下几类：政府和政府内部管理部门、上下级政府或主管部门、各级人民代表大会及其常务委员会、各级审计和监察机关、新闻媒体、财务分析师、政策分析家和专家学者、社会公众、投资者和债权人、外国资源提供者和国际组织等。根据政府财务报告的内容，政府综合财务报告主要提供如下信息：一是政府财务状况信息，反映政府持续运营和服务的能力，防范财政债务风险；二是政府营运收入费用信息，反映政府成本管理和运行绩效；三是反映政府现金流量信息，反映政府的流动性；四是政府财政中长期可持续性信息，反映政府社会经济状况和未来发展趋势。

政府综合财务报告目标是一个多元和多层次的目标体系，可以将政府综合财务报告目标分解为基本目标和具体目标两个层次。第一层次是基本目标：

就是受托责任观与决策有用观并存的“双目标”观，在全面反映政府受托责任的同时，提供有助于使用者进行决策的信息，提高政府财政透明度和信息的质量。第二层次是具体目标：政府综合财务报告的具体目标是基本目标的具体化。一方面，通过政府部门健全财务管理制度和内部控制制度，帮助信息使用者对具体政府部门的受托责任进行评价；另一方面，对公共财政资金运用的合理合规性进行保证，充分保护财政资金的安全。

第三节 政府综合财务报告的编制

一、政府综合财务报告的编制原理

（一）政府综合财务报告编制依据

《权责发生制政府综合财务报告制度改革方案》的颁布开启了我国政府会计改革的崭新一页，《政府综合财务报告编制操作指南（试行）》的发布则为编制政府综合财务报告提供了具体操作方法。《政府会计准则第 9 号——财务报表编制和列报》的颁布，进一步明确了政府综合财务报告的编制原则。我国在编制政府综合财务报告过程中，既要重视报告数据的采集与编制，又要重视报告数据的分析及利用，坚持政府综合财务报告的编制以权责发生制为基础。政府综合财务报告编制依据包括以下几个方面：

（1）政府会计主体应当以持续运行为前提，根据实际发生的经济业务或事项，按照政府会计准则制度的规定对相关会计要素进行确认和计量，在此基础上编制财务报表。政府会计主体不应以附注披露代替确认和计量，也不能通过充分披露相关会计政策而纠正不恰当的确认和计量。如果按照政府会计准则制度规定披露的信息，不足以让财务报表使用者了解特定经济业务或事项对政府会计主体财务状况和运行情况的影响时，政府会计主体还应当披露其他必要的相关信息。

（2）除现金流量表以收付实现制为基础编制外，政府会计主体应当以权责发生制为基础编制财务报表。财务报表项目的列报应当在各个会计期间保持一致，不得随意变更，但政府会计准则制度和财政部发布的其他有关规定（以下简称政府会计准则制度等）要求变更财务报表项目的除外。

（3）性质或功能不同的项目，应当在财务报表中单独列报，但不具有重要性的项目除外。性质或功能类似的项目，其所属类别具有重要性的，应当按其类别在财务报表中单独列报。某些项目的重要性程度不足以在资产负债表、收入费用表等报表中单独列示，但对理解报表具有重要性的，应当在附注中单独披露。

（4）财务报表某些项目的省略、错报等，能够合理预期将影响报表主要使用者据此做出决策的，该项目具有重要性。重要性应当根据政府会计主体所处的具体环境，从项目的性质和金额两方面予以判断。关于各项目重要性的判断标准一经确定，不得随意变更。判断项目性质的重要性，应当考虑该项目在性质上是否显著影响政府会计主体的财务状况和运行情况等因素；判断项目金额的重要性，应当考虑该项目金额占资产总额、负债总额、净资产总额、收入总额、费用总额、盈余总额等直接相关项目金额的比重或所属报表单列项目金额的比重。

（5）资产负债表中的资产和负债，应当分别按流动资产和非流动资产、流动负债和非流动负债列示。财务报表中的资产项目和负债项目的金额、收入项目和费用项目的金额不得相互抵销，但其他政府会计准则制度另有规定的除外。资产或负债项目按扣除备抵项目后的净额列示，不属于抵销。

（6）当期财务报表的列报，至少应当提供所有列报项目上一个可比会计期间的比较数据，以及与理解当期财务报表相关的说明，但其他政府会计准则制度等另有规定的除外。

（7）政府会计主体应当至少在财务报表的显著位置披露下列各项：一是编报主体的名称；二是报告日或财务报表涵盖的会计期间；三是人民币金额单位；四是财务报表还是合并财务报表的，应当予以标明。

（8）政府会计主体至少应当按年编制财务报表。年度财务报表涵盖的期间短于一年的，应当披露年度财务报表的涵盖期间、短于一年的原因以及报表数据不具可比性的事实。

（二）政府综合财务报告的编报流程

（1）财政部门负责：一是编制公共财政决算会计报表、政府性基金决算会计报表、国有资本经营决算会计报表和财政专户会计报表等；二是将上述报表与部门决算报表、固定资产投资决算报表等合并；三是撰写财政经济状况、财政财务管理情况，形成政府综合财务报告。

（2）行政单位、事业单位、社会团体负责：一是编报本单位（部门）的部门决算报表、固定资产投资决算报表；二是编报本单位（部门）存货明细表、固定资产明细表；三是国家物资储备局和地方土地储备中心还应分别编报物资储备资金财务报表和土地储备资金财务报表。

（3）公益性和非公益性国有企业负责编报本企业财务报告。试编阶段，除另有规定外，行政单位、事业单位、社会团体暂不报送权责发生制单位财务报告。

二、政府综合财务报告的编制方法

（一）我国权责发生制政府综合财务报告试编情况

我国之前试编的政府综合财务报告以权责发生制为编报基础，因此又称为权责发生制政府综合财务报告。按照《试编办法》要求，我国政府综合财务报告包括政府合并财务报表（资产负债表和收入费用表）、政府财务报表附注、政府财政经济状况、政府财政财务管理情况四部分，其中政府合并财务报表是政府综合财务报告的核心。

我国地方财政部门从2010年开始试编权责发生制政府综合财务报告。其编制的主要做法是单位日常核算以收付实现制为主，年终按照权责发生制采取统计加估算的方法对有关数据进行调整、转换，抵消内部交易事项后编制单位财务报表；财政及相关部门依据单位财务报表再次调整、抵消、合并，最后生成政府合并财务报表，这并非真正意义上的权责发生制政府合并财务报表。由此，我国政府综合财务报告编制存在许多不足，主要表现在：一是，政府财务报表体系不够完整。《试编办法》中要求试编的财务报表仅包括资产负债表和收入费用表，缺乏对政府运营成本和绩效信息的反映。而政府会计准则规定除资产负债表和收入费用表，还应编制现金流量表；同时，政府预算报表与政府财务报表缺乏钩稽关系。二是，政府部门或单位现行仍采用收付实现制进行会计核算，编制政府合并财务报表时，以政府部门财务报表为基础调整抵消后形成，即采用的是“表抵合并法”。这种方法只有等到年终才能编制政府合并财务报表，无法适时反映政府财务状况和运行情况，不能适应政府治理的需要。三是政府综合财务报告编报的基础是构建权责发生制政府财务会计，而当时政府会计准则尚未实施，采用统计加估算的方法就会导致政府综合财务报告，特别是政府合并财务报表的可靠性和相关性有所降低，影响了政府财务信息满足政府问责和决策有用性的程度。

（二）西方国家政府综合财务报告的合并方法

编制综合财务报告是提供会计信息的基本工具，不同的国家和组织实施不同的财务报告模式。在美国，政府财务报告模式从财务报告主体出发，依次经历了基金财务报告模式、“金字塔”财务报告模式和“双重”财务报告模式。其中“金字塔”财务报告模式也称综合财务报告模式，其财务报告主体是州和地方政府。政府财务报告的内容主要包括预算信息、财务信息和其他信息。美国政府会计准则委员会在其《政府会计和财务报告准则汇编》中指出，政府的年度财务报告由简介部分、财务报表、统计图表三部分组成，其中财务报表是财务报告的核心。美国政府财务报告模式的精髓在于对财务报告目标使用者的准确定位，并始终坚持需求导向。

政府合并财务报表是政府综合财务报告的核心内容，是政府整体财务信息的重要载体。从国际上看，政府合并财务报表的合并方法主要有完全合并法、权益合并法和比例合并法。完全合并法基于实体理论，指编制政府合并财务报表时，将合并主体与被合并主体的会计报表项目单行逐项合并的方法；完全合并的基础是合并主体与被合并主体的会计报表采用统一的会计政策和会计期间。权益合并法是指投资以初始成本计量后，在投资持有期间，合并主体依据持有被合并实体所有者权益份额的变动对投资实体的账面价值进行调整的方法；权益合并法适用于共同控制、具有重大影响条件下的联营、合营主体的合并。比例合并法基于所有权理论，是指合并主体依照所持被合并实体的权益比例，逐项将合并实体资产负债、收入、费用并入合并主体的财务报表。使用以上三种合并方法进行合并时都需要抵消内部交易，合并财务报表仅反映与第三方交易的外部事项。从国际经验看，完全合并法应用于美国、英国、加拿大、新西兰、澳大利亚等几乎所有编制政府合并财务报表的国家。其中，新西兰是编制政府综合财务报告最早的国家，合并的范围包括议会部门、所有国企、新西兰储备银行及其他被控制实体。澳大利亚合并报告的主体是联邦政府及其控制的实体，在编制时首先合并政府部门，然后再对财务公司和非财务公司进行合并。

三、政府综合财务报告的编制方法

（一）政府综合财务报表的编制

1. 政府综合会计报表的内容及计量方法

（1）政府综合会计报表的主要内容。包括资产负债表、收入费用表以及当期盈余与预算结余差异表项目。资产负债表反映政府资产、负债和净资产情况，通常情况下，资产负债表要同时反映报表各项目的期初数和期末数。收入费用表反映政府收入、费用情况。收入费用表中一些项目名称与预算收支报表有关项目名称虽然相同，但由于政府综合财务报告以权责发生制为基础，而预算会计是以收付实现制为基础，因此其内涵不尽相同。

当期盈余与预算结余差异表包括五个项目：第一，当期预算结余。本项目反映按现行会计制度规定核算的政府本期总收入减去总支出的差额，包括政府财政当期预算结余和政府部门当期预算结余等。第二，日常活动产生的差异。本项目反映政府本期按照权责发生制原则，对日常活动经济事项产生的收入和费用调整后，导致当期盈余和预算结余的差异。第三，投资活动产生的差异。本项目反映政府本期按照权责发生制原则，对投资活动经济事项产生的收入和费用调整后，导致当期盈余和预算结余的差异。具体包括对政府投资收益、资本性支出、国有资本经营预算收入等项目进行调整产生的差异。第四，筹资活动产生的差异。本项目反映政府本期按照权责发生制原则，对筹资活动经济事项产生的收入和费用调整后，导致当期盈余和预算结余的差异。具体包括对政府债务收入、债务转贷收入、债务还本支出、债务转贷支出等项目调整产生的差异。第五，当期盈余。本项目反映政府权责发生制基础的本期总收入减去总费用的差额，包括政府财政当期盈余和政府部门当期盈余等。

（2）政府综合会计报表会计要素及计量方法。政府财务报表包含的会计要素有五个，分别是资产、负债、净资产、收入和费用。会计计量方法主要包括历史成本、重置成本、现值、公允价值和名义金额。政府综合财务报表中会计要素的计量一般应当采用历史成本，在无法取得历史成本的情况下，可采用重置成本或可变现净值等进行计量。

2. 政府综合会计报表的编制

（1）编制政府综合会计报表的合并方法。第一，不同类型单位和资金反映到政府财务报表的方法。采用分项合并法反映到财务报表的单位主体包括：行政事业单位，主要从事公益性项目融资、建设或运营任务的国有企业等。采用分项合并法反映到财务报表的资金主体包括：财政层面相关资金；土地储备专项资金等。作为政府对外投资反映到财务报表的单位主体包括：非公益性国有企业，主要承担国有资产保值增值的职责，只需将国有权益并入政府合并财务报表，以反映政府国有资产管理职责履行情况。资金主体包括物资储备专项资金等。第二，不同报表项目并入政府财务报表的方法。对于不涉及内部交易的原报表项目，将原报表有关项目金额填入汇总工作表对应项目；对于涉及内部交易的原报表项目，要对相关项目进行抵消处理；对于按权责发生制应确认但未在原报表中反映的项目，以及已在原报表中反映但按权责发生制原则需要调整的项目，要进行相应调整。

（2）编制政府财务报表的具体步骤。编制政府财务报表的具体步骤主要包括以下六步：第一，剔除原报表中重复反映的事项。第二，将相关报表中的原始数据填列到汇总工作表的对应栏目中。第三，对涉及原报表之间的内部交易事项，编制抵消分录，填入汇总工作表“抵消分录栏”，并填写备注。

第四，对按权责发生制应当确认但未在原报表反映的事项，以及已在原报表反映但需要调整的项目，编制调整分录，填入汇总工作表“调整分录”栏，并填写备注。第五，将汇总工作表各项目对应的原始数据栏、抵消分录栏、调整分录栏中的数据加总。第六，计算出当期盈余和净资产合计，试算平衡后，将数据填入政府财务报表对应项目，生成合并政府财务报表。

（二）政府财务报表附注编制的方法

政府财务报表附注主要对政府财务报表包含的主体范围，报表项目的列报方法和明细内容，以及未在报表中列报但对政府财务情况有重大影响的事项进行说明。

1. 报表包含的主体范围

（1）说明政府财务报表包含的单位主体及资金主体。单位主体主要包括：纳入部门决算编报范围的行政单位、事业单位和社会团体，以及编报基建项目决算的国有建设单位，需要说明各类单位的数量；政府直接管理的国有企业（包括国资委管理的国有企业）和政府部门管理的国有企业，政府直接管理的国有企业需要列示企业名单，政府部门管理的国有企业可以只列示企业数量，规模较大的，应列示名单。资金主体主要包括财政一般预算资金、政府性基金预算资金、国有资本经营预算资金、国债转贷资金、农业综合开发资金、财政专户管理资金、国际金融组织贷款、外国政府赠款资金、外国政府贷款资金和其他财政专户资金，以及物资储备资金、土地储备资金等，需要说明资金类型。

（2）说明合并、汇总相关主体的方法。分别对各类单位主体、资金主体合并或汇总到政府财务报表的方法进行说明，包括哪些采用分项合并方法，哪些仅反映在政府财务报表的某个项目中等。

2. 报表项目遵循的会计政策和使用的具体会计方法

对政府财务报表中主要的资产、负债、净资产、收入、费用五要素的含义、范围、确认原则、计量方法等，并就政府财务报表项目与预算会计相关报表项目的差异进行解释。

3. 未在报表中列示但对政府财务状况有重大影响的项目

（1）公共自然资源的列示方法。公共自然资源，反映政府拥有的自然资源的实物数量，包括矿产、土地、森林、草原等。相关数据由国土资源、林业、农业、旅游等管理部门提供。该项目的列示应遵循“谁管理，谁列报”的原则，即由公共自然资源的管理主体列示其管理范围内的公共自然资源。

（2）政府职工养老金的列示方法。政府职工养老金，反映政府需在未来一定时期内支付给政府职工养老金的现值，根据有关部门测算出来的政府职工养老金负债列示。在列示时，需要把握以下几点：一是政府职工专指政府负有支付养老金义务的相关行政单位、事业单位的职工；二是期限的确定。政府职工养老金负债测算数据无法获取的地区，可暂时不披露。

（3）社会保险基金的列示方法。社会保险基金反映社会保险基金收入支出，以及社会保险负债精算等相关情况，根据社会保险基金决算及相关方面提供的测算数据列示。

（4）或有负债的列示方法。或有负债反映政府未决诉讼或仲裁、为其他单位提供债务担保等事项预计产生的财务影响，根据相关方面提供的情况分析列示。

4. 相关项目的明细信息

通常附注中需要披露 6 个项目的明细信息，它们分别是：存货、固定资产、货币资金、借出款项、应收利息、应收股利、应收及预付款项、对外投资明细、借入款项、公益性国有企业负债、应付利息、应付及预收款项、政府债券、应付政府补助项目、应收应退（非）税款项目及投资收益的明细信息。有条件的地区，还可以分行业类型明细反映政府对外投资收益情况。

（三）政府财政经济状况

政府财政经济状况以政府财务报表为依据，结合国民经济形势，分析政府财务状况、运营情况，以及财政中长期可持续性，主要包括以下内容：

1. 主要分析方法

政府财政经济状况的分析方法与企业财务报表分析方法类似，主要有四种方法，分别是比率分析法、比较分析法、结构分析法、趋势分析法。这四种方法的原理与企业财务报表的分析方法一样，在此不再赘述。

2. 主要分析对象

（1）分析政府财务状况和运营情况。反映政府拥有的资产和承担的债务总体情况，以及政府获得的收入和发生的费用的总体情况。

（2）分析财政中长期可持续性。基于政府当前资产负债状况和运营情况，结合本地区经济形势、经济社会发展规划、财政体制、财税政策、人口结构、行政事业单位离退休政策、社会保障政策等，分析政府财政运行走势，预测财政中长期发展的可持续性。

（3）分析其他有关方面的内容。除上述内容外，还可利用人口和经济信息，以及政府财务报表反映的信息，就政府提供公共服务的社会经济环境、政府财务状况、运用情况等方面的重要事项进行分析。

第八章

政府财务报告分析理论

第一节 政府财务报告分析理论概述

一、政府财务报告分析概念界定

财务报告分析的概念最初来自企业会计领域，随着政府会计的改革，政府财务报告分析的概念逐步形成。《权责发生制政府综合财务报告制度改革方案》指出，政府财务分析体系是以政府财务报告呈现的信息为基础，采用系统、科学的分析方法，对政府财务状况、运行成本和财政中长期可持续发展水平做出评价。张曾莲（2007）认为，政府财务报告分析是对经过审计的符合政府会计准则的财务报告所披露的信息进行分析，实现对政府运营状况、履职状况、工作效益等方面的评价。袁泉（2018）认为，政府财务报告分析是以政府综合财务报告中的财务信息为分析对象，采用综合财务分析方法，通过设计各项分析指标，实现对政府财务运行状况和未来财政发展状况的评价。

我们认为，政府财务报告分析就是从报告使用者的需求出发，对综合财务报告的原始信息进行提炼，运用一系列科学方法和分析工具进行加工处理，提供更易于理解更利于决策的财务信息的过程。从狭义上看，政府财务报告分析从企业财务报告分析上汲取经验，直接目的是评价政府的绩效，实现高效政府的建设，迎合服务型政府的转型。从更广阔的角度上看，政府财务报告分析体系的建立是落实国家治理的要求，推动了财政透明和民主化进程，在市场经济环境中增强政府活力，分析时会更多考虑社会评价和宏观环境发展趋势，是多方面考虑的方法集合。

二、政府财务报告分析的理论依据

目前学术界从多个角度论述了建立政府财务报告分析体系的理论依据。

（一）新公共管理理论

从公共行政到公共管理是经济社会发展下政府建设的必然趋势，新公共管理模式以降低行政成本、提高工作效率为目标，促使公共部门开始评价自身成本和资源配置效果，实现政府角色转变。原始的政府财务报告信息由于固有的局限性，无法直接服务于决策和服务评价需要，必须要建立财务报告分析体系对信息进行分解提取，实现决策效率的提升。

（二）国家治理理论

中共十八届三中全会提出“推进国家治理体系和治理能力的现代化”，这个战略目标应该在各个领域实现。政府财务报告分析制度的完善为财政体制的改革提供了数据基础，而财政领域的建设会加快实现国家治理体系现代化的步伐，建立健全政府财务报告分析应用体系不仅能保障政府会计信息的有效运用，而且确保了高质量政府会计信息的有效传导，为国家治理能力现代化提供了规范、准确的财务信息支持（陈志斌和潘俊，2015），政府财务报告分析是国家治理层面提高政府治理效率的重要途径。学者们从宏观层面论述了治理能力的推进，有的学者更是从具体层面分析了政府财务报告分析的治理功能，杨志宏（2015）将资产负债表实际运用分析与提高国家治理能力的具体路径相结合，从多种层面和视角总结了国家资产负债表推进国家治理能力现代化的多种功能①。

（三）公共受托责任理论

受托责任是一种报告说明责任，是责任承担者向有关方面说明其行为过程和结果的责任。公众将公共管理的权力委托给政府，政府就有责任向公众反映其履行能力的状况，包括了提供反映公共服务的状况和资源配置的效益的信息，从这个层面讲，建立政府财务报告分析体系是实现受托责任履行的重要途径，有利于准确反映政府营运状况和进行绩效评价。

（四）决策有用理论

决策有用理论作为会计学领域的重要理论，由斯多波斯（G. J. Staubus）率先提出。作为财务会计的目标，决策有用理论从外部使用者的角度阐述了财务报告信息应具有的特征，应该有助于利益相关者们做出决策。运用到政府会计领域，政府财务报告分析的结果也应该有助于报告使用者们利用相关信息的需求，这启示我们，构建政府财务分析体系时应选择更加高效的分析

---

① 杨志宏．国家资产负债表与提高国家治理能力研究［J］．财政研究，2015（11）：39－45.

工具，更加具有针对性地进行分析。

（五）风险控制理论

风险控制理论是管理学中的重要理论，且日益被重视。风险控制理论与政府会计结合，既拓展了政府会计的领域，丰富了政府会计的功能，也创新了新的政府管理模式。政府的负债能力、抗风险能力日益被各国政府重视，风险控制的重要性就愈发凸显。政府财务报告分析应当能够指引风险控制的方向，体现风险控制的过程，反映风险控制的结果。

（六）信息不对称理论和信号传递理论

信息不对称理论来源于经济学领域，主要是描述买方与卖方的信息不对称，从而引发市场的道德风险和逆向选择的状况。而运用到政府会计领域，政府与政府外部的信息使用者也存在着信息不对称的风险，政府内部总是掌握着更多的信息，并不利于实现财政透明和监督需要，从而有必要通过政府财务报告分析体系的完善弥补外部使用者信息的短缺。信号传递理论与信息不对称理论紧密相关，正是由于政府财务报告分析体系充当了信息传递媒介，实现了政府部门与外部使用者的沟通，降低了信息不对称风险。而且由于政府会计信息的公共性和专业性削减了公众在公共领域的信息需求（张琦和张娟，2012），财务报告分析体系的设置应考虑到缺乏专业知识的使用者需要，更加易于使用者理解。

三、政府财务报告分析的类型

（一）政府财务报告分析的主体

财务报告分析最终成果服务于信息使用的主体，因此分析主体的范围决定了财务报告分析的内容和方向。对于使用主体的研究，国外的研究成果较早，也较为成熟，国内的研究还较为有限。综合来看，研究内容可以分成总体分类和具体范围两个部分。

1. 分析主体的总体分类

在总体上，我国部分学者吸收国外经验对分析主体进行了分类，路军伟（2015）通过总结国外代表性研究，将使用主体分成外部、准外部和内部三类。而基于不同的分类方式，一些学者也提出了不同的分析思路。张琦（2007）基于公共受托责任将使用主体分为三类：外部信息使用者及其代理人（全体公众及人大代表）、内部信息使用者及其代理人（上级政府及本级政府的行政领导）、其他信息使用者（与政府有资金往来的其他组织）。安丰琳（2016）以是否基于自身评价、决策需要获取信息为依据，将政府会计信息使用主体分为最终使用者（即政府会计信息的具体使用者）与代理使用者（即为最终使用者提供服务的使用者）两大类；根据使用者信息决策或评价的不同，将最终使用者分为政治决策、经济决策、政治经济决策和客观评价四类；根据获取信息不对称性的强弱，将代理使用者分为内部和外部代理使用者。姜宏青（2017）按信息使用的目的与信息的掌握程度将使用主体分成核心、中间、松散的需求者，并指出信息使用者具有分布广泛、需求多样多变、专业程度参差的特征。

目前国内学者对分析主体进行分类的文献十分有限，而且观点各有不同，总体上，他们从信息渠道、信息关联大小、需求高低程度等方面进行了使用者的分类。我们认为，进行分析的过程包括了考虑“使用者需要什么样的信息”“使用者能够获得什么样的信息”，前者决定了财务报告分析的内容导向，后者则是具体的从信息层次和能力层次上具体地将使用者划分开，从不同方向引导完成财务报告分析的目标。

2. 分析主体的具体范围

GASB 认为州和地方政府财务报告的分析主体包括三类：公众、立法机构和监察机构、投资者和信贷者①。IPSASB 更加的丰富了其范围，在研究报告中列举了七类主体：（1）立法机关和其他管理机构；（2）公众（包括纳税人、选举人、投票人、具体利益集团，还有政府供应或制造的商品、服务和转移支付的接受者等）；（3）投资者和债权人（即政府债券的投资者和其他债权人）；（4）评估机构；（5）其他政府；（6）经济和财务分析师等；（7）上级管理部门②。这七类主体的界定也常被我国学者们所借鉴。肖鹏、冉梦雅（2015）参照其规定，将政府会计信息使用主体划分为 5 类：立法及监督机构；资源提供者；其他政府、国际组织或机构；中介机构和财务分析师；内部管理者③。

对于分析主体的界定，我国与国外的最大区别在于，在我国政治制度下，各级人大及其常委会是政府财务报告的主要使用主体之一。赵西卜（2010）认为，将除社会公众以外的政府财务报告分析主体分为人大和政协代表、政府决策者、各政府部门和各政府单位四类。路军伟（2015）指出，我国财务报告分析主体范围描述局限在内部和部分准外部主体，其他描述相对模糊，

---

① GASB. Objectives of Financial Reporting [R]. http://www.gasb.org, 1987.

② 安丰琳，周咏梅. 财务分析视角下政府会计信息使用者及其需求研究 [J]. 经济师，2016 (04)：142 - 143 + 145.

③ 肖鹏，冉梦雅. 基于会计信息需求角度的政府综合财务报告框架构建 [J]. 地方财政研究，2015 (09)：9 - 14 + 21.

应尽快确认公众、各级人大及代表、地方债券投资者和信贷提供者、新闻媒体和中介机构这四类分析主体的地位。广东省财政厅课题组（2016）指出，分析主体应重点考虑各级人大、各级政府、政府债券购买者、纳税人、社会公众、相关评估评级机构等，因此我国政府财务报告分析主体的范围应该比其他国家更加宽泛，具有广泛和多元的特征。

目前对政府财务报告分析主体进行研究的文献不多，但对使用者的范围概括较为相似。而且学者们并未区分出综合财务报告和部门报告的使用者，大多是直接在广义的使用者的基础上进行分析。但总体来说，分析主体的范围广泛而且需求状况并不一致，由此进行应用体系构建首先应当考虑在保持专业性分析的同时，也要适用于专业程度较低的人群的理解和使用。

（二）政府财务报告分析关注的内容

多数学者在进行政府财务报告分析时，主要关注的都是资产负债信息和成本费用信息的分析需求。李建发和肖华（2004）认为，政府财务报告分析指标体系应不仅要体现政府资产、负债等财务状况，还要关注涉及政府运行成本、费用核算等方面的信息，并且对这两部分要联系起来分析。赵西卜（2010）通过对两会代表与政府领导的问卷调查，发现土地、债权和行政事业单位非经营性固定资产信息的需求性最高，其次是对国有企业产权和基础设施信息的关注，然后是对债务信息的需求。

在分析体系的关注点上，学术界重点关注以下六个方面的需要：

1. 评价财务风险

政府会计改革正是要建立财务会计与预算会计相衔接的政府会计制度，以财务会计弥补传统预算会计对于财务状况的核算缺失。因此对政府财务报告进行分析，首要关注的就是对政府的财务状况进行评价，要结合外部环境变化对政府的投筹资状况、经营状况进行分析。

2. 评价财政风险

财政是影响社会民生的重要经济行为，政府作为财政行为的主体，有必要对政府财政效果进行分析，要结合经济社会发展对政府财政收入与支出的状况进行分析，关注收入的稳定性和可持续性、评价赤字规模的合理性。

3. 评价债务风险

近年来，地方债务危机不断涌现，传统核算制度的不健全，使得地方政府的债务状况并没有完全得到披露，蕴含的债务风险因而难以做出准确估计和进行有效控制。陆建桥（2004）认为，政府债务的持有者，尤其是政府国债的海外购买者，对政府债务结构、偿债能力以及平衡财政赤字的能力的关注越发密切。债务风险会影响政府的可持续发展能力，也会破坏政府借贷者对于政府能力的信任，因此需要额外加以关注，要评价是否将债务风险保持在合理水平。

4. 评价服务绩效

政府作为公共服务的提供者和公共权力的受托者，应该实现受托责任，展现其服务绩效结果。评价时要考虑两个层面：一是微观层面的公共服务状况，即对政府机关的具体服务效果进行评价；二是宏观层面的环境发展状况，政府的服务最终作用于社会的和谐与经济的发展，通过评价社会经济的增长从整体层面能反映出政府效能。

5. 进行计划和预算编制

对于政府自身来说，综合财务报告的分析也是为了自身需要，服务于政府持续运行的实现，因此要评价政府日常工作效果，有助于长短期计划和预算编制的全面性和科学性。

6. 进行决策的需求

财务分析结果最终应当面向未来，有利于使用者做出决策，决策的不同需求影响了财务报告分析体系的思路构建。安丰琳（2016）认为，信息使用者决策的目的主要分为：机构人员任免、资金借贷决策、内部管理调整与宏观政策制定四类。

（三）政府财务报告分析的路径

针对如何构建分析应用体系，学者们看法不一。从总体路径上看，许多学者一致认为应借鉴企业财务报告的分析体系，并借鉴国外政府的部分分析方法，先进行报表分析，再进行比率分析。肖镜元（1996）模仿企业财务分析的思路，先对财务状况进行一般性分析，再进行系统性分析，分成不同板块的指标，包括偿债能力分析、服务能力分析等方面，最终进行综合性分析，对不同指标之间的关系进行探究得出结论。赵西卜（2016）主要使用了历史数据分析和预测数据的分析方法。海南省财政厅课题组（2016）认为应当使用比率分析法、比较分析法、结构分析法、趋势分析法、回归分析法、数据包络分析法、因素分析法进行分析。

从国内目前的研究看，多是借鉴企业财务报告分析经验加以改进，结合一些国外应用较多的如数据包络分析法等，分析方法较为相似。现有的分析方法已十分丰富，我们思考的是，在国家治理的背景之下，政府财务报告分析作为政府会计改革的重难点，不应只拘泥于单一的报表反映层面，而要结合宏观的经济成果对政府绩效予以量化。

（四）政府财务报告分析体系的内容

在具体进行财务报告分析的方面，《政府综合财务报告编制操作指南（试行)》中提出了20个用于分析的指标，也就是说，财务报告分析应用体系的最终成果是通过指标分析来呈现的。

针对指标所涉及的能力评价，张曾莲（2007）在分析比率指标时，包含了变现能力比率、保障能力比率、效率比率、盈利能力和代际公平、防范外部风险和内部增长能力五个方面。杨志宏（2015）根据对政府资产负债表微观层面的功能分析，从财务治理、绩效评价功能、科学决策功能、危机监控功能和风险预警功能五大方面构建了应用指标体系。广东省财政厅课题组（2016）认为，应考虑财务稳健性、跨期公平性、资金绩效性、服务能力、调控能力五大方面指标。姜宏青（2017）根据双轨制的政府会计信息体系和多层信息使用者的需求分类，从政府宏观经济总体分析、政府部门绩效分析、社会评价分析和多元与多维的综合分析四个方面展开分析。宋达飞（2019）在社会公众和利益相关者的分类基础之上，进行了当期交易平衡分析（收入费用率)、跨期交易平衡分析（净资产转化率)、总量平衡分析、分类平衡分析、结构平衡分析、扩展平衡分析六个方面分析。苑雪芳（2017）在进行财政的长期可持续性分析时，提出了衡量财务因素的财务情况、收入稳定性、支出刚性、资金储备能力和固定资产状态五个指标。

近几年来，多数学者从总体方面进行指标构建，也有一些学者则具体对某一方面进行指标分析。其中，对于财政风险和债务风险进行研究的成果较多，裴育（2003）提出赤字率指标、财政举债能力指标、国民经济应债能力指标、外债承受能力和风险状况四类指标来衡量财政风险。对于债务风险，审计署制定了四类指标：政府财政管理水平和财政收支情况、借债能力、债务负担能力、财政分配体系，来全面地反映地方政府债务管理水平和能力。王晓光等人（2005）建议通过债务依存度、债务负担率、财政赤字率、地方人均负债额、借新还旧债务额占债务总额比重、债务偿债率、债务逾期率、平均还债年限的指标来分析政府债务风险大小。具体到对政府部门分析体系构建的研究十分有限，海南省财政国库支付局（2018）的研究提出了资产管理能力、偿债性和风险防控能力、成本费用合理控制和未来可持续发展四个方面的财务分析指标。

从国内的试点经验看来，财务报告分析要满足评价政府的管理情况、绩效状况的需求，除了对企业财务报告分析传统使用的盈利能力指标、偿债能力指标、发展能力指标进行筛选和改进外，还要评价预算使用和成本控制状况、提供服务状况、税收公平状况三大块。我国目前的研究观点主要源于试点地区经验所得，理论界尚缺乏构建系统性体系的思路指导。分析体系的内容主要围绕使用需求而构建，最终服务于政府治理乃至国家治理的目标，我们思考的是，以目标导向构建指标体系，在基本能力的指标中，涵盖资产使用效率、债务合规性、预算完成度、财政稳健性等方面的评估，着力点在政府对债务的风险管控和服务职能履行。

四、政府财务报告分析的功能

政府财务报告分析体系具有微观和宏观两个方面的功能。

（一）微观层面

从微观层面上，综合财务报告分析体系服务于政府需要，致力于实现政府责任评价的目的，主要包括两方面：

1. 优化政府能力建设

陈振明（2003）认为，要进行政府能力建设，培养更为强有力的国家的干预活动需要一些分析工具，这些分析工具能够探究低绩效产生的根源，也能够提供对变革过程的洞察。政府能力建设应该包括政府的人员、组织与制度能力建设。建立分析应用体系作为制度变革的重要内容，则是推进政府能力建设的重要举措，使政府能全面的把控绩效状况，推动提高政府自身工作效率，提高政府发挥调控作用的能效。

2. 防范财政风险和债务风险

建立政府财务分析应用体系，使政府能衡量自身风险状况，及时发现问题，从而在风险尚未爆发之前做出应对。有利于防范财政风险和债务风险，也是实现政府科学有效的运行和中长期财政的持续发展的需要。

（二）宏观层面

从宏观层面上，政府综合财务报告分析体系的建立具备了三个方面的功能：

1. 推进国家治理现代化

完善政府会计准则制度是推进国家治理体系和治理能力现代化的需要，综合财务报告分析体系作为这改革进程中的重要一环，提供了实现治理所需的财务信息，保证了信息的有效传导和针对性运用，有利于巩固改革成果，加快国家治理能力现代化建设进程。

2. 促进民主化进程

政府财务分析应用体系的建立，有利于解除政府受托责任，并且加深了公众等外部使用者对政府运行状况和履责状况的了解，人民对政府公共部门工作状况更为了解，对政府发挥的作用更加信任，从而提高了民众参与公共管理的积极性，推进了民主化进程。

3. 提升决策能力

财务报告分析体系的建立最终服务于管理决策，它有利于政府机关更清晰地了解自身和下级部门的状况，从而进行科学规划和决策。有利于相关利益者更有效的搜集到有用信息，从而更科学地做出决策。投资者和债权人更准确地判断是否参与政府项目，从而更有效地发挥市场作用。全国人大及人大代表更客观地对政府绩效做出评价，从而提出更有建设性的意见和反馈群众呼声，也使得政府不断优化，以实现自身职能。

第二节　政府财务报告分析理论架构

政府财务报告是政府行为信息的重要载体，而政府财务报告分析则是报告信息需求者在一定的环境下，基于特定的目标，通过对政府财务报告中的信息进行提炼，运用一系列科学的分析方法和分析工具，评估政府的财务状况、运行情况、财政能力，评价政府在国家治理能力上的效率和效果的一种行为。

一、政府财务报告哈佛分析逻辑思路

传统的财务分析主要是从财务报表本身去分析，往往过于集中于对某一个点，分析的面存在一定的局限。哈佛大学的佩普、希利和伯纳德在《运用财务报表进行企业分析与评估》一书中，提出了“哈佛分析框架”。这一分析采用了由点到面的分析方法，将战略分析与财务分析结合，定性分析与定量分析结合，有效地弥补了传统财务分析的局限。将哈佛分析框架引入到政府财务报告分析，十分契合政府财务报告分析的需求。

哈佛分析框架的分析步骤主要有四个部分：战略分析、会计分析、财务分析和前景分析。从我国政府综合财务报告改革的内容来看，我们可以对哈佛分析框架进行改进，包括目标导向、环境分析、会计分析、财务分析和前景分析，如图 8 – 1 所示。

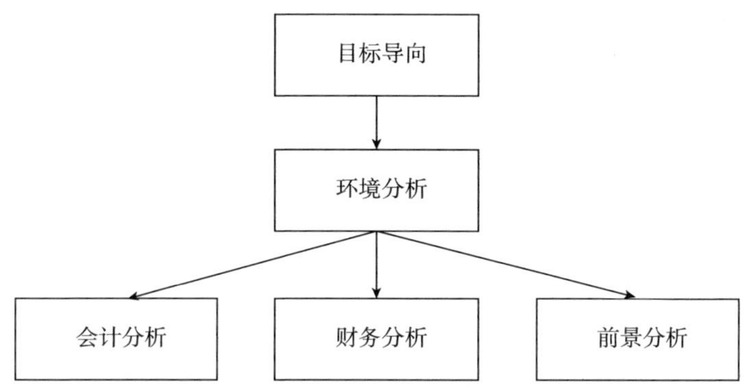

图 8-1　政府财务报告哈佛分析逻辑思路

目标导向是指，政府财务报告的分析是从服务于其目标来进行的，一切的分析活动都以目标为导向。环境分析通过对政府所处的外部环境和政府的一系列制度、政策来分析政府所处的外部环境，最终在此基础上进行会计分析、财务分析和前景分析。会计分析是通过对政府会计的会计政策和会计估计来分析政府的会计质量。财务分析是应用财务分析比率和现金流量来分析和评价政府的绩效以及财政质量。前景分析是对政府的未来财政状况做出的预测，并为政府的财政决策提供支持。

二、政府财务报告理论分析框架

为了构建系统的政府财务报告分析理论框架，在政府财务报告哈佛分析思路的指引下，我们从新公共管理观、国家治理观、公共受托责任观、决策有用观、风险控制观、信息不对称和信号传递观等理论出发，借鉴国外发达国家政府综合财务报告改革的经验，尝试从分析环境、分析目标、分析主体、分析对象、分析内容、分析方法、分析指标体系、分析模式、质量分析报告九个维度来阐释政府财务报告分析体系的理论框架。政府财务报告分析理论框架图如图 8-2 所示。

（一）政府财务报告分析的基础环境：分析环境

政府财务报告是在特定外部环境下编制完成的，因此政府财务报告分析的有效实施离不开特定的外部环境，主要包括经济环境、政治法律环境、社会文化环境和技术环境。

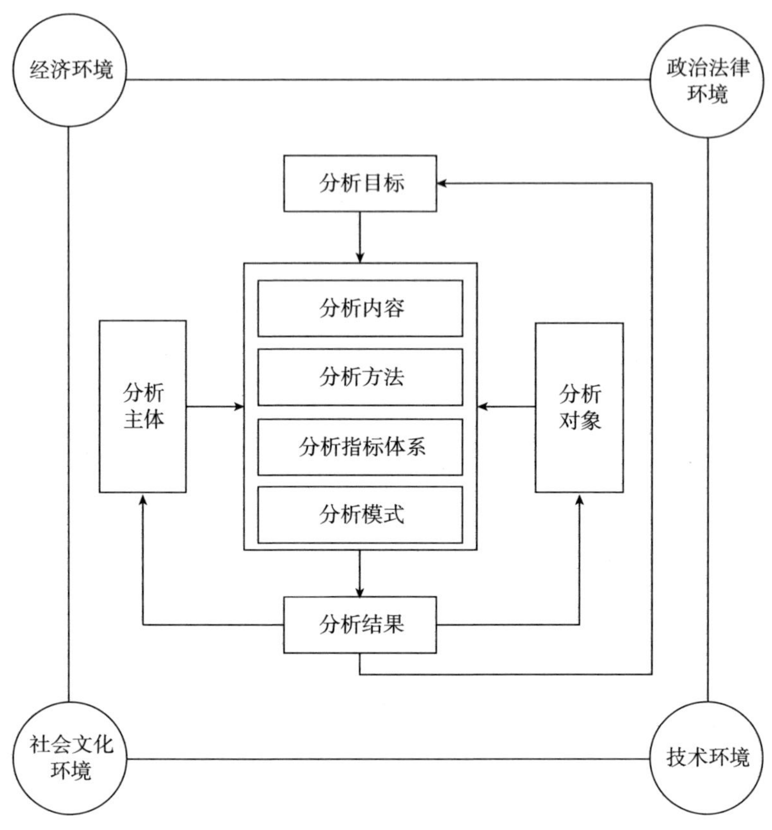

图 8－2 政府财务报告分析理论框架

1. 从经济环境来看

我国过去的经济主要是依靠投资和出口来带动，到近年来逐渐转为消费与投资驱动，这种经济结构的转变对政府的资产结构、收入结构等产生了重要影响，政府的各项能力也随之发生重要变化，因此在进行政府财务报告分析时，需要考虑经济结构的变化对政府能力评价产生的影响。

2. 从政治法律环境看

随着地方政府信用评级的开展、政府信息公开化的不断推进，政府信息的透明度不断提升，政府与其他利益相关者之间的信息不对称相对缓解，广大的利益相关者可以通过对政府财务报告的分析，获取自己需要的信息，做出自己的评价，进而进行决策或管理监督。

3. 从社会文化环境看

我国的社会普遍存在着人情，这种传统文化中的人情一旦过度使用在政府治理领域，不仅可能会导致资源浪费、效率低下，还可能滋生贪污腐败，严重削弱政府的治理能力。因此，对政府财务报告的分析不能脱离实际的社会文化环境，否则会得出很多错误或者矛盾的结论。

4. 从技术环境看

技术的不断变革，使得政府财务信息的供给不仅数量增大，也更加及时和准确。以前因为缺乏信息或者信息供给不及时无法对政府的绩效、债务负担能力等进行准确全面的评价，变革之后政府的各项资产、负债、收入、费用等信息都可以及时获取，这不仅充分满足了政府财务报告使用者的分析需要，也能促使他们选择和优化自己的分析方法和分析工具，避免片面化地下结论。

（二）政府综合财务报告分析的逻辑起点：分析目标

政府财务报告分析目标是在改革发展的不同时期，可能存在不同。改革开放初期的一段时间，对政府的考核往往只注重 GDP 等经济指标，这种考核的目标就特别讲究发展速度，对政府自己的运行情况往往不够重视。随着经济社会的不断发展，政府本身隐藏的风险也日益显现，无论是债权人、投资者还是社会公众，他们对政府的信息也日益关注，他们希望从多角度、多方面、多层次来了解与之息息相关的政府。时代不断进步，政府的职能也日益丰富，对政府的考核理念也逐渐转变为以人本为中心，注重人与自然、人与社会的和谐，在具体的考核指标上也有所体现，如满意度、幸福指数等，更多地体现出了国家治理的理念。因此，从政府不同的历史定位来看，政府财务报告分析的目标可以有三个不同的层次：考核政府受托责任的履行、提供给报告使用者有用的决策信息、推进国家治理的现代化。

1. 考核政府受托责任的履行

政府财务报告是政府信息的重要载体，集中反映了政府履行受托经济责任的信息。全体社会成员将资源委托或授权给政府进行管理，政府承担着经济、政治、社会、文化等多方面的受托责任（陈志斌，2014）。政府通过提供政府财务报告降低了政府与信息使用者之间的信息不对称，信息使用者通过对政府财务报告进行分析，监督政府的受托责任的履行情况，监督政府是否高效地履行了政府的各项职能。

2. 提供给报告使用者有用的决策信息

随着经济社会的不断发展，广大的社会成员不仅仅重视政府受托责任的履行，也越来越希望从政府综合财务报告中获取对其决策有关的信息。对于政府内部而言，他们希望通过分析了解和掌握政府资源配置的情况，评估是否可以更高质量和效率地进行资源配置。对于债权人而言，他们更加关心政府的偿债能力，财政可持续能力，政府是否做好了相应的风险防范。对于一些潜在的投资者，他们希望更多地了解政府的绩效情况，了解政府各项经济政治政策所带来的机遇与风险，以便做出是否要和政府合作的决策。通过对政府财务报告进行分析，他们可以更好地利用信息，做出正确的决策。

3. 推进国家治理的现代化

李定清（2017）认为，国家治理体系包括政府治理、市场治理和社会治理三大子体系，从企业和政府改革的实践看，一个公司需要治理，一个政府也需要治理。政府财务报告的分析集中于政府治理，反映政府治理的效率和效果，有助于推进国家治理体系和治理能力现代化的实践进程。通过对国家治理能力的重要组成部分进行分析，及时了解掌握国家治理能力的现状，为进一步提升国家治理能力提供着力点和方向。

（三）政府财务报告分析的主要参与者：分析主体

政府财务报告分析的主要参与者，他们其实就是政府会计信息的主要使用者。我国政府会计信息的主要使用者很复杂，根据政府会计准则规定，政府会计信息的主要使用者包括各级人民代表大会及其常务委员会、各级政府及其有关部门、政府会计主体自身、债权人、社会公众和其他利益相关者。因为参与者众多、需求复杂多样、信息掌握程度和解读能力不尽相同，我们根据他们掌握信息的程度和解读信息的能力，把政府财务报告的分析主体分为四类：内部专业性程度高的信息需求者、内部专业性程度低的信息需求者、外部专业性程度高的信息需求者、外部专业性程度低的信息需求者。

1. 内部专业性程度高的信息需求者

内部专业性程度高的信息需求者是指对政府会计信息掌握程度比较高，可以直接接触到很多政府会计的信息，同时，他们对信息的解读能力比较强，专业性高的需求者。这类报告分析主体可以全面、高质量地评价政府的内部管理绩效和各项职能的履行情况。他们可以综合宏观、微观信息，对过去、现在和未来做出评估，进而做出有效的经济、政治等决策。这类主体主要包括政府会计主体自身、财政部门、统计部门、审计监察部门等。

2. 内部专业性程度低的信息需求者

内部专业性程度低的信息需求者是指对政府会计信息的掌握比较高，但专业解读能力不是很强的需求者。这类报告分析主体因为自身的专业性不强，但他们可以根据自己的需求，请专业性强的参与者进行分析，他们对分析的内容进行二次使用，进而做出决策。这类主体主要包括各级人民代表大会及其常务委员会、上下级政府级主管部门等。

3. 外部专业性程度高的信息需求者

外部专业性程度高的信息需求者，是指不参与、也不掌握政府会计信息的生成和编报，也不是政府会计信息的直接经手人，通过政府综合财务报告这种政府对外公布政府信息的方式获取资料，但具有较强的专业性知识，可以对政府财务报告的信息进行专业性的评价，辅助其做出相应决策的需求者。这类主体主要包括债权人、投资者、财务分析师、政策专家和学者、其他国际组织和机构等。

4. 外部专业性程度低的信息需求者

外部专业性程度低的信息需求者，是指信息掌握的渠道主要依赖政府提供，而且专业知识解读能力也有限的需求者。他们通过对政府综合财务报告进行分析，可以一定程度上了解到政府的运行情况，了解到政府各项职能履行的大体情况，辅助他们对政府进行评价和做出自己的决策。这类主体主要包括广大的社会公众等。

（四）政府财务报告分析的主体内容：分析内容

政府财务报告分析的主要内容以分析对象为基础，与使用者的需求密切相关。我们把分析对象与政府财务报告分析的三大目标结合，认为政府财务报告分析的主体内容应当包括宏观环境分析、政府财务状况质量分析、政府运行能力质量分析、政府财政能力质量分析。

1. 宏观环境分析

这里的宏观环境分析主要是基于政府财务报告编报来进行的。主要体现在以下两个方面：一是体现政府应对外部环境变化的承受力和调节能力；二是验证政府政策的执行力和影响力。要全方位、多层次、高格局地统筹分析，从经济环境、政治法律环境、社会文化环境、技术环境方面体现政府宏观环境的特征，从战略高度解读政府政策的执行力。

2. 政府财务状况质量分析

政府财务状况质量分析主要围绕资产、负债、净资产的质量进行分析。从资产负债表中分析主要项目的总量、结构、趋势是否合理，是否与目标相契合。

3. 政府运行能力质量分析

政府的运行能力体现于政府的投入产出能力，体现于政府的预算执行能力，体现于政府对公共资源管理的运用效益。分析资产与收入、负债与收入等流量与存量指标，考察政府的投入产出能力；分析政府的预算执行情况，考察政府受托责任履行能力；分析政府的成本运行，考察政府的成本管控能力；分析政府的盈余质量，考察政府的绩效管理能力。

4. 政府财政能力质量分析

政府的财政能力是社会大众普遍关注的焦点。政府的财政能力应当包括政府财政收入增长潜力、政府债务可持续能力等，注重考查政府财政的可持续性。

（五）政府财务报告分析的使用工具：分析方法

学术界对于分析方法的研究已经成果丰硕，我们认为可以根据分析的内容和分析的目的选择不同的分析方法。对于宏观环境的分析，可以采用经典的战略分析方法，如 PEST 分析、SWOT 分析等。对于财务指标比较多的内容的分析，可以采用比率分析法、比较分析法、结构分析法、趋势分析法。如果需要做比较深入的研究，可以选择回归分析法、因素分析法、主成分分析法、沃尔综合评分法、数据包络分析法等。此外还有定性实地考察与定量分析结合等多种方法，此处不再赘述。

（六）政府财务报告分析的主要作用对象：分析对象

权责发生制为基础的政府综合财务报告主要反映政府整体财务状况、运行情况、财政可持续能力，并深刻体现出国家治理能力的效率和效果。政府财务报告分析就是重点分析政府编制的政府综合财务报告。根据财政部发布的《政府综合财务报告编制操作指南（试行）》，政府综合财务报告的内容包括财务报表（包括会计报表和报表附注）、政府财政经济分析和政府财政财务管理情况。

（七）政府财务报告分析的量化标准：分析指标体系

政府财务报告分析指标体系是政府综合财务报告制度改革的重要内容，是分析成果体现的量化形式，是支撑整个分析体系的核心。在构建整个分析指标体系时，应遵循一定的原则。

1. 分析指标体系构建原则

一是系统性原则。政府财务报告指标体系是有层次的，各个部分之间应该形成一个完整的体系，不是相互割裂的，是存在相互联系，彼此关联的，最终都要落实到提升国家治理能力的道路上来，形成一个系统化的分析体系。二是相关性原则。相关性是指分析指标体系的构建应当与信息需求者的需求相关，分析评价的结果应当直接为信息需求者使用。三是可操作性原则。在构建分析指标体系的过程中，指标的数据应当可以从综合财务报告中获取，而且指标的评价应当有明确的标准。四是可比性原则。政府财务报告的分析指标应当做到不同期间可比，不同的政府会计主体之间也具有可比性。五是可理解性原则。可理解性要求构建的分析指标应当清晰明了，容易理解，清晰地反映政府各项需要分析的内容。六是重要性原则。某项能力的考察可能存在多个指标，应选取最重要、最有价值的几个指标，避免指标选取过多，影响信息使用者的决策质量，同时也避免指标分得过细，丧失分析的重点。

2. 指标体系构成

根据政府财务报告分析的主体内容，我们认为分析指标体系应有三个组成部分：政府财务状况、政府运行能力、政府财政能力。

3. 指标设计

我们遵循以上的构成原则和指标体系的构成内容，设计了如表 8－1 所示的政府综合财务报告分析指标体系：

表 8－1　　　　政府综合财务报告分析指标体系

分析内容	指标名称	公式	指标说明
财务状况	流动资产占比	流动资产/资产总额	反映资产的流动性，比值越大，资产整体的流动性越强
	服务类非流动资产闲置率	闲置的服务类非流动资产/服务类非流动资产原值	服务类非流动资产包括公共基础设施、保障性住房和政府用于提供公共服务的固定资产。比值越高，资产的利用效率越低，政府提供公共服务的水平越差
	资产负债率	负债总额/资产总额	反映报告期内政府整体的债务负担程度，比值越大，政府的债务负担越重
	流动比率	流动资产/流动负债	反映政府流动资产偿还债务的能力，比值越大，政府的短期偿债能力较小
	负债保障率	金融资产/流动负债	反映政府资产中变现能力强的金融资产对政府短期债务的保障程度，比值越大，政府的短期偿债能力越小
	新增债务率	新增债务/期初债务	反映政府当期举借新债的比率，该比值越大，政府当期借债的程度越高
	逾期债务率	逾期债务/期末债务	反映政府的逾期债务风险，比值越大，表明政府的偿债风险越大
	利息保障率	（当期盈余＋利息支出）/利息支出	反映政府利用当期盈余偿还债务利息的能力，数值越大，政府承受利息支付的能力越强
	净资产保值增值率	期末净资产/期初净资产	反映净资产的保值增值比率，比值越大，政府的净资产增值情况越好

续表

分析内容	指标名称	公式	指标说明
运行能力	资产营运能力	收入总额/资产总额	反映政府对资产的利用能力，比值越大，政府资产利用的效率越高
	负债营运能力	收入总额/负债总额	反映政府举借债务的发展能力，比值越大，政府债务利用的效率越高
	预算收入完成度	预算收入实际数/预算收入计划数	反映政府的预算执行能力，比值越大，政府在预算期收入完成质量越好
	预算支出完成度	预算支出实际数/预算支出计划数	反映政府的预算执行能力，比值越大，政府在预算期支出控制的质量越差
	运行成本率	运行成本/费用总额	反映政府在日常经费管理和成本控制上的比率，比值越大，政府的成本管理与控制越差
	公共服务投入率	公共服务支出/费用总额	反映政府履行公共服务职能的比率，比值越大，政府履行公共服务的职能越充分
	收入费用率	费用总额/收入总额	反映政府当年总收入用于支付当年总费用的比率，比值越大，政府当年的绩效管控越差
财政能力	税收收入占比	税收收入/收入总额	反映政府收入的稳定性和质量，比值越大，政府的收入质量越高
	税收收入增长率	（期末税收收入－期初税收收入）/期初税收收入	反映政府税收收入的增长潜力，比值越大，政府的税收收入增长潜力越大
	税收收入弹性	税收收入增长率/GDP 增长率	反映政府 GDP 变动的协同性，比值大于 1，政府获取的公共资源越多，税收负担越重；比值小于 1，政府税收收入低于经济增长，政府存在缺少公共资源履行政府职能的风险
	债务负担率	净负债/当期 GDP	净负债＝负债－货币资金－接触款项－对外证券投资 该指标可以以 45% 为基准（参考大多数发达国家），超过则政府债务危机风险高
	国债依存度	国债发行总额/财政支出总额	反映政府财政支出对国债的依赖程度，比值越大，依赖程度越高
	债务占收入比重	负债总额/收入总额	反映政府用收入偿还债务的能力，比值越大，需要未来用更多收入偿还，财政的可持续性越低

（八）政府财务报告分析的实践模式：分析模式

政府财务报告分析的实践模式是分析指标体系、分析方法、分析机制等多种因素的组合，是分析工作高效、顺利进行的关键。可以借鉴政府绩效评估的模式，政府财务报告分析的实践模式可以采用目标责任评估模式、以“顾客导向”的第三方评估模式、公众评议模式等。信息需求者通过多种分析模式参与政府综合财务报告分析的进程中，不仅可以有效降低不同群体间的信息不对称，而且让政府财务报告可以服务于更广大的信息需求群体，增强报告的公信力，提升报告的使用价值。

（九）政府财务报告分析的实践成果：质量分析报告

政府财务报告分析的结果应当通过一定形式加以反映。通过提供质量分析报告的形式既可以完善政府综合财务报告分析体系，也可以进一步便利化信息需求者对报告的使用。实际上，从政府综合财务报告制度改革的进程中可以看出，国家是有意愿提供政府财务报告质量分析报告的。质量分析报告可以作为决策部门的重要参考依据。质量分析报告也体现了分析结果与分析目标之间的契合性。因此，政府财务报告质量分析报告应当尽可能让不同的分析主体参与进来，尽量多元化，公正客观。

第三节　政府财务报告分析的实施策略

一、科学制定政府财务报告分析流程

政府财务报告分析是一项工作量大、涉及面广、难度和专业性都比较高的工作。要进行有效的政府财务报告分析，需要充分考虑政府所处的外部环境，既要深刻挖掘政府财务报告中的信息，又要充分认识到财务报表本身的局限性。因此，制定科学合理的政府财务报告分析流程是十分必要的。我们认为，可以遵循以下的步骤来进行政府财务报告分析：

（一）确定分析目标

政府财务报告是在一定的目标导向下编制出来的，它与政府财务报告分析的目标是有高度切合的。确立了分析目标，可以为后续分析方法的选择、数据的收集、分析指标的选取提供方向性的指引，因此确定分析目标需要放在首位。只有分析目标明确，政府财务报告分析结果才具有评价、监督和决策的价值。

（二）确定政府所处的外部环境

分析人员在明确了自己的分析目标后，需要尽可能全面了解政府所处的外部环境，考虑其对分析结果可能产生的影响。政府财务报告的分析环境是分析活动的基础，只有把基础的分析环境特征把握住了，政府财务报告的分析才可能具有意义。

（三）进行数据采集和数据处理

数据采集和数据处理是政府财务报告分析的重要环节。要根据分析目标有针对性地采集数据，这些数据不限于政府财务报告里的内容。分析人员对收集来的数据，根据实际情况进行适当加工和调整，让数据更加真实、可靠。特别是在“互联网”时代，可以借助大数据、云计算、人工智能等信息技术手段，收集和处理与政府财务报告相关的数据。

（四）进行适当地分析和评估

政府财务报告分析进行数据处理后，就可以进行分析与评估环节。根据不同数据的特征，选取相适应的分析方法。通过纵向和横向比较，发现优点，寻找不足，分析人员就可以有效地识别出政府的各项能力的履行情况。分析与评估关键性因素是看分析与评估的标准或尺度是否科学合理。

（五）做出决策评价

政府财务报告分析的重要目的就是要为决策服务。政府财务报告分析涉及的主体众多，每个主体都有自己的决策需求，比如投资需求、管理需求等。分析人员通过分析政府过去以及现在的财务状况、运行情况，得出自己的结论，并可以对政府未来的财政可持续性做出自己的评价和预测。

二、结合政府审计报告意见合理分析

政府财务报告对外披露前必须经过审计机构的客观公正的审计，只有这样才能保证财务报告信息的可靠性和相关性，进而才能使分析具有预测价值和决策价值。因此在进行政府财务报告分析时，需要充分考虑政府财务报告的审计意见。政府审计的意见类型包括无保留意见、保留意见、否定意见、无法表示意见。

（一）政府审计报告出具无保留意见

政府审计报告出具了无保留意见，说明审计人员能够获取真实、可靠的审计证据，被审计单位的财政收支或财务收支是合法合规和有效的。在这基础上分析人员进行政府财务报告分析也就有了坚实的基础，分析的结论也更有说服力，做出的决策也会更具价值。

（二）政府审计报告出具保留意见

在国外的实践中，政府财务报告被出具无保留的意见的情形比较多，但也有出现保留意见的情形。政府财务报告一旦被出具保留意见，就表明政府的财务收支存在瑕疵，那么在进行财务分析时，对于数据的处理就需要更加谨慎，需要尽可能还原成真实的情况进行分析，做出结论和决策前可能需要更多的数据和资料进行佐证，以便分析人员做出更有效的决策。

（三）政府审计报告出具否定意见或者无法表示意见

通常而言，对政府的财务报告一般不会发表否定意见和无法表示意见，但若政府财务收支存在重大问题、内部控制存在重大缺陷、审计人员的工作范围受限、出现重大不确定性进而影响政府的可持续性能力等，也可能发表否定审计意见或无法表示意见。此时政府财务报告分析的主体内容已经难以获得可靠的支撑，分析人员要想真实全面地进行政府财务报告分析，还需要获取大量的非财务信息。

三、明确政府财务报告分析的重难点

政府财务报告分析的内容多，与传统的企业财务报告分析相比有很多不同之处，分析的重难点也有差异。我们认为，政府财务报告分析的重点在于对政府债务负担能力、财政可持续性进行分析，而对政府的绩效的评价既是重点，也是难点。

（一）政府债务负担能力与财政可持续分析

近年来，地方政府债务问题已经成为我国学术界和公众关注的焦点议题。由于缺乏统一的计算口径和核算方法，致使地方政府债务计算结果出现较大偏差。政府的债务通常有显性债务、隐性债务和或有债务，政府财务报告需要提供政府债务负担的所有信息，进行分析时不仅要重视窄口径的债务负担能力，更要关注宽口径下债务的变化对政府偿债能力的影响。政府财政可持续性与政府债务负担能力间有紧密的联系，政府债务负担能力下降或者过低，政府财政就可能存在是否能够长期持续的问题。此外，政府的财政收入能否长期可持续，也是影响政府财政可持续性的重要因素。进行分析时，还需要关注政府对改善自身偿债能力和提升财政可持续是否有做出努力，以及将来将会采取的措施所带来的影响。

（二）政府绩效评价

政府的绩效评价是目前政府会计改革的重点领域，这一领域内容众多，内部关系比较复杂，而且很多内容在持续不断地变化。一些看似简单的绩效分析，其实需要很多更深层次地分解和可靠的数据支撑。这一问题其实在企业财务报告分析中也存在，但政府财务报告分析因为其特殊性，加上政府会计改革相对于企业会计改革的滞后性，让政府的绩效评价存在不少困难。因此分析人员也要与时俱进，创新新的分析视角、新的分析模式，进一步进行有效的政府财务报告分析。同时，建议财政部尽快制定政府及政府单位绩效评价管理实施办法，为科学评价政府绩效提供重要的政策依据。

四、重视从政府治理视角出发分析

（一）政府财务报告分析注重政府治理视角

政府会计在国家治理中是基础性制度和基础性信息工具的角色（陈志斌和周曙光，2017），政府财务报告是政府会计信息的综合体现，政府财务报告分析实际上就是对政府治理能力的一种检验。因此，从政府治理视角去进行政府综合财务报告分析，不仅可以帮助分析人员有效地把握政府治理的逻辑，也有助于厘清分析的思路。而要真正地做到从政府治理视角出发进行财务报告分析，还需要分析人员有比较专业的政府会计知识。目前我国政府会计正在改革的过程中，非常欠缺高质量的政府会计人员，外部的专业人士分析政府财务报告也需要学习最新的政府会计知识。因此，在政府会计改革的进程中，培养政府会计人才也需要协同进行，让从政府治理视角分析政府财务报告有扎实的人才基础。

（二）政府治理需要财务报告分析信息化建设

提高政府治理能力和水平，政府财务报告分析的信息化建设显得十分重要。目前大数据、云计算、区块链等新兴技术不断涌现，政府传统的核算系统已经难以满足实际的需要，有必要建立起类似企业的专属于政府会计自身的 ERP 系统，将政府预算会计、财务会计、成本会计、管理会计整合到一个系统中，并于政府管理的其他系统融合，建立政府信息数据库，为政府财务报告分析提供数据支撑。通过比较各个省份的政府财务数据，还可以为政府间横向比较提供空间，进而为进一步优化政府治理提供决策参考。

参考文献

［1］安丰琳，周咏梅，张乐乐．政府综合财务报告财务分析体系研究综述［J］．财会研究，2016（09）．

［2］安丰琳，周咏梅．财务分析视角下政府会计信息使用者及其需求研究［J］．经济师，2016（04）．

［3］曹越，伍中信．政府会计二元结构体系中的概念框架研究［J］．财经理论与实践，2012（4）．

［4］常丽．公共绩效管理与政府财务信息披露全景图的构建［J］．财政研究，2012（11）．

［5］陈工．英国政府会计改革：运行效应、成功前提与经验借鉴［J］．地方财政研究，2016（02）．

［6］陈继萍．公共管理视角下的政府会计概念框架研究［J］．经济与管理，2011（8）．

［7］陈劲松，陶宝山，雷新途．论我国政府财务会计信息质量特征［J］．财务与金融，2009（1）．

［8］陈志斌，潘俊．基于国家治理的政府会计概念框架演进及其引导效应［J］．会计与经济研究，2015（1）．

［9］陈志斌，周曙光．政府会计国家治理功能的界定研究［J］．会计研究，2017（11）．

［10］陈志斌．基于衍生职能界定的政府会计角色定位研究［J］．会计研究，2014（01）．

［11］陈志斌．论中国政府会计概念框架的选择［J］．会计研究，2012（2）．

［12］邓九生．法国政府成本会计研究情况梳理与分析启示［J］．会计之友，2012（6）．

［13］邓九生．美国联邦政府成本会计改革及其对我国的借鉴价值［J］．财会月刊，2018（3）．

［14］邓九生．政府“产品”的界定与计量问题研究［J］．中南财经政法大学学报，2013（2）．

[15] 范君，李定清．略论我国政府管理会计改革［J］．财政监督，2017，(15)．

[16] 高春燕，苏文佳，任伟．中美政府会计净资产分类比较研究与启示［J］．商业会计，2017 (20)．

[17] 黄志雄．政府综合财务报告编制问题与对策研究——基于事权划分与支出责任匹配的探讨［J］．中央财经大学学报，2018 (03)．

[18] 江月．关于政府会计概念框架理论的思考［J］．财会研究，2011 (08)．

[19] 姜宏青，李科辰．我国政府财务报告分析体系构建研究［J］．会计与经济研究，2017 (3)．

[20] 姜宏青，徐晶．政府成本会计信息标准体系的初步设计［J］．财务与会计，2017 (15)．

[21] 姜宏青，宫燕燕．政府会计中成本的概念和构成研究［J］．财务与会计，2016 (7)．

[22] 荆新．政府会计是国家治理的基础要素［N］．中国会计报，2015－11－13 (004)．

[23] 荆新．政府会计体系的演进、解构与整合［J］．会计之友，2018 (3)．

[24] 荆新．中国政府会计改革发展四十年：回顾与展望［J］．财会月刊，2018 (19)．

[25] 李传宪，赵紫琳．政府财务会计与企业财务会计核算差异探析［J］．财会通讯，2019 (19)．

[26] 李定清．论政府会计准则理论结构［J］．商业研究，2002 (23)．

[27] 李定清．我国政府会计理论基本问题研究［J］．会计之友，2013 (31)．

[28] 李定清．政府会计治理目标及其功能探究［J］．商业会计，2017 (13)．

[29] 李定清．政府治理视角下的政府会计改革研究［J］．商业会计，2014 (9)．

[30] 李建发，肖华．公共财务管理与政府财务报告改革［J］．会计研究，2004 (09)．

[31] 李建发，张国清．国家治理情境下政府财务报告制度改革问题研究［J］．会计研究，2015 (6)．

［32］李建发，张曾莲．基于财务视角的政府绩效报告的构建［J］．会计研究，2009（06）．

［33］刘小虎，郭楚虹．政府部门财务报告分析指标应用研究［J］．预算管理与会计，2018（08）．

［34］刘颖．试论我国政府管理会计框架的构建［J］．会计之友，2011，（07）．

［35］刘玉廷．我国政府会计改革的若干问题［J］．会计研究，2004（9）．

［36］刘玉廷，武威，任少波．政府成本会计改革影响因素及概念框架研究［J］．财经问题研究，2018（4）．

［37］陆建桥．关于加强我国政府会计理论研究的几个问题［J］．会计研究，2004（07）．

［38］路军伟．新公共管理运动与政府管理会计的兴起［J］．财会月刊，2007，（02）．

［39］路军伟．政府财务报告使用者及其需求的国际比较与分析——兼论我国政府财务报告使用者构成［J］．会计与经济研究，2015（1）．

［40］罗福凯，于国洋．我国政府资本存量的核算问题探析［J］．财务与会计，2015（23）．

［41］潘松剑，胡国强．政府管理会计研究综述与展望［J］．财会通讯，2016，（16）．

［42］潘晓波，杨海峰．我国政府合并财务报表研究：主体及合并标准［J］．会计研究，2018（04）．

［43］戚艳霞，王鑫．政府会计概念框架的国际比较和构建理念［J］．财政研究，2010（7）．

［44］戚艳霞，张娟，赵建勇．我国政府会计准则体系的构建——基于我国政府环境和国际经验借鉴的研究［J］．会计研究，2010（8）．

［45］戚艳霞．我国权责发生制政府综合财务报告试编工作分析与完善建议［J］．财务与会计，2015（9）．

［46］任伟，林海云．政府借款费用资本化问题研究［J］．商业会计，2019，（14）．

［47］宋达飞，丛树海．信息需求视角下政府综合财务报告分析指标体系构建研究［J］．中央财经大学学报，2019（02）．

［48］宋衍蘅，陈晓．西方国家政府会计的比较及其借鉴［J］．会计研

究，2002（9）.

［49］田五星，张国清．美国联邦政府会计对我国政府会计改革的启示［J］．财会月刊，2011（31）.

［50］万敏．我国权责发生制政府综合财务报告制度研究综述［J］．财会研究，2018（09）.

［51］王茉．政府综合财务报告制度的国际比较与借鉴［J］．财会通讯，2018（34）.

［52］王彦，王建英，赵西卜．政府综合财务报告应用体系研究［J］．预算管理与会计，2016（05）.

［53］王雍君．从权责财务报告到现代财政治理［J］．中国财政，2015（03）.

［54］王雍君．政府会计体系三分法与预算会计的优先完善［J］．会计之友，2017（4）.

［55］肖鹏，冉梦雅．基于会计信息需求角度的政府综合财务报告框架构建［J］．地方财政研究，2015（9）.

［56］谢莉莉．政府成本会计的国际经验及其对我国的启示［J］．财务与会计，2013（3）.

［57］杨志宏．国家资产负债表与提高国家治理能力研究［J］．财政研究，2015（11）.

［58］于国旺．我国政府预算会计功能定位于重构［J］．地方财政研究，2018（10）.

［59］张国生．政府收入的确认与计量研究［J］．财会通讯，2004（22）.

［60］张宏婧，韩乔琳．政府资产的分类及会计计量问题研究［J］．会计之友，2016（20）.

［61］张琦．公共受托责任、政府会计边界与政府财务报告的理论定位［J］．会计研究，2007（12）.

［62］张琦．论绩效评价导向政府会计体系的构建［J］．会计研究，2006（04）.

［63］张月玲．我国政府会计信息质量特征的构筑探讨［J］．会计之友，2009（15）.

［64］张曾莲．政府管理会计的兴起与构建［J］．会计研究，2011，（04）.

[65] 赵军营. 澳大利亚政府合并财务报表编制经验与启示 [J]. 财会通讯，2019 (22).

[66] 赵西卜，张强，王建英，王彦. 建立我国政府成本会计的几点思考 [J]. 会计与经济研究，2016 (04).

[67] 赵西卜. 建立我国政府成本会计的几点思考 [J]. 复印报刊资料 (财会文摘)，2017 (1).